코로나 투자 전쟁

MONEY WAR

£ € $ ¥

전 세계 금융 역사 이래 최대의 유동성

코로나 투자 전쟁

정채진 • 박석중 • 이광수 • 김한진 • 김일구
여의도클라스 • 윤지호 • 최준영 지음

page2

코로나19는 생명의 문제이자 부와 가난의 문제다

2020년은 후세의 역사가들에게 매우 특별한 해로 기록될 것이다. 20세기 초 스페인독감의 창궐 이래 인류가 전염병으로 가장 참혹하게 고통받은 해이며, 경제적으로는 대공황 기간 이후 가장 어려웠던 해로 말이다. 그러고 보니 2020년은 전염병 측면에서도, 경제적 측면에서도 공교롭게 100여 년 만의 기록적인 해다. 우리는 오늘날 세기적인 역사의 현장을 목격하고 있는 것이다.

스페인독감도 그랬지만, 경제적으로 대공황은 적어도 어느 특정한 해에 발생한 하나의 사건이 아니라 20세기 인류의 경제적 삶을 근본적으로 변화시킨 촉매제의 역할을 한 일련의 현상이었다. 질병의 시각에서 코로나19가 언제 종지부를 찍게 될지 또 얼마나 많은 희생자를 발생시킬지 지금으로서는 알 수 없으나, 경제적으로 어떤 의미와 변화가 있는지에 대한 논의를 본격적으로 시작해야 할 시점이다.

역사는 언제나 우연을 가장한 필연의 과정이었다. 경제적 분석은 우연한 이벤트에 합리적 의미를 부여해 미래를 예측하는 일이다. 미래에 대한 예측의 성패는 개인에겐 부와 빈곤을, 기업에는 성장과 도태를, 그리고 국가적으로는 번영과 쇠락을 판가름한다. 100여 년 전 미국의 정치 리더십과 기업인들 그리고 경제 분석가들은 대공황이라는 일회적인 사건을 일련의 현상으로 파악하며 세상의 변화를 포착하는 데 성공했고, 그 결과 나름의 처방전으로 위기를 극복하고 새로운 도약의 전기를 만들어낼 수 있었다. 역설적으로 20세기 미국의 번영은 경제적으로 참혹한 시련이었던 대공황의 치유와 극복의 결과물인 것이다.

우리는 벌써 코로나19로 인한 세계의 변화에 대하여 얘기하기 시작했다. 콘택트의 시대가 가고 언택트의 시대가 온다고도 하며, 어떤 이는 세계화와 신자유주의의 종언을 얘기하기도 한다. 세계적인 석학들과 논객들이 앞다투어 코로나19 이후 세상의 전망을 내놓고 있으나, 대부분은 관념적인 수준의 논의에 머물러 있다. 거대 담론이 논의의 주류를 이루면서 어쩌면 또 다른 형태의 도그마를 만들어내고 있는지도 모른다. 그 이름의 거룩함과 위압감이 살아 숨 쉬는 치열한 논쟁을 차단하기도 하며, 그 결과는 체념적 불가지론이나 세기말적인 종말론으로 귀결되기도 한다.

우리의 논의는 실제적이어야 한다. 의료진이 코로나19 현장에서 환자들을 살려내는 구체적인 노력을 하듯, 또한 방역 전문가들이 코로나19의 확산을 막기 위해 계획을 세우고 확고하게 실천하듯, 우리의 논의도 구체적이어야 하며 명징한 대안을 내놓아야 한다.

코로나19는 생명의 문제이자 부와 가난의 문제다. 전 세계적인 경기침체가 지금처럼 확실히 예견된 적이 있었나 싶을 정도로 2020년 후반기는 힘든 시기가 될 것이다. 사상 초유의 실업과 소비 및 투자의 위축을 이미 경험했으나 언제쯤 바닥을 찍을지 가늠할 수 없을 정도다.

2019년 말 김한진, 김일구 님과 펴낸 『빅히트』에서 2020년은 파란만장한 한 해가 될 것이라는 다소 과격한 전망을 드린 바 있다. 파란만장이란 문자 그대로 파도의 높이가 만장이나 된다는 뜻이다. 결코 코로나19를 미리 내다보고 한 예측은 아니었으나, 미국의 초장기 호황과 그보다 한참 앞서 달린 자산 가격을 견주어 근래에 보기 힘든 정도의 변동성을 보았던 것이다. 파도의 길이가 만장이란 말은 결코 일방적인 하락의 깊이만을 뜻하지 않으며, 그만큼의 상승 폭도 포함한 전망이었다.

우리는 전에 없던 경기침체와 그에 따른 실업 그리고 자산 가격의 하락을 경험했으나, 자산 가격 중에서도 주식과 같은 위험자산의 가격은 예상보다 빠른 회복력을 보여주었다. 전망이 더욱 어려워졌다는 뜻이다. 난도 높은 문제를 풀려면 검증된 실력자들이 필요하다.

2년 넘게 〈경제의 신과 함께〉와 〈삼프로TV〉를 제작해오면서 그 지혜의 폭과 깊이가 남다른 많은 분을 세상에 소개할 수 있었던 것은 나만의 특권이자 보람이었다. 전 세계가 미증유의 위기에 빠져 있으나 나의 모든 관심사는 내 곁의 사람들에게 집중되어 있다. 그중에서도 방송을 통해 만나게 된 많은 투자자들, 특히 IMF도 글로벌 금융위기도 제대로 경험하지 못한 채로 투자에 나선 젊은 친구들을 걱정하게 된다. 도움을 주고 싶어서 현명한 분석가와 투자자들을 불러 모았고 글을 쓸 것을 권했다.

우리나라에서 가장 바쁜 분들임에도 흔쾌히 보석 같은 지혜를 담담한 글로 모아주셨다. 김한진, 김일구, 윤지호, 최준영, 이광수,

정채진, 박석중 님과 사정상 익명으로 글을 주신 글로벌 투자 전문가 여의도클라스에 이르기까지 촉박한 일정에도 그 선한 영향력을 발휘해주신 필진에게 이 자리를 빌려 감사를 드린다.

기획자로서 값진 글을 더욱 빛나게 하려고 구성과 편집에 정성을 다했으나 한 분 한 분의 글이 코로나19를 극복하려는 분들, 특히 투자자들에게 더할 나위 없는 내용이라 그저 필자들의 진의가 더 잘 읽히도록 하는 정도였음을 고백한다.

더불어 위기를 기회로 반전시키고자 오늘도 투자와 사업의 현장에서 그리고 일터에서 분투하는 모든 분들에게 행운이 깃들어 꼭 부자 되시기를 기원한다.

2020년 초하 신록 밑에서

삼프로TV **김동환** 드림

차례

4장 코로나19 이후의 경제와 자산시장

김한진

5장 경제정책의 대전환, 바이러스 Before & After

김일구

6장 코로나 위기 이후 정치경제 변화

여의도클라스

8장 코로나19가 가져온 새로운 세상

최준영

1장

코로나19 팬데믹과 주식투자

전업 투자자 **정채진**

두려움과
기회 사이

2020년 2월 공개된 버크셔 헤서웨이의 2019년 연차보고서에서 워런 버핏 회장은 다음과 같이 말했다. 버핏은 직접적인 경고보다는 이런 방식으로 에둘러서 표현하는데 2008년 2월 공개된 2007년 연차보고서 이후 12년 만이었다. 버크셔 해서웨이는 2019년 말 기준 1,290억 달러의 현금을 보유하고 있다.

"만약 향후 10년간 지금처럼 저금리가 유지되고, 법인세율이 지금처럼 낮다면 주식의 성과가 채권보다 더 좋을 것이다. 하지만 이런 '장밋빛 전망'에는 경고가 수반된다. 당장 내일 주식시장에는 어떤 일도 일어날 수 있다. 때때로 주식시장은 50% 또는 그 이상 떨어질 수 있다. 하지만 미국에 불어오는 순풍과 복리의 힘 때문에, 빌린 돈으로 투자하지 않고 감정을 잘 컨트롤할 수 있는 투자자에게는 장기적으로 주식투자가 채권보다 훨씬 나을 것이다. 그렇지 않은 사람들은? 조심하라!"

쉽게 표현하자면, 이런 말이다.

'지금 사람들은 너무 장밋빛 전망을 하고 있지만 언제든지 50% 이상 떨어질 수 있으니 조심하는 게 좋아. 그런데 자기 돈으로 투자하고 인내심이 있으면 이것 또한 기회가 될 거야.'

당연한 소리라고 생각하겠지만, 주식시장에 참가하고 있는 사람들에게는 당연하지 않을 수 있다. 주식시장이 단기간에 30% 이상 상승하면 인간은 탐욕을 느끼며 매수해서는 안 되는 가격에 주식을 매수하기도 한다. 반대로 주가가 단기간에 30% 이상 하락하면 공포를 느끼며 매도해서는 안 되는 가격에 주식을 매도하기도 한다. 또 빚을 내서 주식을 샀는데 주식시장이 폭락하면 팔고 싶지 않아도 반대매매가 실행돼 팔아야 하는 상황이 오기도 한다.

우리의 뇌는 생존을 위해 탐욕과 공포를 느끼도록 진화해왔기 때문에 이렇게 반응하는 것은 어떻게 보면 당연하다. 그래서 원칙이 없고 훈련되어 있지 않은 투자자는 주식시장에서 대부분 손실을 보게 된다. 하지만 훌륭한 투자 원칙을 가지고 적절히 훈련되어 있는 투자자에게 주식시장은 항상 황금알을 낳는 거위다.

지금부터 코로나19 팬데믹pandemic으로 촉발된 주식시장 급락 상황을 필자는 어떤 관점에서 바라보고 어떻게 행동했는지 살펴보려고 한다. 지금은 지수가 1900대로 반등해 모두가 편안해하지만 1440까지 하락할 때는 많은 사람이 패닉에 빠졌었다. 필자는 지수가 1439까지 빠진 2020년 3월 19일 저녁, 페이스북에 다음과 같은 글을 올렸다.

12년 만의 바겐세일 장을 바라보며 드는 느낌

와이프가 옆에서 그런다. 당신 너무 흥분한 것 같다고. 실제로 흥분한 것 맞다. 엄청난 기회가 오고 있고 이미 왔기 때문이다.

주변 이야기를 들어보니 다들 심한 공포감을 느끼는데, 내가 공포감을 안 느끼니 바닥이 아닐지도(실제로 여러 가지 정황상 바닥은 좀더 남았을 수도 있다). 바닥인지 아닌지는 모르겠지만 지금 투자 안 하면 언제 할까? 앞으로 10년간 10배 이상 벌 수 있다고 생각하니 흥분이 안 되면 이상한 일일 거고.

2008년을 겪으면서 느낀 점은 공포감이 극에 달하고, 지금의 불황이 처음 가보는 길이라고 할 때가 탐욕을 부릴 때라는 점이다. '코로나19는 처음 가보는 위기다. 저금리에 불황이 와서 끝이다' 이런 말이 나오는데, 2008년에도 리먼 브러더스가 파산하면서 파생상품 규모가 얼만지 가늠이 안 되고 세상은 망하는 듯했고 모든 것이 처음 가는 길이라고 했다. 하지만 다른 사람들이 두려워할 때 탐욕을 부리고, 다른 사람들이 탐욕스러울 때 두려워해야 하는 법이다.

주변에 아는 젊은 투자자들이 현금 없이 이 하락을 맞고 나니 패닉인 것 같다. 그럴 법도 하다. 만약 현금 없이 하락을 맞았다면 이런 조언을 드리고 싶다.

오늘의 자산을 처음 투자하는 금액이라고 생각하고, 오늘 주가를 매수가라고 생각하라고. 그리고 보유 주식들을 원점에서 다시 냉정히 평가해보라고. 그리고 주변에 다른 기회들이 보이는지 열심히 찾아보라고. 지금 보유한 회사가 최선이면 보유하고 훨씬 매력적인 회사가 보이면 갈아타라고. 만약 안 보인다면? 주식시장을 떠나라. 여기서 매력적인 회사가 안 보인다면 준비가 안 된 것이다.

내가 기존에 보유한 기업 중에도 피가 뚝뚝 흐르는 기업이 있는가 하면 어떤 기업은 선방해주고 있다. 피가 뚝뚝 흐르는 기업은 그 기업대로 다시 생각하고, 선방하는 기업은 그 기업대로 다시 생각하면서 새로운 기회들과 비교한다. 현금으로는 새로운 기회에 투자한다. 향후 복수하는 기회가 올 때 계좌에 플러스가 나는 주식들이 보이면 기운이 나기 때문에 새로운 기업을 찾아 투자한다.

현재 주가지수가 2000이라면 10년 안에 10배로 튀기는 게 어려울 수 있으나 지금 수준이라면 10년 안에 10배 또는 그 이상 자산을 불릴 기회가 온 것이다. 고작 600포인트 빠졌는데? 주식시장이 올라갈 땐 다 같이 올라가는 게 아니라 먼저 오르는 업종이 있고 뒤늦게 따르는 업종이 있다. 시차가 있기 때문이다. 2008년 이후 10배 이상 오른 종목은 수두룩했다.

단, 여전히 신용잔고가 높은 기업은 단기적으로 좀더 조심하라. 예를 들어 삼성전자 같은 회사는 오늘 신용잔고 기준으로 여전히 높다. 종목 선택에 신중하라. 경제적 해자가 있고 향후 성장성이 높으며 떨이 가격에 거래되는 회사가 많이 보인다. 적정 가치의 3분의 1 또는 그 이하 수준에 거래되는 기업도 보인다.

앞으로 수일 내 주가가 더 하락할 수 있다. 지수 기준으로 10% 정도 추가 하락할 수도 있고, 단기적으로는 더 빠질 수도 있다고 본다. 2008년 경험으로 보자면 아직 패닉 셀링panic selling의 정점이 아닐 가능성이 크다. 아직 신용잔고도 남아 있고 ELS 헤지 청산 물량이 쏟아질 수도 있다.

아마도 지수의 저점은 여기서 지수 기준으로 10% 정도가 더 하락한 후 오지 않을까 싶다. 그 정도라면 샀을 때 편안히 잠잘 수 있을 것 같다. 사실은 어제도 편안히 잤고 오늘은 더욱 편안히 잘 것이다(2008년과 비교하자면, 지수 1150이 당시의 900 정도 수준이다).

지금부터 빠지는 것은 모두 대바겐세일이다. 좋은 기업을 골라 신중히 분할 매수한다면 좋은 기업을 좋은 가격에 사게 될 것이다. 나

는? 지수 기준으로 10% 더 빠진다면 남은 현금을 대부분 주식으로 바꾼 후 "Thanks God" 하며 푹 쉬게 될 것 같다.

올해 2월 워런 버핏이 연차보고서에서 이렇게 말했다.

"현재 수준의 금리와 법인세율이 10년간 지속될 수 있다면 주식이 채권보다 나을 것이다. 하지만 장밋빛 전망에는 경고가 수반된다. 주식시장은 당장 내일이라도 50% 또는 그 이상 떨어질 수도 있다. 세상에는 어떤 일이라도 일어날 수 있다. 자기 돈으로 투자하고 인내심 있는 투자자라면 미국에 불어오는 훈풍과 복리의 힘이 있으니 주식이 채권보다 나을 것이다. 그렇지 않은 투자자라면? 조심하라!"

미국에 미국의 훈풍이 불어온다면, 한국에는 한국의 훈풍이 불어온다. 자기 돈으로 사고 인내심 있는 투자자라면 기회가 될 것이다.

두려워하지 말자. 위기가 곧 기회라는 것은 이런 상황을 가리킨다.

당시는 추가 하락도 얼마든지 가능한 상황이었으나 필자는 이날 주식을 많이 샀고, 저평가된 기업들이 너무 많이 보였기 때문에 두려움보다는 크게 흥분했던 기억이 난다.

지금부터 필자가 어떻게 두려움을 느끼지 않고 흥분하게 됐는지 살펴보고자 한다.

복잡계와 코로나19 팬데믹

'나비효과'라는 말을 들어봤을 것이다. 브라질에 사는 작은 나비의 날갯짓이 상승작용을 일으켜 미국 텍사스에서 폭풍을 일으키듯이 작은 사건이 예상치 못한 엄청난 결과를 낳을 수도 있다는 내용이다. 우리가 살아가는 세계는 복잡계다. 복잡계에서는 한 곳에서 발생한 작은 사건이 주변의 다른 요인들에 작용하고, 이 요인들이 상호작용을 통해 큰 영향력을 갖게 됨으로써 최초 지점으로부터 멀리 떨어진 곳에서 일어나는 큰 사건의 원인이 된다.

코로나19 팬데믹이 그랬다. 2019년 12월 중국의 우한이라는 곳에서 인류를 처음 만난 바이러스가 중국인 한 명을 감염시킨 이후 5개월에 걸쳐 전 세계 경제에 큰 영향을 미치고 있다. 그렇다면 2020년 3월 전 세계 주식시장이 기록적인 속도로 폭락하고, 경제가 침체 국면에 진입한 것은 단지 코로나19 팬데믹 하나 때문이었을까?

1987년에 페르 박Per Bak, 차오 탕Chao Tang, 커트 위젠필드Kurt Weisenfeld 세 사람은 컴퓨터에서 모래더미 게임이라는 실험을 했다. 평평한 표면에 모래알을 천천히 떨어뜨리는 실험이다. 떨어뜨린 모래는 산 모양으로 쌓여가는데, 점차 사면이 가팔라지고 어느 순간 사태가 일어난다.

〈그림 1-1〉 모래더미와 임계점

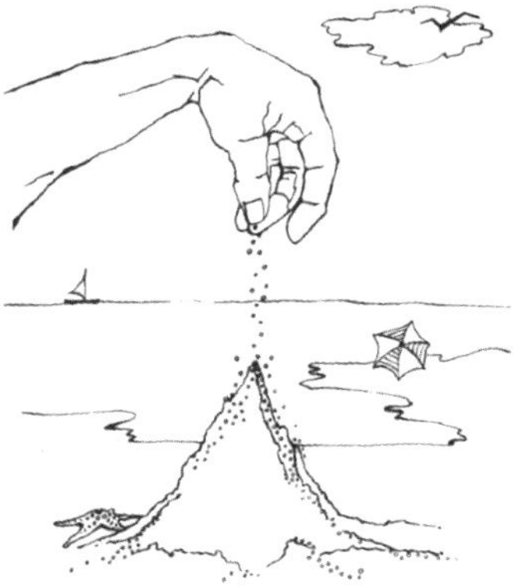

출처: http://www.hani.co.kr/arti/culture/book/544615.html 재인용

〈그림 1-1〉에서 보듯이 모래 알갱이를 떨어뜨리면 처음에는 넓은 면적에 걸쳐 쌓이지만 모래 알갱이를 계속 떨어뜨리면 점차 쌓이는 면적이 좁아진다. 그리고 결국에는 뾰족해지는데, 뾰족해진 이후에도 모래더미는 한동안 쌓여갈 수 있다. 하지만 결국 어느 시점에 단 한 개의 모래 알갱이가 엄청난 사태(붕괴)를 일으킨다. 모래더미가 언제라도 무너지는 사태가 발생할 수 있는 상태를 임계 상태critical state라고 부른다. 모래 알갱이를 계속 떨어뜨리면 언젠가는 사태가 일어날 것이라는 사실은 알 수 있지만, 어느 모래 알갱이에 의해 사태가 일어날지는 예측할 수 없다.

코로나19 팬데믹으로 촉발된 경기침체는 어떤 사건으로 언제 무너질지 모르지만 코로나19가 발생하기 전에 이미 임계 상태에 도달해 있었다.

「설국열차」와 현실

코로나19 팬데믹 이전 경제가 임계 상태에 도달해 있었는지 알기 위해서는 자본주의 시스템에 대한 이해가 필요하다.

「기생충」으로 일약 세계적인 영화감독으로 떠오른 봉준호 감독의 「설국열차」는 오락영화로 볼 수 있지만, 우리가 살고 있는 자본주의 시스템으로도 해석이 가능한 재미있는 영화다. 현실 세계와 「설국열차」를 비교하며 유사점을 살펴보자.

영화 「설국열차」에서 미래의 각국 정부는 지구온난화를 막기 위해 하늘에서 CW-7이라는 물질을 뿌린다. 이 물질의 부작용으로 지구는 급속도로 빙하기에 접어든다. 인류는 멸종 위기에 처하고 설국열차가 인류의 유일한 생존공간이 됐다. 설국열차는 얼어붙은 지구를 1년에 한 바퀴 도는데 앞쪽 칸에는 지배 계층이, 뒤쪽 칸에는 피지배 계층이 살아간다. 열차의 맨 앞칸에는 지배 계층이 경외하는 열차의 '엔진'과 설국열차를 만든 윌포드라는 지도자가 살고 있다. 엔진은 열차를 움직이는 핵심 동력으로, 엔진이 망가지면 설국열차는 멈추고 모두 얼어 죽게 된다.

연방준비제도Federal Reserve System(이하 연준)가 공급하는 기축통화 달러와 은행 시스템이 바로 설국열차의 엔진이다. 1901년, 1907년 공황을 거치면서 1913년 연준이 설립됐는데, 'Federal(연방)'이라는 단어 때문에 많은 사람이 미국의 국립은행이라고 오해하지만 사실은 사립은행이다. 1929년 대공황을 겪으면서 연준의 권한은 더욱 강화됐다. 현실의 설국열차가 완성되고 가동되기 시작한 것이다.

설국열차에서는 피지배 계층이 억압받고 있기 때문에 반란이 반복됐는데, 이는 연준이 세워진 이후에도 수없이 반복되는 금융위기를 의미한다. 설국열차의 엔진을 만들었고 관리하는 윌포드와 피지배 계층의 지도자 커티스는 설국열차 인구의 균형을 유지하기 위해 비밀리에, 주기적으로 반란을 조장한다. 그리고 이 반란을 진압하는 과정에서 과잉인구는 줄어들고 열차 안의 인구는 다시 균형을 찾아간다. 이 일련의 과정은 '기축통화 달러와 은행 시스템'을 통해 버블이 만들어지고, 버블이 터진 후 다시 경기가 살아나는 현실과 유사하다. 불황과 호황의 시작과 끝에는 항상 연준의 금리정책, 통화정책이 있다.

현실로 돌아와 〈그림 1-2〉를 보자. 〈그림 1-2〉는 미국 연준 금리의 움직임을 보여준다. 금리를 수차례에 걸쳐 지속적으로 올리면 호황(흰색 바탕)이 끝나고 결국에는 불황(회색 음영)이 찾아온다. 불황이 오면 연준은 금리를 급격히 인하하고 돈을 풀어 불황이 지속되는 것을 막는다. 연준의 금리정책에 따라 불황과 호황이 반복되고 있음을 알 수 있다.

〈그림 1-3〉에서는 불황이 끝나면 실업률이 추세적으로 하락하는 것을 볼 수 있다. 그런데 실업률이 어느 정도 하락한 이후부터는 더 이상 하락하지 않고 정체되다가 불황과 함께 실업률이 급증한

〈그림 1-2〉 금리와 불황

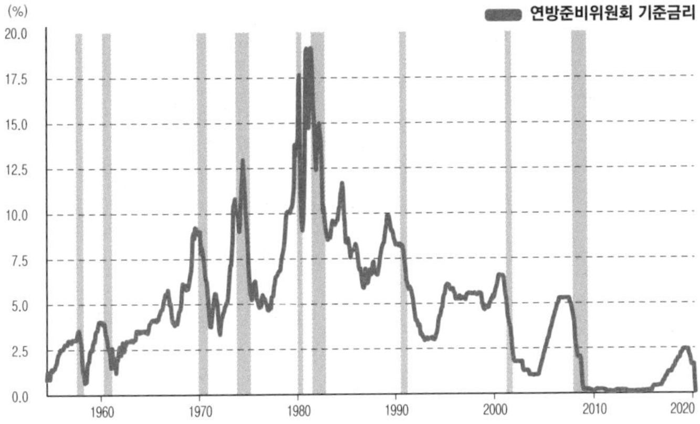

출처: Board of Governors of the Federal Reserve System, US, 세인트루이스 연준, https://fred.stlouisfed.org/series/FEDFUNDS

〈그림 1-3〉 실업률과 불황

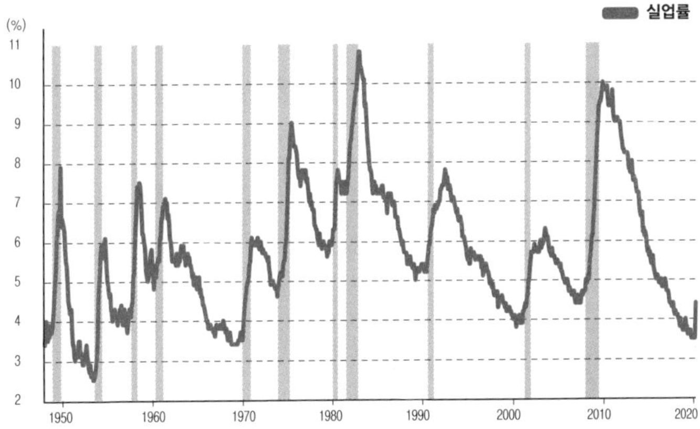

출처: Board of Governors of the Federal Reserve System, US, 세인트루이스 연준, https://fred.stlouisfed.org/series/UNRATE

다. 주목할 점은 실업률은 한번 떨어지기 시작하면 정체되는 구간에 도달하기 전까지는 추세적으로 계속 떨어진다는 사실이다. 은행을 통해 신용(빚)이 창출되는데, 시스템 내부에 빚이 많지 않다면 연준의 관리로 경제는 호황이 지속되기 때문이다.

〈그림 1-4〉를 보면 미국 국채 10년물과 2년물의 금리차가 역전된 이후 길어도 15개월 안에는 불황이 찾아올 가능성이 컸다는 것을 알 수 있다. 정상적인 경제 상황에서는 미국 국채 10년물이 2년물에 비해 높은 것이 정상이다. 하지만 장기적인 경제 전망이 불확실해지면 10년물과 2년물의 차가 점점 줄어들어 결국엔 역전된다. 장단기 금리차가 역전된다는 것은 채권시장의 투자자들이 향후 불황이 찾아올 가능성이 큰 것으로 보고 있다는 의미다. 장단기 금리차가 역전된 이후 불황이 찾아오지 않은 적은 없었다. 언제 올

〈그림 1-4〉 미국 국채 10년물과 2년물의 금리차

출처: Board of Governors of the Federal Reserve System, US, 세인트루이스 연준, https://fred.stlouisfed.org/series/T10Y2Y

것이냐의 문제일 뿐.

미국 GDP에서 소비가 차지하는 비중은 약 70%에 달하는데 이 소비의 원천은 고용과 자산(부동산, 주식) 가격의 상승이다. 우리가 살고 있는 자본주의 시스템은 은행 신용(빚) 창출 과정과 밀접한 관련이 있다. 불황이 찾아오면 연준은 금리를 낮추고 돈을 푸는데, 이 돈은 은행 시스템을 통해 몇 배로 증가해 유통된다. 처음부터 몇 배로 증가하는 것이 아니라 장기간에 걸쳐 증가한다. 따라서 경기확장 국면이 오랫동안 지속되면 자본주의 시스템 내에는 신용이 과도하게 증가하게 되고, 경제 전체로는 더 이상 성장을 하지 못하게 된다. 가장 좋은 일부 산업만 고성장을 이어가는데, 이로 인해 해당 산업에는 거품이 발생한다.

이 시점을 〈그림 1-3〉에서 찾아보면 실업률이 더 이상 하락하지 않는 구간이다. 이때가 되면 이런 원리를 아는 시장 참여자들이 경계하기 시작하며, 장단기 금리차는 점차 0에 가까워진다. 실업률이 자연실업률 상태까지 내려오고 장단기 금리차가 상당폭 좁혀지면, 자본주의 시스템에는 신용이 많아져 있기 마련이고 임계 상태에 도달하게 된다.

임계 상태에 도달한다고 해서 즉시 불황이 오는 것이 아니며, 자산시장은 호황의 끝자락에서 시장 참여자들의 탐욕에 의해 더 가파르게 오르기도 한다. 임계 상태에 있던 모래더미가 모래 알갱이 단 하나로 사태가 발생하듯이, 임계 상태에 있던 경제에 충격이 발생하면 쌓여 있던 빚이 약한 고리를 건드려 경제는 순식간에 침체 국면으로 들어서게 된다.

한국 주식시장에 투자하는데 왜 미국의 경제 지표를 보고 설명하느냐고 의문을 제기할 수도 있다. 그 이유는 채찍 효과에서 찾을 수 있다. 손잡이를 약간만 움직여도 채찍 끝이 크게 움직이듯이, 최종 소비의 작은 변화에도 제품의 공급사슬 끝으로 갈수록 수요의 변화는 커진다. 한국은 완전 개방되어 있고 중간재를 수출하는 비중이 높기 때문에 채찍의 손잡이보다는 끝에 가깝다. 따라서 최종 소비 시장 역할을 하는 미국 경제가 흔들리면 한국도 부정적인 영향을 크게 받는다.

약세장의 변동성을 극복하는 방법

그렇다면 어떻게 투자하는 것이 좋을까? 투자자마다 처한 상황이 다르고 투자성향이 다르기 때문에 하나의 정답이 있을 수는 없다. 한 가지 확실한 점은 불황이 예상된다고 하더라도 100% 현금화는 정답이 아니라는 것이다. 많은 투자자를 봐왔지만 주식을 전혀 보유하지 않다가 제일 바닥에서 성공적으로 주식을 사는 경우는 보지 못했다. 완전 바닥에서 투자해 완전 꼭대기에서 파는 투자자는 없다. 그것은 환상이다. 한 번은 그럴 수 있어도 두 번째는 주식을 별로 보유하지 않은 상태에서 상승하는 것을 지켜봐야 할 것이다. 주식시장의 변동성을 이해하는 데 도움이 되는 좋은 글을 소개한다.

> 장기적으로 투자를 하다 보면 필연적으로 잔고가 출렁거리게 되어 있다. 이 파도를 이겨 내기 위해서는 변동성에 대한 통찰과 이를 맞닥뜨리는 방법에 대한 준비가 되어 있어야 한다.
>
> 강연을 다녀보면 전문가 집단을 대상으로 한 강연에서도 전혀 상식 이하의 질문이 나오는 경우가 있는데, 대부분 어떻게 변동성을 겪지 않고 좋은 타이밍을 잡을 것인가와 관계있는 질문이다. 사실 그런 것은 내 강연 내용의 핵심을 이해했으면 절대로 나오지 말아야 할 질문인데, 거의 매번 강연을 할 때마다 전문가나 비전문가를 가리지 않고 출현한다.
>
> 아직도 시장에 들어갔다 나왔다 하면서 폭락장은 피하고 상승장에서만 시장에 속해 있는 방법이 있다고 기대하는 사람들이 많다는 뜻이다. 이른바 '문지기의 꿈'은 대부분 변동성을 이기는 방법에 대한 몰이해에서 나온다.
>
> 물론, 변동성을 이기는 가장 쉬운 방법이 한 가지 있기는 하다. 은행에 예금해서 안정된 초저수익을 누리면 된다. 그렇지 않다면 대부분의 투자는 크든 작든 변동성을 겪으면서 과실을 얻게 되어 있다. 특히 주식투자는 이 중에서 상대적으로 큰 변동성과 싸우면서 더 큰 수익을 누리는 게임이라는 것을 알고 시작해야 한다.
>
> **–『문병로 교수의 메트릭 스튜디오』, 문병로 지음, 김영사**

앞의 글처럼 폭락장은 피하고 상승장에서만 시장에 속해 있는 방법은 없다. 하락장을 피하려고 하면 상승장에서 얻을 수 있는 잠재적인 이익은 포기해야만 한다.

필자의 방법은 비교적 간단하다. 경기확장 국면 전반기(미국의 정책금리가 크게 하락하고, 경기부양책 등이 나온 이후부터 정책금리를 몇 차례 올리기 전까지)에는 70~100%로 높은 수준의 주식 비중을 유지하는 편이다. 좋은 기업을 찾는 데 주력한다.

이는 세 가지 이유 때문이다. 첫째, 불황 때문에 주식시장이 많이 하락해 있기 때문에 저평가된 기업이 많다. 웬만한 기업들은 다 저평가 상태다. 불황에서 회복될 때 모든 산업이 동시에 회복되지는 않는다. 회복되는 속도가 다르기 때문에 많은 기회가 있다. 둘째, 금리가 낮은 상황에서 불황을 맞이하면 유동성 함정(돈을 풀어도 수요가 회복하지 않는 상황)에 빠지기 때문에 미국의 중앙은행과 각국 통화 당국은 불황을 막기 위해 최선을 다한다. 셋째, 경제 전반적으로 신용(빚)의 규모가 작기 때문에 경제의 성장 여력이 크다.

반면 경기확장 국면 후반기(미국의 정책금리가 상당히 부담스러운 수준까지 올라가고, 미국의 실업률이 더 개선되기 어려운 상황에 근접하는 시기)에 접어들면 50% 내외의 주식 비중을 유지한다.

이 역시 세 가지 이유 때문이다. 첫째, 호황기 동안 많은 기업이 크게 상승했기 때문에 매수하고 싶은 저평가 기업이 많이 보이지 않는다. 따라서 자연스럽게 현금 비중이 높아진다. 둘째, 한번 투자하면 최대 3년 정도 보유할 생각을 하기 때문에 보유 중에 경기불황이 오면 견디기 힘들 수 있다. 따라서 기존에 보유하던 주식이 많이 올라 차익을 실현하더라도 새로운 주식을 사기보다는 될 수 있으면 현금 비중을 어느 정도 수준까지는 유지하려고 노력한다. 물론 매력적인 기업이 보이면 그럼에도 매수한다. 셋째, 호황기에 누적된 신용(빚)이 많기 때문에 전반적으로 경제성장률도 좋지 않고 작은 충격에도 큰 문제로 이어지는 경우가 많다.

경기확장 후반기에도 주식 비중을 어느 정도 가져가는 이유는 불황이 시작되는 시기를 정확히 예측할 수 없을 뿐만 아니라, 현금 100%로 약세장을 맞이했을 때 주식이 전혀 없다면 바닥 근처라 생각해도 쉽게 주식을 매수하기 어렵기 때문이다. 조금만 더 기다리면 더 좋은 매수 기회가 올 것 같지만 바닥에 잡는 경우는 거의 없다. 오히려 주저주저하다가 상승장을 놓치는 경우가 많다. 그렇다고 매력적인 기업이 전혀 보이지 않는데 쓸데없이 주식 비중 50%를 유지할 필요는 없다. 반드시 저평가 기업만 보유하려고 노력해야 한다. 그래야 깨져도 덜 깨지기 때문이다.

어느 정도 비중으로 주식시장에 머물면서 좋은 투자 기회를 엿보는 것이 냉정하게 판단하는 데 도움이 된다. 이것이 필자가 2008년, 2020년 큰 약세장이 찾아왔을 때 극복한 방법이다. 시장에 들어갔다 나왔다 하면서 폭락장은 피하고 상승장에서만 시장에 속해 있는 방법인, 이른바 '문지기의 꿈'은 한낱 몽상이다. 가치 투자자 중에는 시장에 대한 판단을 전혀 안 하는 이들도 있다. 누구의 방법이 정답이라고 할 수는 없다. 자신에게 가장 맞는 방법으로 투자해나갈 뿐이다.

〈그림 1-5〉 KOSPI 연말지수

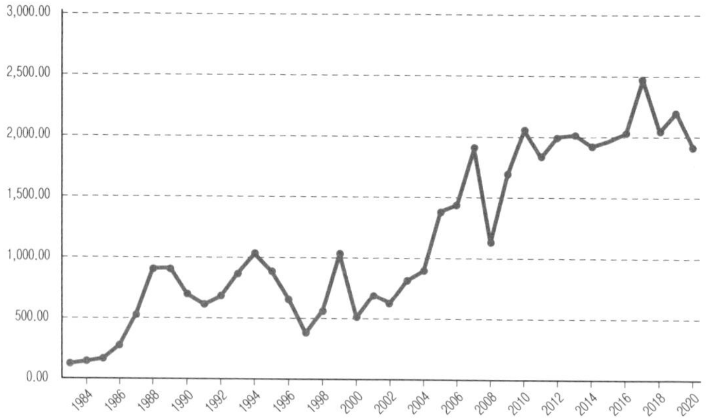

출처: 통계청

〈그림 1-6〉 KOSPI 월말지수

출처: 통계청

주식 투자자에게 가장 긍정적인 뉴스는, 불황은 비교적 짧고 호황은 길다는 것이다. 〈그림 1-5〉와 〈그림 1-6〉을 보면 위기가 찾아와 주식시장이 크게 하락해도 최대 1년 정도면 하락 국면을 벗어나 다시 상승한다는 걸 확인할 수 있다. 혹시라도 주식 100%로 약세장을 맞이했다고 하더라도, 좋은 기업에 투자하고 있고 자기 돈으로만 투자하고 있다면 약세장은 지나가기 마련이다. 문제는 나쁜 기업에 투자하고 있고, 빌린 돈으로 투자하고 있을 때다. 앞서 워런 버핏이 인내심 있는 투자자라면 채권보다 주식이 더 좋을 것이라고 했는데, 바로 이런 의미다.

소신파와 부화뇌동파

명저 『돈, 뜨겁게 사랑하고 차갑게 다루어라』에 보면 다음과 같은 구절이 있다.

> 크게 보아 나는 주식 투자자를 부화뇌동파와 소신파, 이 두 가지로 분류한다. 소신파는 말 그대로 투자자이다. 장기적으로 보면 그들은 승자에 속하며 그들이 수익을 보는 것은 결국 부화뇌동파 덕분인 경우가 많다. 증권을 가지고 노름을 하는 이들은 부화뇌동파에

속한다.

그러면 부화뇌동파와 소신파는 어떻게 다른가? 소신파는 옛날 프로이센의 몰트케 원수가 전쟁의 승리를 위해 꼭 필요하다고 한 네 가지 요소, 즉 4G를 가지고 있다. 4G란 돈Geld, 생각Gedanken, 인내Geduld, 그리고 행운Gluck이다.

어떤 사람이 돈을 가지고 있는지 아닌지는 재산의 많고 적음으로 결정되는 것이 아니다. 내 정의로는, 온전히 자기 돈을 가지고 있고 부채가 없을 때 돈이 있는 것이다. 예를 들어 1만 마르크의 재산이 있는데 그중 증권은 5,000마르크뿐이고 빚이 없다면, 그는 돈이 있는 것이다. 그러나 1억 마르크를 가진 부자가 2억 마르크의 주식을 산다면 그는 돈이 없는 것이다. 그에게는 오직 마이너스 잔고가 있을 뿐이다.

–『돈, 뜨겁게 사랑하고 차갑게 다루어라』, 앙드레 코스톨라니 지음, 김재경 옮김, 미래의창

충격적이지 않은가? 1억 마르크를 가진 부자라도 2억 마르크의 주식을 산다면 그는 돈이 없는 것이라는 표현 말이다.

이 말은 두 가지 의미를 가진다. 첫째, 빌린 돈은 겁이 많고 인내심이 없다는 것이다. 돈을 빌려 투자를 하면 벌 때는 엄청난 수익을 보기 때문에 좋지만, 돈을 한 번만 빌리는 투자자는 없다. 결국 탐욕을 좇다가 한 번의 큰 손실에 마음이 흔들려 바닥에서 손절매하는 경우가 올 수 있다. 둘째, 돈을 빌려 투자하면 주식의 처분권이 남의 손에 맡겨지는 때가 올 수 있다. 세상에는 어떤 일도 일

어날 수 있다. 이번 코로나19 팬데믹의 충격으로 많은 투자자가 반대매매로 시장에서 퇴출됐다. 자신이 보유한 회사가 엄청난 저평가 가격까지 하락했다는 사실을 안다고 해도 어쩔 수 없이 팔아야 하는 경우가 있다. 증권사에서는 폭우가 내리면 우산을 거둬버린다. 증권사는 계약에 따라, 계좌주의 의지와는 상관없이 주식을 팔아버린다. 100억 원의 돈을 가진 사람이 200억 원어치 주식을 가지고 있었는데 50% 하락했다고 생각해보라. 반대매매로 주식을 팔아서 빚을 갚고 나면 자기자산은 0원이 된다. 이후 주식시장이 폭등해도 0원이다.

빌려서 투자하는 돈은 겁먹기 쉽다. 하지만 100% 자기 돈으로 투자하면, 그 돈은 위기가 왔을 때 용감해진다.

〈그림 1-7〉과 〈그림 1-8〉을 비교해보자. 신용거래융자가 단기적으로 크게 감소하면, 즉 빚내서 주식을 샀던 투자자가 주가 하락을 견디지 못하고 팔고 나가면, 주식시장은 단기적으로 바닥을 만들고 상승하는 것을 볼 수 있다. 2018년 10월 말, 2019년 8월 말, 2020년 3월 말이 그랬다. 특히, 경기 후반 사이클에서 신용거래융자의 규모가 크게 증가해 있을 때는 2020년 3월처럼 큰 하락이 동반될 수도 있다. 이런 현상은 이번에만 있었던 것이 아니고 항상 적용되는, 진리에 가까운 현상이다.

주식시장이 하락하는데도 신용거래융자가 감소하지 않는다면 좀더 인내심을 가지고 매수 기회를 기다려보는 것도 전략적으로 고려해볼 만하다.

〈그림 1-7〉 신용거래융자

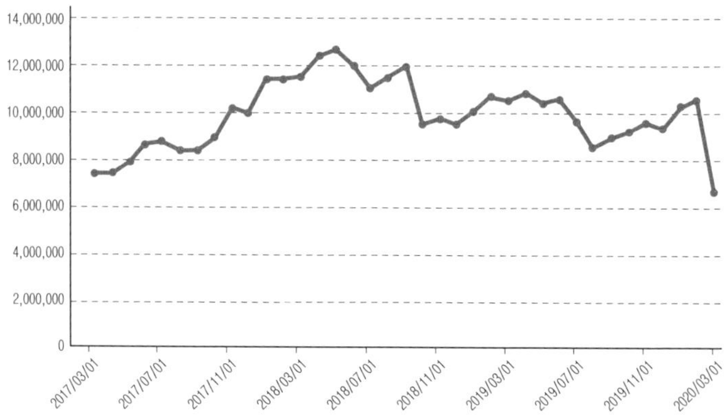

출처: 금융투자협회

〈그림 1-8〉 KOSPI 차트

출처: 키움증권 HTS

〈그림 1-9〉 신용잔고와 KOSPI

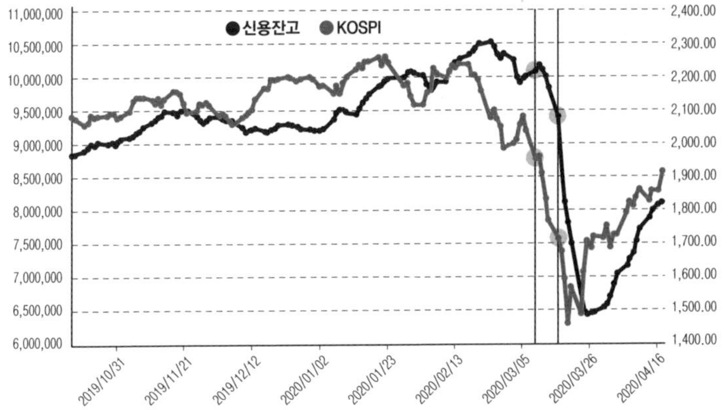

출처: 금융투자협회

〈그림 1-9〉를 보면 왼쪽 선인 3월 11일까지 코스피가 2300에서 1900대로 단기적으로 급락했는데, 그럼에도 빚을 내서 투자하는 돈이 아직 버티고 있는 모습을 볼 수 있다. 하지만 주식시장이 1700까지 추가로 급락하자, 그때부터 빚을 낸 돈이 주식시장에서 빠르게 퇴출되기 시작한다. 6거래일 만에 신용잔고 약 3조 원이 감소했으며, 신용잔고가 바닥을 찍자 주식시장은 빠르게 상승했다. 이런 모습은 이번뿐만 아니라 신용잔고가 높은 상황에서 항상 볼 수 있다.

경험이 많은 투자자라면 주식시장이 급락할 때 매수하는 속도를 전략적으로 조절할 수도 있다. 떨어질 때마다 보유하고 있던 현금으로 주식을 사되 신용잔고의 감소 추이를 보면서 매수 규모를 조절하는 것이다.

기업가치와 황금비

주가가 급락할 때 어떻게 기회를 엿볼 것인가를 이론적으로 설명하기 위해, 2020년 3월 21일 코스피 지수가 1560대에 있을 때 필자의 페이스북에 올렸던 글을 인용하고자 한다. 3월 21일은 〈그림 1-10〉에서 보듯이 코스피가 한 달 만에 2200에서 1440까지 35% 하락한 다음 날이었다.

이후 주가는 빠르게 상승해 이 글을 쓰고 있는 2020년 4월 17일 현재 1914까지 상승했다(〈그림 1-11〉). 바닥인 1440에서부터 계산하면 한 달이 되지 않은 짧은 기간에 지수가 무려 33% 상승한 것이다. 이 와중에 50% 이상 오른 주식이 수두룩했다.

지금이야 주식시장이 회복하니 더 상승할 것으로 생각하는 투자자가 많아졌지만, 당시에는 추가 하락할 수도 있기 때문에 투자에 신중해야 한다는 반응이 대부분이었다. 당시 많은 주식이 말도 안 되는 가격까지 하락했음에도, 많은 투자자가 공포에 질려 있었다. 필자는 엄청난 기회가 왔다는 것을 알고 있었고 바닥권에서 좋은 주식을 매수할 수 있었다. 그때 어떻게 주식을 살 수 있었는지 먼저 이론적으로 살펴보자.

다음은 2020년 3월 21일 코스피 지수가 1560대에 있을 때 필자가 페이스북에 올렸던 글이다.

〈그림 1-10〉 KOPSI 지수(~2020.3.20.)

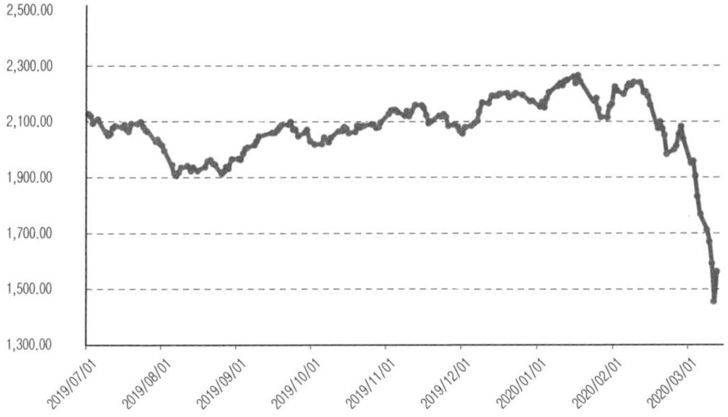

출처: 키움증권 HTS

〈그림 1-11〉 KOPSI 지수(~2020.4.17.)

출처: 키움증권 HTS

기업의 가치는 본질적으로 다음 수식처럼 매년의 FCF(Free Cash Flow, 잉여현금흐름, 편의상 현금흐름이라 부르겠다)를 적절한 이자율로 할인한 후 합산한 것으로 결정된다.

$$\text{기업의 가치} = \frac{\text{1년 후 현금흐름}}{1+r} + \frac{\text{2년 후 현금흐름}}{(1+r)^2} + \frac{\text{3년 후 현금흐름...}}{(1+r)^3}$$

r: 할인하는 이자율

[표 1]은 매년 현금흐름이 100억 원씩 나오는 기업을 가정한 표다. 기업이라고 해서 딱딱하다면 맘 편히 식당이라고 생각하면 된다. 할인하는 이자율은 10%로 가정하고, 쉽게 설명하기 위해 10년 후 영구 가치는 없다고 설정했다. 이 기업의 경우 10년간 현금흐름의 합은 1,000억 원이 되며, 10년간 할인된 현금흐름의 합은 614억 원이 된다.

[표 1]

	1년 후	2년 후	3년 후	4년 후	5년 후	6년 후	7년 후	8년 후	9년 후	10년 후	10년 합
현금흐름	100	100	100	100	100	100	100	100	100	100	1000
할인율 10%	1.10	1.21	1.33	1.46	1.61	1.77	1.95	2.14	2.36	2.59	
할인된 현금흐름	91	83	75	68	62	56	51	47	42	39	614

• **사례 1**

코로나19 팬데믹으로 인한 충격과 기업들의 부채 문제로 크게 영향을 받아 [표 2]처럼 현금흐름이 첫해는 100억 원에서 50억 원으로 감소하고 2년 후에는 100억 원에서 70억 원으로 감소한 후 3년 후에 원래대로 회복했다고 해보자. 충격을 받는 첫해에 이익이 반토막 난다는 것은 단기적으로 적지 않은 타격을 받았다는 것을 의미한다.

[표 2]

	1년 후	2년 후	3년 후	4년 후	5년 후	6년 후	7년 후	8년 후	9년 후	10년 후	10년 합
현금흐름	50	70	100	100	100	100	100	100	100	100	920
할인율 10%	1.10	1.21	1.33	1.46	1.61	1.77	1.95	2.14	2.36	2.59	
할인된 현금흐름	45	58	75	68	62	56	51	47	42	39	544

이럴 경우 10년간 현금흐름의 합은 920억 원이 되며, 10년간 할인된 현금흐름의 합은 544억 원이 된다. 이때 할인된 현금흐름의 10년 합 변화율은 [표 1]의 614억 원에서 [표 2]의 544억 원으로 감소하여 -11.4%에 불과하다.

이 회사의 주가가 단기간에 40% 하락했다고 하면 이 회사는 가치 감소율보다 주가가 무려 28.6%p 더 하락한 셈이다. 만약 영구

가치를 계산에 포함한다면 가치의 하락률은 이보다 적을 것이다.

- **사례 2**

두 가지 요인으로 인해 [표 3]처럼 첫해의 현금흐름이 -50억 원이 되어 마이너스로 전환되고, 둘째 해에는 현금흐름이 50억 원으로 감소했다가 3년 후 원래의 현금흐름 수준으로 회복되는 경우를 가정해보자. 이런 경우는 재앙적 타격을 받은 상황을 의미한다. 코로나19 국면에서 여행사들이 여기에 해당할 것이다.

이때의 영향은 할인된 현금흐름 기준으로 28.9%의 가치 감소가 발생하게 된다. 만약 이 회사의 주가가 40% 하락했다면 주가는 실제 가치 하락보다 11.1%p 더 떨어진 것이 된다. 물론 영구 가치를 계산에 포함할 경우 가치의 하락률은 역시 이보다 적을 것이다.

[표 3]

	1년 후	2년 후	3년 후	4년 후	5년 후	6년 후	7년 후	8년 후	9년 후	10년 후	10년 합
현금흐름	-50	50	100	100	100	100	100	100	100	100	800
할인율 10%	1.10	1.21	1.33	1.46	1.61	1.77	1.95	2.14	2.36	2.59	
할인된 현금흐름	-45	41	75	68	62	56	51	47	42	39	437

- **사례 3**

코로나19와 회사채 문제에 대한 우려로 주가는 급락했으나 현금흐름에 큰 변화가 없는 기업은 어떻게 될까? 당초 주가가 고평가가 아니었고 큰 영향이 없다는 것을 투자자들이 알기 시작하면 주가는 빠른 시간 안에 원래 수준으로 회복될 것이다.

앞의 '사례 2'처럼처럼 재앙적인 충격을 받은 기업의 경우에도 3년 후가 되면 현금흐름이 100억 원으로 회복되기 때문에 시간은 더 걸리겠지만 결국 주가는 원래 수준으로 회복될 것이다. 3년 후 영업 환경이 정상화된 시점에서 보자면, 10년간 매년 현금흐름이 100억 원씩 나올 것이기 때문이다.

사람들은 충격적인 사건일수록 그 사건에 공포감을 느끼며 마치 영원히 지속될 것처럼 과민 반응을 보인다. 2008년 9월 리먼 브러더스가 파산한 이후 주가가 급락하자 언론에서 뭐라고 했는지 떠올려보라. 많은 전문가와 언론에서는 L자형 불황이 예상된다고 이야기했고, 저성장이 고착화된다는 의미에서 '뉴노멀New Normal'이라는 신조어까지 등장했다. 하지만 코스피는 2008년 10월 890선까지 하락했으나 2009년 9월 1700선을 회복했다. 바닥에서부터 계산해보면 1년 만에 91% 상승한 것이다.

2008년과 같은 금융위기가 지나간 후 코스피가 바닥에서 1년 만에 91% 상승하고 회복하는 것은 '사례 1'과 같은 원리다. 그리고 2008년 금융위기 당시 오뚜기 주가가 피뢰침 꽂듯이 일시적으로 크게 하락했다가 금방 회복된 이유는 '사례 3'과 같은 원리다.

불황의 영향을 거의 받지 않는 기업의 주가가 단기간에 50% 하락했을 때 그 주식을 산 투자자는 워런 버핏이 말한, 황금으로 만든 비가 내릴 때 바구니를 들고 밖에 나가기만 할 뿐인 상황이 되는 것이다.

만약 3년 후 현금흐름이 원래보다 더 늘어날 회사인데 주가가 50% 떨어졌다면 어떻게 될까? 아마도 주가는 떨어지기 전보다 훨씬 크게 오를 것이므로 큰 수익이 날 것이다. 이것이 지금 상황에서 가능한 한 많은 시간을 투입해 가능한 한 많은 기업을 분석하고 골라내야 하는 이유다. 이는 또한 워런 버핏이 '인내심 있고, 자기 돈으로 투자한 사람이라면 주식이 채권보다 훨씬 나을 것이다'라고 말한 이유이기도 하다.

2020년 3월처럼 경제침체 시기가 오면 주가는 경기에 대한 우려로 많이 하락하며 온갖 두려운 뉴스로 도배된다. 하지만 중요한 것은 주식시장이 폭락하고 있다는 뉴스도 아니고, 경기침체가 어떻게 심각하냐도 아니다. 중요한 것은 내가 투자하고 있거나 투자할 회사의 기업가치가 어떻게 변하느냐다. 경기침체 영향으로 회복할 수 없는 타격을 받고 있는 사업이라면 주식시장이 다시 상승하더라도 주가는 오르기 힘들 것이다. 반면, 일시적으로는 사업이 영향을 받을지 몰라도 경제가 회복된 이후에는 다시 회복되거나 더 성장할 사업이라면 주가 하락은 기회이지 위기가 아니다. 이런 사실을 안다면 남들이 두려워할 때 용기를 낼 수 있다.

워런 버핏은 거시경제 요소들에 대해 잘 알고 있지만 거시경제보다는 기업 자체에 집중한다고 말한다. 2020년 3월과 같은 급락장에서는 특히 그렇다. 거시경제 요소들을 보고 있으면 두려워서 투자를 할 수가 없다. 하지만 이때 봐야 하는 것은 거시경제와 관련된 뉴스가 아니라 기업 자체다. 찰리 멍거는 이렇게 표현한다.

"미시경제는 우리가 하는 사업이고, 거시경제는 우리가 받아들이는 변수들입니다."

버핏: 찰리와 나는 독서를 많이 하며, 경제 문제와 정치 문제에 흥미를 느낍니다. 우리는 거의 모든 거시경제 요소들에 매우 익숙합니다. 향후 제로 금리가 어떤 방향으로 흘러갈지는 모르겠지만, 현재 상황은 알고 있습니다.

멍거: 이 대목에서 혼동하기 쉬운데, 우리는 미시경제 요소에 많은

관심을 기울입니다.

버핏: 우리는 주식을 살 때도 기업을 산다고 생각하므로, 그 결정 과정이 기업을 인수할 때와 매우 비슷합니다. 그래서 미시경제 요소들을 최대한 파악하려고 노력합니다. 주식을 사든 안 사든 기업의 세부 사항을 조사하는 것을 즐깁니다. 나는 다양한 기업 연구가 흥미롭습니다. 이는 매우 중요하며, 아무리 연구해도 질리지 않습니다.

멍거: 미시경제보다 더 중요한 요소는 거의 없습니다. 미시경제가 곧 기업이니까요. 미시경제는 우리가 하는 사업이고, 거시경제는 우리가 받아들이는 변수들입니다.

– 『워런 버핏 바이블』, 워런 버핏·리처드 코너스 지음, 이건 편역, 신진오 감수, 에프엔미디어

워런 버핏의 부동산투자

그렇다면 '미시경제는 우리가 하는 사업이고, 거시경제는 우리가 받아들이는 변수들입니다'라는 말은 정확하게 어떤 의미일까? 재미있게도 워런 버핏의 주식투자 경험이 아니라 그의 부동산투자 경험을 통해 우리는 좀더 쉽게 이해할 수 있다. 주식을 예로 들어 이야기하면, 이상하게도 다들 어려워하지만 부동산을 예로 들면 쉽게

이해한다. 다음 글을 여러 번 읽고 나면 주식투자를 어떻게 해야 하는지 알게 될 것이다.

> 이 이야기는 네브래스카에서 시작됩니다. 1973~1981년 동안 중서부에서는 농장 가격이 폭발적으로 상승했습니다. 걷잡을 수 없는 인플레이션이 닥친다고 사람들이 믿은 데다, 소형 지역 은행들의 대출 정책이 부동산 가격 상승을 부채질한 탓입니다. 그러다가 거품이 꺼지자 농장 가격이 50% 이상 하락했고, 대출받은 농부와 대출해준 은행들 모두 엄청난 충격을 받았습니다. 아이오와와 네브래스카주에서 이 거품 붕괴로 파산한 은행의 숫자가, 최근 금융위기로 파산한 은행 숫자의 다섯 배였습니다.
>
> 1986년, 나는 오마하 북쪽 50마일 거리에 있는 농장 400에이커(160만 제곱미터)를 연방예금보험공사로부터 사들였습니다. 가격은 28만 달러였는데, 파산한 은행이 몇 년 전 그 농장을 담보로 대출해준 금액보다 훨씬 적은 액수였습니다. 나는 농장 운영에 대해 아는 것이 없었습니다. 그러나 아들 하나가 농사를 좋아했으므로, 아들의 도움으로 이 농장의 옥수수 및 콩의 산출량과 운영 경비를 추산할 수 있었습니다. 이 추정치를 바탕으로 계산해보니 당시 이 농장에서 나오는 표준 수익이 약 10%였습니다. 또한 세월이 흐르면 생산성이 향상되고 곡물 가격도 상승하리라 생각했습니다. 두 가지 예상 모두 적중했습니다.
>
> 나는 특별한 지식이나 정보 없이도 이 투자가 손실 위험은 없고 수

익 가능성은 크다고 판단할 수 있었습니다. 물론 때때로 흉년도 들고 가격이 하락할 수도 있습니다. 그런들 무슨 문제가 있겠습니까? 때로는 풍년도 들 것이고, 나는 서둘러 농장을 팔 필요가 없었습니다. 28년이 지난 지금, 농장에서 나오는 이익은 세 배로 불었고, 농장 가격은 다섯 배 이상 뛰었습니다. 나는 지금도 농사를 전혀 모르며, 최근에야 두 번째로 농장을 방문했습니다.

–『워런 버핏 바이블』, 워런 버핏·리처드 코너스 지음, 이건 편역, 신진오 감수, 에프엔미디어

이 글에서 중요한 포인트는 네 가지다.

첫째, 워런 버핏이 농장을 **'구입한 시점'**이다. 워런 버핏은 거품이 생겼다가 폭락한 후 농장을 구입했다. 불황이므로 농장 가격은 크게 하락했다. 워런 버핏은 농장을 살 때 거시경제가 어떤지는 고려하지 않았다.

둘째, 농사를 잘 아는 아들 덕분에 농장을 운영할 때 **'수익과 비용'**에 대해 잘 알게 됐고 농장에서 나오는 수익이 농장 가격 대비 10% 수준으로 '괜찮은 수익률'을 준다는 것을 알고 샀다.

셋째, 세월이 흐르면서 생산성이 향상되고 곡물 가격도 상승하기 때문에 시간이 지나면 농장 매입 가격 대비 **'수익률이 더 오를 것'**이라고 생각했다. 즉, 사업이 더 잘될 것을 알고 샀다는 것이다.

넷째, 일시적인 **'흉작이 와도 걱정하지 않았다'**는 것이다. 흉작이 있으면 풍작이 있을 것이고, 농장을 팔지 않을 것이기 때문에 개의치 않았다.

사람들이 주식투자를 할 때 실패하는 이유는 주식 뒤에 있는 기업의 가치를 보는 것이 아니라 주식 시세판에서 왔다 갔다 하는 가격만 보기 때문이다. 기업의 가치는 주가만큼 크게 변하지 않는다. 따라서 좋은 사업이라면 주가가 과도하게 내릴 때 사서 적정 가치를 넘어설 때 팔면 되지 하루하루의 주가에 연연할 필요가 없는 것이다. 그래서 워런 버핏은 다음과 같이 덧붙인다.

> 변덕스럽고 말 많은 이웃이 있어도 내 농장의 가치가 떨어지지 않듯이, 시장이 갑작스럽게 폭락하거나 극단적으로 오르내리더라도 투자자가 손실을 보는 것은 아닙니다. 실제로 진정한 투자자에게는 시장 폭락이 오히려 유리할 수 있습니다. 주가가 터무니없이 내려갔을 때 여유 자금이 있다면 말이죠. 투자자에게 공포감은 친구이고, 행복감은 적입니다.
>
> –『워런 버핏 바이블』, 워런 버핏·리처드 코너스 지음, 이건 편역, 신진오 감수, 에프엔미디어

최근 급락장에 필자도 여러 기업을 샀다. 그중에서 가장 이해하기 쉬운 기업인 샘표식품을 예로 들어 설명해보려고 한다(워런 버핏의 부동산투자 방식을 적용해 설명하기 위해 든 예시일 뿐, 투자를 권하는 글이 아님을 밝힌다). 샘표식품은 거래량이 적어서 충분히 사지는 못했지만 아주 쉬운 투자였기 때문에 아무 걱정 없이 마음 편히 매수할 수 있었다.

샘표식품은 간장, 요리에센스 연두, 폰타나, 질러 등을 만드는 식품 회사다. 〈표 1-1〉을 보면 샘표식품이 어떤 사업을 하는지 알

〈표 1-1〉 샘표식품 사업부문

(단위: 천 원)

사업 부문	품목	주요 상표	매출액* (비율) 제4기
식품	장류	· 진간장 S/금 F3/금 S · 양조간장 (계란간장, 양조간장 501/701, 국산콩, 샘표 맛있게 염도낮은 양조간장, 유기농자연콩, 회간장) · 맑은조선간장, 국간장 · 맛간장 국찌개용/조림볶음용, 조림간장 · 우리아이 순한간장 비빔볶음용/국물용 · 향신간장 국전골용/조림찜볶음용 · 토굴된장, 백일된장, 토장 · 재래식 옛된장, 토장찌개양념 · 태양초 우리쌀고추장 · 청양고추와 홍고추로 고기맛 살리는 쌈장, 토굴쌈장, 양념이 듬뿍 맛있는 쌈장 등	181,769,574 (59.8%)
	장류 외	· 요리에센스 연두 (연두순/연두우리콩/연두청양초) · 폰타나(fontana) 수프/드레싱/파스타/고기소스/오일/발사믹 · 백년동안 흑초 (산머루복분자/산수유석류/블랙블루베리, 원액 등) · 백년동안 마이크로발효 건강즙 (양배추즙/아로니아즙/배수세미즙) · 요리양념, 찌개양념, 국시장국, 요리육수, 국탕찌개 · 통조림 우리엄마밑반찬, 바로바로 요리하는/수산물/과일 통조림 · 질러(Ziller) 육포 (부드러운/갈릭바베큐/크레이지 핫/순수육포/직화육포/치즈품은 비프 등) · 순작(純作) 끓여마시는 차 (유기농 보리차/옥수수차/옥수수수염차 등) · 순작(純作) 우려마시는 차 (작두콩차/돼지감자차/연근우엉차/도라지생강차/헛개비수리차 등) · 참기름/들기름, 소금, 식초 등 · 티아시아키친(T'Asia Kitchen) · 선물세트	122,165,717 (40.2%)
	합계		**303,935,291 (100.0%)**

출처: 전자공시시스템, 샘표식품 사업보고서

수 있다.

워런 버핏의 부동산투자 방식을 적용해 설명해보겠다.

첫째, 필자가 샘표식품을 매입한 시점은 코로나19 팬데믹 영향으로 급락한 시점이다. 워런 버핏이 농장을 매입한 시점도 불황이었다. 〈그림 1-12〉를 보면 알 수 있듯이, 분할 상장된 이후 최저가 수준이었다. 샘표식품 주가는 2018년 1월 45,000원에서 2020년 3월 17,850원으로 약 60% 하락했다.

둘째, 사업보고서를 보고 샘표식품의 매출과 비용구조를 알 수 있었다. 다행히 식품 기업이라 회사를 이해하는 데 큰 어려움이 없었다. 2020년 3월 최저점 17,850원일 때 시가총액은 815억 원이었으니 2019년 순이익 기준으로 PER 3배에 불과했다. PER은 'Price Earnings Ratio'의 줄임말인데, 쉽게 말해서 한 해 순이익

〈그림 1-12〉 샘표식품 차트

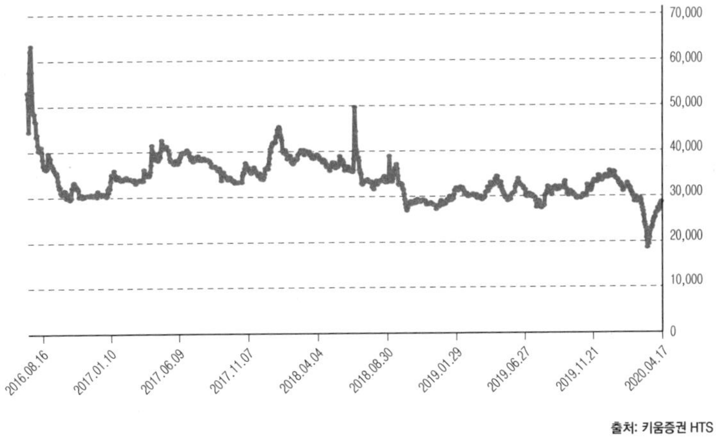

출처: 키움증권 HTS

대비 몇 배의 시가총액에 거래되는가를 알려주는 지표다. PER이 3배라는 것은 2019년 순이익으로 3년만 벌어서 전부 배당으로 나눠주면 원금이 회수된다는 의미다. 매년 3억 원씩 버는 식당을 9억 원에 사면 PER이 3배다. 수익률로 따지면 한 해 수익률이 33% 정도 된다. 엄청난 수익률 아닌가? 워런 버핏은 농장을 살 때 10% 수익률도 만족했다.

셋째, 샘표식품은 시간이 지나면 수익률이 더 오를 수 있는 회사였다. 최근 3년간 실적을 보면 꾸준히 증가하고 있고, 요리 에센스 연두의 경우 해외 진출을 하고 있어 조금 더디기는 하지만 해외 사업 확장에 따라 매출액이 증가할 가능성이 큰 사업이다. 또 식품 사업은 원재료 가격이 오르면 제품 가격을 같이 올릴 수 있는 사업이므로 원재료 가격이 올라도 이익은 증가할 가능성이 크다. 따라서 농장 구입 사례에서 본 것처럼 세월이 흐르면서 수익률이 더 증가할 수 있다.

〈표 1-2〉 샘표식품의 매출액과 이익 추이

(단위: 억 원)

	2017	2018	2019
매출액	2,632	2,756	2,808
영업이익	203	215	310
당기순이익	115	180	268

넷째, 식품 사업은 코로나19 팬데믹으로 인한 경제불황에도 영

향을 거의 받지 않았고, 또 영향을 받는다고 하더라도 경제가 회복되면 금방 회복되는 사업이었다. 워런 버핏의 농장처럼.

결과적으로 불과 한 달이 안 됐는데 주가는 60%나 상승했다. 현재 시가총액 1,307억 원 기준으로도 PER은 4.9배가 나오며, PER의 역수인 수익률 개념으로 보면 아직도 연 20%의 높은 수익률이 기대되는 가격이다.

2020년 3월 19일 당시 이런 회사는 정말 넘쳐났다. 주식 투자자들이 흔히 하는 말로 '물 반 고기 반' 상황이었다. 이런 상황에 주식시장이 폭락한다고 두려워해야 했을까? 만약 두려워했다면 일시적으로 크게 손실이 나 공포가 이성을 마비시켰기 때문일 것이다.

지금까지 불확실성하에서 주식에 어떻게 투자하는지 필자의 관점에서 살펴봤다. 누구나 미래에 대한 예상을 할 수는 있어도 정확하게 맞히는 사람은 없다. 코로나19 팬데믹으로 인한 폭락장을 예측한 사람도 있었겠지만, 모든 과정을 정확하게 맞힐 수는 없었을 것이다. 또한 맞히고 100% 현금을 보유하고 있었다고 하더라도 바닥에서 주식을 다 채워 큰 수익을 내기는 쉽지 않았을 것이다. 주식이 전혀 없는 상황에서 주식시장이 폭락하면 내일은 더 떨어질 것 같아 함부로 사지 못한다. 100% 현금을 가지고 있는 것은 하락에 베팅하는 마음가짐이기 때문이다. 하지만 낮은 비중이라도 주식을 가지고 있는 사람이라면 매수 관점으로 주식시장을 바라보기 때문에 경제 자체보다는 기업에 집중하면서 염가에 매수할 기회를 얻

을 수 있다.

코로나19 팬데믹은 아직 종료되지 않았고 여전히 진행형이다. 또 이로 인한 경제침체도 진행 중이다. 이후 벌어질 일들 역시 누구나 예상할 수 있지만 정확하게 맞히는 사람은 없을 것이다. 중요한 것은 예측이 아니라 어떤 자세로 바라보고 대응할 것이냐다.

전장에 나가는 장수가 전쟁이 어떤 양상으로 흘러갈지 예상한다고 해도 그대로 전개되는 경우는 없다. 돌발변수는 항상 나타나기 마련이다. 문제는 이런 돌발변수가 나올 때 어떤 준비가 되어 있는가다. 전장에 나가는 장수가 가장 먼저 신경 써야 할 것은 적이 아니라 나와 우리 군대가 어떤 상태인가 하는 것이다. 그래서 『손자병법』에서는 지지 않는 것은 나에게 달려 있고, 이기는 것은 적에게 달려 있다고 말한 것이다.

주식투자도 마찬가지다. 가장 먼저 신경 써야 할 것은 경제, 거시변수가 아니라 나 자신과 투자하고 있는 기업에 대해 잘 알고 있는가 하는 것이다. 앞서의 비유를 들자면, 워런 버핏이 부동산투자 경험에서 알려준 조건들에 충족하는 기업들인가 하는 것이다. 잃지 않는 것은 나에게 달려 있고, 수익이 나는 것은 시장에 달려 있다.

워런 버핏의 가르침을 잊지 말고, 기업에 대한 공부를 꾸준히 하기 바란다. 이것이 필자가 코로나19 팬데믹 이후를 바라보는 관점이고 준비하는 자세다.

2장

포스트 코로나 포트폴리오

신한금융투자 리서치센터 해외주식팀장 **박석중**

우려의
반대편에 서다

지난 10년의 강세장은 코로나 사태로 종식됐다. 글로벌 주가지수는 고점 대비 34%까지 속락했다. 역사적 사례로 남을 패닉 셀링의 상흔이다.

국내 주식시장에는 '동학개미운동'이라는 신조어까지 등장했다. 개인 투자자의 매수세가 전례 없이 집중됐고, 정부가 나서서 주식투자 자제를 당부하는 기현상까지 나타나기도 했다.

주식시장의 V자형 반등에도 바이러스 확산에 따른 공포는 상존하고 주요 금융기관들은 앞다퉈 경제성장률 하향 조정과 경기침체, 한계기업 부실 우려를 경고한다. 위기의 정점에서 주식 비중을 늘려가야 한다는 건 과거 경험을 통해 학습돼왔지만 더블딥 공포에 갖는 저항이 그 어느 때보다 높다.

코로나 이후의 세상에 갖는 합리적 비관론과 과거 반복된 복원력에 기댄 장밋빛 전망이 충돌하고 있다. 필자는 코로나 이후 주식

〈그림 2-1〉 세계 주가지수, 코로나19 신규 확진자 수

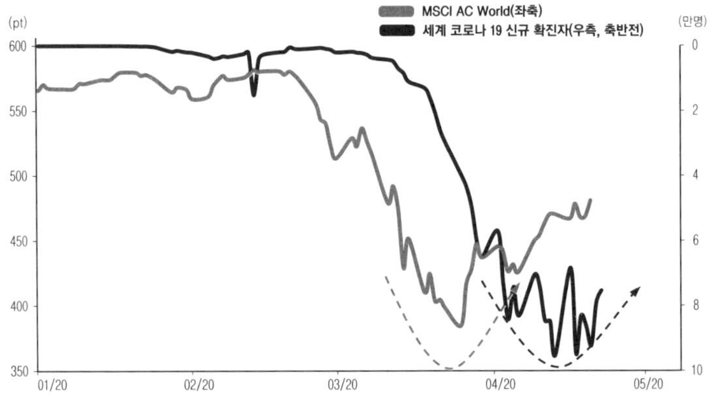

출처: Refinitiv, 신한금융투자

시장에서 큰 투자 기회를 찾을 수 있을 것이라 확신한다. 향후 글로벌 주식시장이 어떤 커브로 진행되든 주도주는 변화할 것이고, 이는 전례 없는 가격 상승과 또 다른 버블로 귀결될 수 있다.

이번 장에서는 주식시장 참여자 입장에서 코로나 사태를 재조명하고 코로나 이후 변화된 포트폴리오 전략과 주도주까지 선별해 보고자 한다.

과거에서 얻은 세 가지 교훈

미래에 대해 갖는 확신은 과거 경험에서 시작된다. 지난 역사에서 반복된 전염병 사례에서 우리는 세 가지 학습 효과를 도출했다.

첫째, 과거 전염병은 발병 후 6~9개월 뒤 소강이 아닌 전면 소멸 단계에 진입한다.

둘째, 주가 저점은 소멸 구간 진입 이후가 아닌 신규 확진자 증감의 정점 확인 시점인 3~4개월 때 확인된다.

셋째, 실물경기 타격은 경기순환 주기, 대외 환경, 경제 구조 및 정책 여건에 따라 차별화된 양상으로 전개된다.

〈그림 2-2〉 1990년대 이후 전염병 사례와 주요국 주식시장 영향도 점검

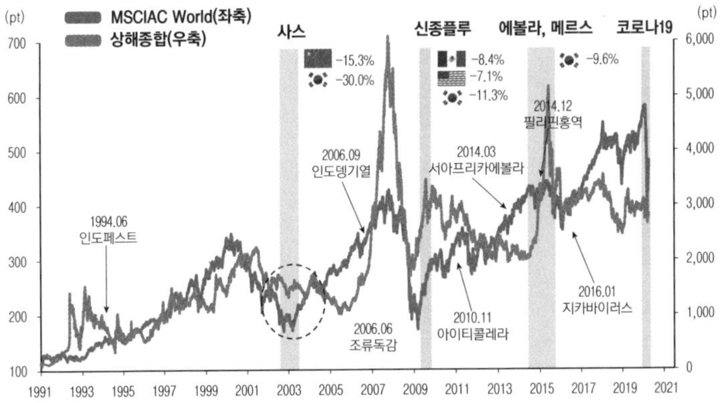

출처: Wind, 신한금융투자

몇 가지 차별점은 존재한다. 코로나 확산 시점인 2020년 1월 글로벌 주식시장은 역사적 신고가와 경험한 적 없는 밸류에이션 부담에 직면해 있었다. 또한 10년간 이어진 양적완화 정책으로 과잉 유동성이 시장에 공급됐다. 바이러스 확산 우려가 촉발한 주가 궤적은 과거와 유사할 수 있으나, 가격 부담과 과잉 유동성 환경은 변동성 장세의 동인이 된다.

코로나 이후의 금융시장은 지난 경험치와 유사한 궤적으로 진행될 전망이다. 이는 발병 이후 유사 전염병과의 역학관계, 확산력 및 완치/사망률 간 상대 비교를 더해 얻어진 확신이다. 현 상황의 위험을 인지하되 과거 경험에서의 역발상적 사고가 이번 코로나 사태 투자 전략의 시작점이다. 이번 조정 역시 복원 가능한 조정으로 인지하며 우려의 정점에서 기회를 찾아야 한다.

우리는 어디에 위치해 있나?

코로나를 겪으며 주식시장 참여자들의 심리는 주가 궤적에 후행해 변화돼왔다. 주가 급락에서는 합리적 비관론자의 우려에 수긍을, 추세 반등 시에는 과거 반복된 경험치에서 위험자산을 보유치 못한 불안감에 휩싸이기도 한다.

필자는 신규 확진자 추세의 역축으로 주가 궤적이 그려질 가능성이 크다는 역발상 전략을 강조해왔다. 이후 경기침체 장기화, 기업이익 추정치 훼손, 금융시장 충격 대비와 모니터링을 통한 세심함과 유연함까지 강조했다.

결국 작금의 위치에 갖는 정확한 판단과 미래 위험에 철저한 대비가 필요하다. 이는 시장 우려의 반대편에서 주식을 보유하고 박스권 혹은 변동성 장세 반복에도 업종 선별 과정을 통해 초과 수익을 창출하는 전략에 근간이 된다.

전염 확산 여파는 크게 1, 2차 충격으로 구분해 접근해야 한다. 1차 충격은 확산에 대한 공포, 2차 충격은 펀더멘털 훼손, 금융시장 충격의 본격화다. 필자는 1, 2차 충격의 진행에 따라 주가 궤적이 '초기 변동성 → 패닉 셀링 → 레벨업된 박스권 → 자산별 차별화 →

〈그림 2-3〉 코로나19 확산과 주식시장 영향 국면별 변수 점검

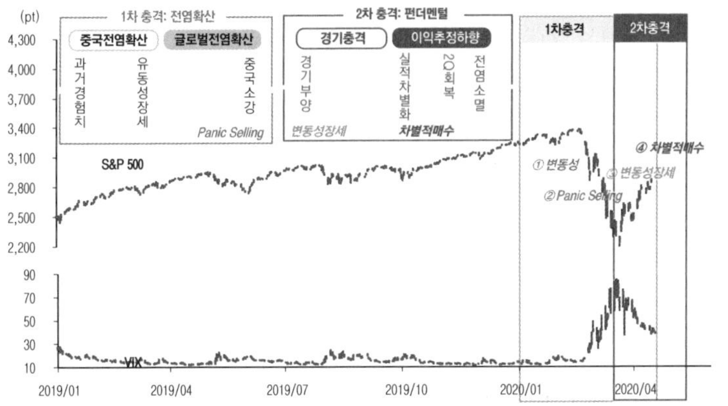

출처: Wind, 신한금융투자

계단식 복원'의 과정을 거칠 것으로 예상한다.

1~2차 충격의 동반은 주가 속락을 연출한 배경이다. 중국에서 글로벌로의 전염 확산 공포는 아시아, 유럽을 거쳐 미국으로 귀결됐다. 이로 인한 경기충격 및 이익 훼손 정도는 아직도 가늠할 수 없다. 경영 위기에 빠진 기업은 현금 확보를 최우선시했고, 이는 유동성 및 신용경색 우려로까지 확산됐다.

2차 충격은 펀더멘털 훼손의 본격화다. 경험한 적 없는 선진국 소비, 신흥국 생산활동 동반 위축은 경기침체 우려를 가중시킨다. 아직 감염 확산의 정점도 파악하기 힘든 형국이나, 5월에 접어들며 경제지표 충격 확인으로 우려의 깊이를 가늠하는 시기에 접어든다. 주요 IB(투자은행)들은 경쟁적으로 2020년 경제성장률 하향 조정을 진행하고 있으며 1분기 실적 시즌 이후 원자재, 금융 업종을 시작으로 가혹한 이익 추정치 조정까지 동반됐다.

블룸버그가 산출한 경기침체 가능성은 이미 100%에 도달했다. 다만 예상되는 침체의 깊이에 대응한 글로벌 중앙은행의 통화정책과 주요국 정부의 강도 높은 재정정책 공조 역시 부족함이 없었다. 기업이익의 훼손 정도는 아직 가늠할 수 없다. 하지만 연간 20~30% 수준의 기업이익 감소와 변화된 할인율을 고려하면 지난 주가 조정은 장부가치 대비 분명 가혹했다.

1차 충격의 정점 확인과 경기부양책 집행은 주가 반등의 동인이 됐다. 시장이 품은 공포는 최악의 악재를 지나야 안정을 찾을 수 있다. 전염 확산 공포가 대표적 사례다. 3월 말을 시작으로 이탈리아, 독일, 프랑스, 스페인에 이어 4월 초 미국까지 일간 신규 확진자는 감소세로 전환했다. 경제활동의 정상화는 2차 감염 재발 우려를 내포하고 있고, 일부 신흥국에서는 뒤늦은 질병 확산이 시작됐다. 다만 치료제와 백신 개발 스케줄은 구체화되고 있다. 1차 충격에 추가적 모니터링이 필요하나 감염 재발 우려를 높게 판단하지는 않는다. 5월 이후 점진적 락다운 제재 완화 기대까지 감안하면 주가 복원을 비이상적 현상으로만 치부해선 안 된다.

경기/금융시장 충격과 부양책 간의 시소게임을 거치면서 단기 변동성 혹은 기간조정 장세 반복이 예상되지만, 전고점까지 시차를 둔 계단식 복원이 시도될 전망이다. 고점 대비 34% 속락한 주가는 낙폭의 절반 이상을 만회했다. 지금부터는 변동성 축소, 레벨업된 박스권 형성, 국가·스타일·업종별 수익률 차별화에 근간을 둔 매매 전략이 필요하다. 인버스로 자금이 집중되고 있다. 더블딥에 갖는 합리적 우려와 단기 급등한 주가에 기술적 부담이 가중됐기 때문이다. 하지만 시장Index 트레이딩으로 기회비용에 노출되기보다 코로나 이후 전개될 변화에 업종, 스타일별 대응이 우선돼야 한다. 1분기, 상반기, 2020년의 이익 훼손보다는 2분기, 하반기, 2021년의 복원력에 중점을 둔 자산 우선순위를 정해 보다 긴 호흡의 대응이 필요하다.

〈그림 2-4〉 12개월 이내 미국 경기침체 진입 확률

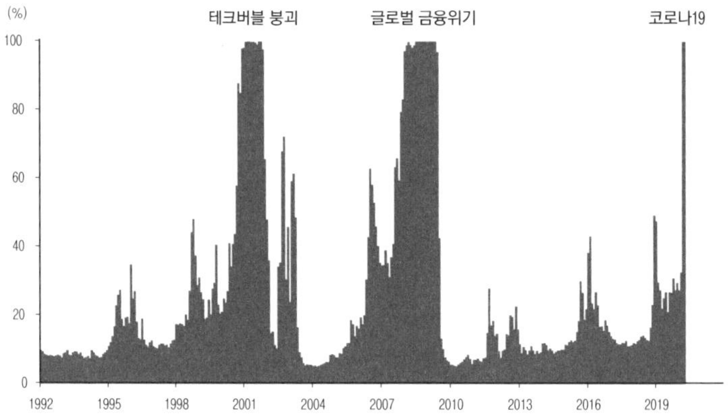

출처: Bloomberg, 신한금융투자

〈그림 2-5〉 미국 업종별 2020년 순이익 전망

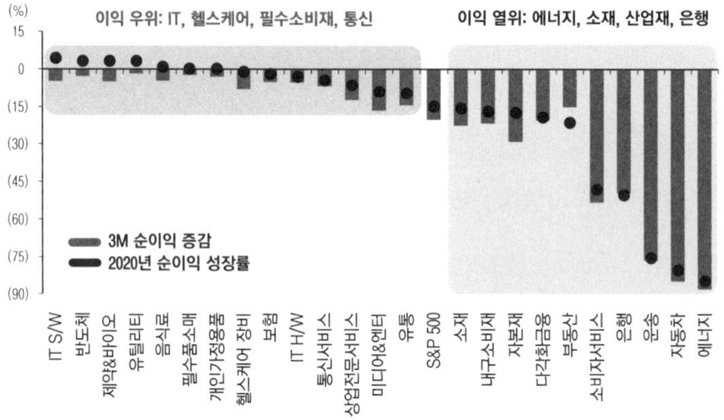

출처: Refinitiv, 신한금융투자

코로나 이후의 세상: 심화된 저성장 우려

코로나 이후 변화될 경제, 금융시장 환경에 대비가 필요하겠다. 과거 글로벌 경기호황의 세 가지 배경은 첫째 시장경제, 둘째 자유무역 활성화, 셋째 인구 증가다. 하지만 코로나 이전부터 민간이 아닌 정부 주도의 경제구도 변화, 보호무역주의 심화, 고령화의 균열이 시작됐다. 과거 고성장의 세 가지 동인이 코로나 사태를 겪으면서 더 큰 훼손이 진행되지 않을까 우려스럽다.

경제 사이클은 기업과 가계의 비이성적 행동에 의해 호황과 침체를 반복한다. 경기침체 시기의 금리 인하와 재정 확대는 재고 과잉 및 인플레이션을 야기하고 이를 소진하는 과정으로 하나의 경기 사이클이 완성된다. 하지만 글로벌 금융위기 이후 제로 금리, 심지어 마이너스 금리 시대로 진입했음에도 신용 확대와 투자 창출은 묘연하다. 이른바 양적완화QE는 기준금리 인하에도 늘어나지 않는 투자, 신용의 한계에서 시작됐다. 양적완화의 기본 메커니즘은 정부가 채권을 발행하고 중앙은행이 이를 매입하는 형식이다. 동 과정에서 경제 순환의 주체는 민간(기업과 가계)에서 정부로 빠르게 이동 중이다.

코로나 이후의 무제한적 양적완화 역시 정부의 재정적자 확대

<그림 2-6> 선진국 국채금리, 세계 GDP 추이

주: 선진 4개국은 미국, 독일, 영국, 일본
출처: Refinitiv, 신한금융투자

와 중앙은행의 자산매입으로 이어질 수밖에 없다. 향후 정부의 부채와 중앙은행의 발권력이 주축이 되는 경제구도는 더욱 심화될 전망이다. 이는 경기 회복의 상단을 제한하고 순환 주기 진폭 역시 좁아진 저성장의 고착화를 의미한다.

무역분쟁은 G2를 넘어 전방위로 확산될 여지가 있다. 코로나 사태 이후 자국 제조업 육성을 위한 리쇼어링re-shoring(제조업의 본국 회귀) 정책 심화와 자유무역 생태계 훼손은 선순환 경기 회복 구도의 단절을 야기하며 국가간 경제 온도 차까지 심화될 수 있다. 이미 코로나를 거치며 미국과 유럽은 의료 시스템뿐만 아니라 제조업 부재의 민낯이 여실히 드러났다. 신흥국 경제 역시 선진국 수요 위축에 갖는 절대적 의존성을 확인했고 원자재를 기반으로 한 자원부국의 재정 문제는 더욱 심화될 전망이다.

트럼프의 관세 전쟁과 리쇼어링 명분은 구체화됐고 유럽, 일본까지 무역분쟁과 자국 제조업 육성 정책에 가세할 공산이 크다. 중국 중심으로 구축됐던 세계 공장은 China+2(Re+Near-shoring) 전략으로 변모하고 있다. 이는 글로벌 분업구도 파열의 시작점이다.

물론 글로벌 분업구도의 파열은 다국적 기업의 저항과 대체할 수 없는 기술 난관에 봉착할 수 있다. 다국적 기업 입장에서 선진국으로의 생산기지 이동은 생산 비용 절감, 발 빠른 기술 진화, 판매시장 확대를 이유로 쉽게 결정할 수 없는 선택지다. 선진국 정부는 자국 제조업 육성을 위해 관세 상향 페널티와 국내 유입 업체에 인센티브 지급까지 계획하고 있다. 신흥국도 보복적 관세 상향, 로컬

〈그림 2-7〉 글로벌 물동량 증가와 관세율 변화

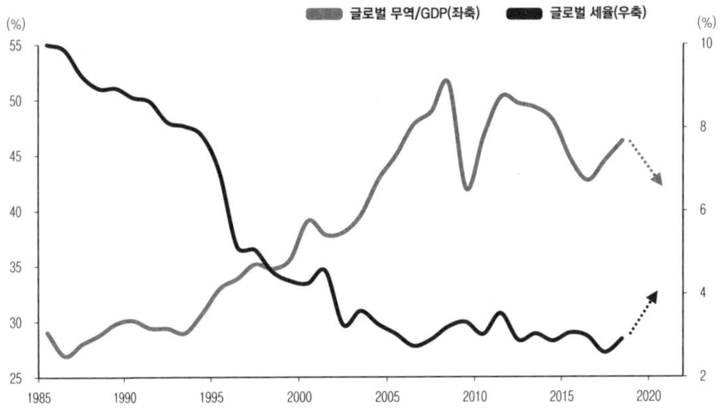

출처: Wind, 신한금융투자

브랜드 육성, 원천기술 독립, 밸류체인 수직 계열화 정책으로 대응할 가능성이 크다.

글로벌 분업구도의 파열과 물동량 축소는 글로벌 성장을 훼손시킬 수밖에 없다. 특히 고부가가치 제조업 중심으로 적극적으로 GVCGlobal Value Chain(글로벌 가치사슬)에 참여했던 한국은 글로벌 분업구도 파열에 따른 타격이 가장 큰 국가로 분류되어 이에 대한 철저한 준비가 필요해 보인다.

저금리 환경 벗어나기 어렵다

저금리 환경 심화까지 우려된다. 금리는 성장, 물가, 인구의 함수다. 앞서 강조한 저성장과 저물가는 금리 상단을 짓누르고 과잉 부채는 이자비용 부담에서 초저금리 지속에 정당성을 부여한다.

코로나19 이후 주요국 중앙은행 간의 통화정책 공조는 무제한 양적완화 집행으로 이어졌다. 포퓰리즘 성향의 재난지원금 지급과 한계기업 자금 수혈 목적으로 이뤄진 천문학적 재정 확장 역시 통화정책에 근간을 둔다. 즉, 코로나 이후의 양적완화 정책은 여신 시스템의 정상화를 목표로 시작됐으나, 정부부채 확대와 한계기업 부실 심화로 귀결되고 있다. 정상적 금융 시스템과 통화정책 순기능의 근간은 상당 부분 훼손됐다.

2008년 글로벌 금융위기를 해소케 한 동인은 구조조정과 디레버리징이 아닌 양적완화와 정부부채다. 일본과 유럽의 정부부채(즉, 이자비용) 부담이 재정위기로 번지지 않은 이유는 저금리 환경이 수반됐기 때문이다. 만약 체증된 부채 부담에서 금리 상승이 진행된다면 어떤 결과가 도래할까?

필자는 현대 화폐 이론MMT, Modern Monetary Theory 도입의 정당성을 주장하는 어떤 경제학자의 견해에도 동의하기 어렵다. 만약 인플레이션과 금리 상승기에 진입한다면, 취약한 신흥국뿐만 아니라 선진국 정부도 이자비용을 감당하지 못하는 위험에 노출될 수 있다.

코로나 사태 이후 20개국 정부는 자국 경제 규모의 7%를 초과하는 부양책을 집행했다. 2008년 금융위기 부양책 규모까지 넘어섰다. IMF는 전 세계 재정 부채가 GDP 대비 96.4%까지 확대될 것으로 우려했고, 절반에 가까운 국가가 구제금융을 요청했음을 공식화했다. 결국 금리 상승기 진입은 심각한 재정위기를 초래할 수밖에 없다.

필자는 과잉 유동성이 야기한 스태그플레이션 발생 가능성은 제한적이라고 본다. 도리어 부채 급증이 야기한 저금리 환경이 금융시장에 어떤 영향을 미칠지에 대한 고민이 선행돼야 한다.

〈그림 2-8〉 세계 마이너스 채권 금리 규모와 비중

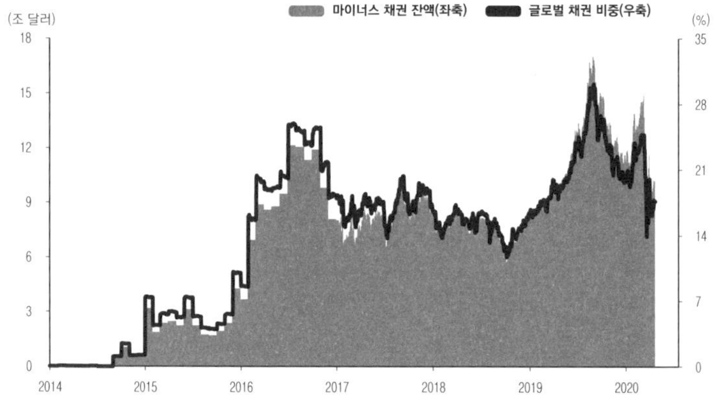

출처: Bloomberg, 신한금융투자

〈그림 2-9〉 저금리 환경의 고착화와 성장주 상대 우위

출처: Refinitiv, 신한금융투자

결론적으로 코로나 이후 순환적 경기 정상화 국면이 전개될 수 있으나 그 진폭은 크지 않을 수 있다. 장기적 시각에서 접근하면 보다 심화되고 고착화된 저성장·저금리 환경에 대비가 필요하다. 그뿐만이 아니라 과잉 유동성, 과잉 부채 시대 도래 이후 실물경제와 금융시장 간의 괴리가 높아졌다는 데에도 주목해야 한다. 이는 필자가 경기침체를 걱정하는 이코노미스트, 현찰이 왕이라는 보수적 투자자들에 반기를 드는 이유다.

성장은 희소해지고 확정 수익 상품의 기대수익률은 제로에 가깝지만 유동성은 풍부하다. 넘치는 유동성은 희소한 성장에 집중되고, 이는 또 다른 주도주와 새로운 버블을 야기할 것이다. 지금은 경기침체에 베팅해 방어적 포지션의 기회비용에 노출되기보다 상대적 성장 우위를 갖는 투자 테마와 상대적 금리 우위를 갖는 대체자산 비중을 확대해야 한다.

코로나 이후의 세상, 돌아갈 수 없는 세 가지 변화

지난 역사에서 역병의 발병은 비잔틴 제국과 명明 왕조의 멸망으로 귀결됐다. 역병을 통한 의식 변화는 신권의 입지를 흔들고 왕권을 중심으로 새로운 문명의 탄생까지 이끌었다. 지나친 견해일 수 있으나 현 인류도 코로나 이전의 세상으로 돌아갈 수는 없을 듯하다. 이미 바이러스에 갖는 저항은 일상 깊숙이 뿌리내리고 있다. 코로나가 야기한 변화는 앞으로 더 큰 간극을 가지며 고착화될 가능성이 크다. 누적된 관습이 변화되고 있음이 도처에서 인지된다. 코로나로 인한 의식 변화는 경제 메커니즘과 주식시장 투자 지형에까지 영향을 미칠 전망이다. 필자는 주식시장 참여자 입장에서 코로나 이후의 세 가지 변화를 주목하고 있다.

첫째, 의식의 변화다. 정부의 통제 기능 확대로 개인의 존엄이 경시되고 사회적 공동 가치가 우선시되며 감시와 통제의 정당성이 확보됐다. 민주주의와 자본주의의 근간에 크고 작은 균열이 생기고 있음이 목도된다. 이동이 제한되고 통제에 적응하며 비자발적 협업과 공공이익이 강요되고 있다. 생존에 위협을 받는 빈민층 인구가 급증하고 선진국 복지와 의료 시스템의 민낯도 드러났다. 진보적 성향의 분배 노선에 저항할 보수 정치인의 입지도 좁아졌다. 반면 글로벌 공동체와 연대 의식이 훼손되며 자기중심적 사고와 비대면을 통한 디지털 사회로의 재편도 가속화되고 있다.

둘째, 개인-국가-기업 간의 양극화 심화가 우려된다. 무제한적 양적완화는 금융자산의 또 다른 가격 버블로 귀결될 공산이 크다. 이는 고액 자산가의 편향적 부의 증식 기회로 작용하며, 심화된 빈부격차에 갖는 저항 역시 커질 수밖에 없다. 정치적으로는 중

산층의 몰락으로 소수 보수 계층의 결집과 분배를 중시하는 포퓰리즘 간의 충돌이 사회 불안으로 대두될 가능성이 크다. 국가와 기업 간의 양극화도 심화될 전망이다. '탈세계화'는 낙수효과를 통한 글로벌 선순환 구도의 경기회복을 저해하고 경제 성장의 상단을 제한한다. 전통 경제가 붕괴되고 디지털 기업의 부상이 예상된다. 코로나 소멸과 함께 경기회복기에 접어들어도 기업 간의 양극화와 고용시장 위축이 심화될 여지가 있다. 이는 코로나 이후의 또 다른 정세 불안에 대비해야 하는 이유다.

마지막으로 비즈니스, 교육, 소비, 유통 구조의 파괴적 변화가 디지털 트랜스포메이션digital transformation으로 귀결되고 있다. 테크 자이언트Tech Giant들이 준비하고 필자가 예상했던 4차 산업의 미래는 이미 눈앞에 와 있다. 사회구성원 간의 소통은 'Face to Face'에서 'Monitor to Monitor', 'Hand to Hand'에서 'Finger to Finger'로 변화됐다. 체험과 대면의 최소화는 비용 절감과 편의성을 확보하게 했고 개인과 가족의 독립된 공간에서의 가치를 중시하게 했다. 코로나 이전의 세상을 비효율과 불합리성으로 정의한다는 데 모순이 있지만, 코로나가 종식되더라도 이전의 세상은 아날로그로 정의되고 디지털 세상으로의 변화는 가속화될 전망이다.

포스트 코로나 포트폴리오

앞서 코로나19 소멸 과정에서의 순환적 경기회복을 기대하나 구조적 관점에서는 저성장·저금리 심화를 강조했고, 코로나가 야기한 세 가지 변화는 경험하지 못한 세상으로의 진입을 예상했다. 전례 없는 유동성 확장 배경 아래 초저성장·초저금리는 자산배분, 유망 국가 및 투자 테마 선별 전략에 큰 변화가 뒤따름을 의미한다. 글로벌 투자 지형 변화는 불가피해 보인다. 포스트 코로나 포트폴리오Post-Corona Portfolio를 통한 적극적 대비가 필요하다.

자산배분 전략: 위험관리와 위험 감수의 균형

포트폴리오 전략의 방점은 철저한 위험관리와 동반된 적절한 위험 감수의 균형에 있겠다. 최근 투자자들에게 강조하는 자산배분 전략의 시작점은 High Risk-High Return(고위험-고수익), Low Risk-Low Return(저위험-저수익)의 정의가 무너지고 있다는 것이다. 안전자산 역시 과잉 유동성을 거치며 가격 부담 우려에 직면했고 기대수익률도 현격히 낮아졌다. 위험자산은 대표적으로 주식을 의미하지만 확연한 양극화가 진행되고 있으며, 안전-위험자산 간 디커플링도 무너진 지 오래다. 과거 전통적 범주에서 분류하던 리스크 프리미엄과 기대수익률의 재정의가 필요하다.

〈그림 2-10〉 기대수익률과 위험 프리미엄을 반영한 포트폴리오 구축

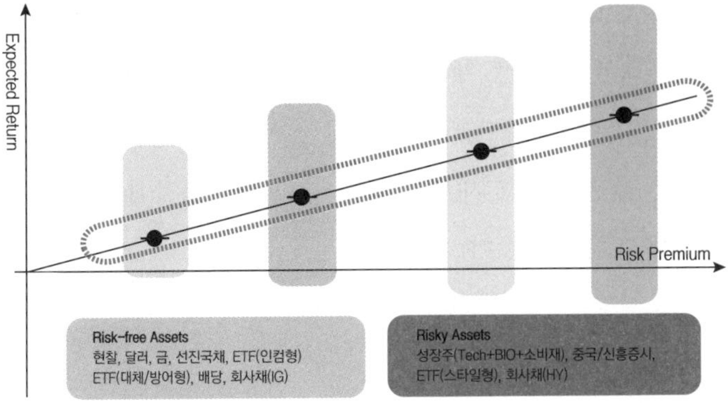

출처: Wind, 신한금융투자

〈그림 2-11〉 방어적 ETF, 안전자산의 포트폴리오 방어 효과

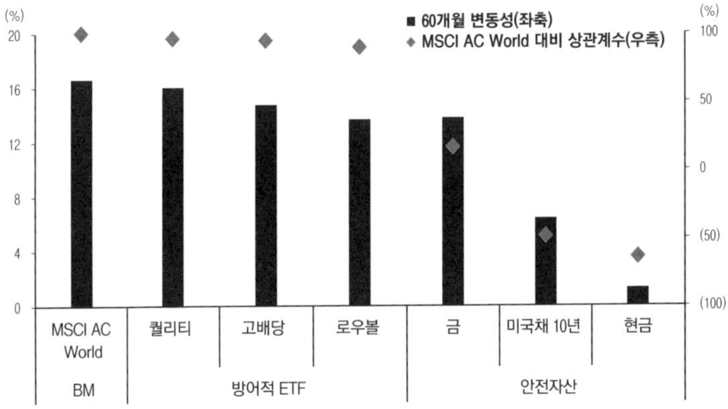

출처: Wind, 신한금융투자

그간 선호되어온 중위험-중수익 자산보다 안전-위험자산 간 양극화된 전술적 배분 전략을 제시한다. 향후 예상되는 변동성 장세에 대비하기 위해 금, 채권, 방어적 성향이 강한 ETF는 최적의 안전자산으로 분류할 수 있고 적극적 비중 확대가 필요하다. 위험자산에서는 코로나 이후 새로운 성장을 확보한 자산에 집중해 가격 부담 우려를 감내해야 한다.

안전자산 비중 확대 중요성은 아무리 강조해도 부족하지 않다. 이 중 금은 여전히 매력적인 안전자산 분류에 있다. 필자는 총자산에서 금 보유 비중을 두 자릿수 이상으로 가져가야 함을 강조해왔다. 투자자들이 금 보유를 망설이는 가장 큰 이유는 가격 부담에 있다. 그러나 넘치는 유동성 환경에서 가치 측정, 가치 저장, 대체 통화 수단으로서 금 가격은 재평가되어야 마땅하다. 과잉 유동성과 인플레이션 대비 금 가격 상승세는 여전히 미진하다. 코로나 이후의 불확실성, 정세 불안 가중 구간에서 안전자산 수요는 반복될 것이다. 수급과 밸류에이션 측면에서 재평가 여력이 큰 금 가격의 재평가re-rating는 장기간 진행될 전망이다.

고착화된 저금리 환경에도 채권 매력은 존재한다. 되돌림 과정(순환적 경기회복)에서 금리 상승이 전개될 수 있으나 과잉 부채와 저성장의 구조적 저항은 벗어나지 못할 것이며, 제로 금리 또는 마이너스 금리의 고착화가 예상되기 때문이다. 자산 선별 기준이 중요한

데, 반복될 시장 변동성에 마이너스 또는 제로 금리의 선진국 채권 선호도는 이어질 전망이다. 또한 신흥국 채권 중 위안화 채권 매력이 부상할 가능성이 크고, 시장의 우려를 인지하나 우량 회사채는 현재 금리에서도 여전히 매력적인 자산으로 평가될 수 있다.

중위험-중수익 자산은 지난 2~3년간 고액 자산가에게 가장 큰 사랑을 받아왔다. 원금보장형과 확정 쿠폰 지급 형태의 리츠, 배당, 인프라 등 대체자산 대부분이 코로나 사태를 겪으며 기초자산 가격 속락과 사업성 부실 우려에 노출됐다. 대체자산의 옥석을 가려내는 선별 과정은 전문성이 요구된다. 경기침체, 시장 변동성 확대 구간에서 가격 매력으로 접근하기도 망설여진다.

〈그림 2-12〉 미국 전통 리츠와 대안 리츠 누적 성과

출처: Wind, 신한금융투자

그간 선호되어온 리츠는 수익형 부동산이 절대적 비중을 차지하고 배당은 전통 경제와 경기 민감 업종 기반이라 주가 하락으로 배당 수익률이 높아져도 배당 총액은 감소할 가능성이 크고, 구제금융 대상 기업의 배당은 법적으로 제한될 수 있다. 수익형 부동산보다 물류센터, 데이터센터, 인프라, 헬스케어 관련 수익형 리츠에 관심을 가질 필요가 있다. 사업 역량 강화와 가격 상승 매력까지 더해질 개연성이 있기 때문이다.

방어적 성향의 ETF는 업종·종목별 차별화가 심화되는 구간에서 주가 하방 위험을 제어하고, 반등 국면에서 초과 수익을 확보할 수 있게 한다. 이뿐 아니라 단기 조정 이후의 가격 매력 부각, 예상되는 변동성 장세에 대응, 박스권 장세에서 순환매 전략에 스타일 ETF를 활용한 대응은 개별 종목 대응의 리스크는 줄이고 기대수익률을 확보하는 최적의 수단이 될 수 있겠다. 스타일 ETF는 〈표 2-1〉을 참고하기 바란다.

〈표 2-1〉 자산배분에 활용 가능한 글로벌 ETF

분류		투자 테마	ETF 이름	개요	Ticker	시총	일거래량
스타일		하이퀄리티	iShares Edge MSCI USA Quality	미국 내 하이퀄리티 기업에 투자	QUAL US	16,224	3,754
		로우볼	iShares Edge MSCI Min Vol USA	주가 변동성이 낮은 미국 기업에 투자	USMV US	33,931	9,006
		방어주	Invesco Defensive Equity	하방 위험 제어 가능한 종목 선별 투자	DEF US	250	53
인컴	배당	미국 우선주	iShares Preferred and Income Sec	미국 기업 우선주에 투자	PFF US	14,853	9,764
	채권	미국 국채	iShares US Treasury Bond	미국 국채 전반에 투자	GOVT US	15,450	12,259
		미국 회사채	iShares iBoxx$ IG Corporate Bond	미국 투자등급 회사채에 투자	LQD US	46,675	24,485
		중국 채권	VanEck Vectors China Bond	중국 투자등급 채권에 투자	CBON US	4	3
대체	상품	금	SPDR Gold Shares	금 추종 ETF	GLD US	55,373	15,408
	리츠	미국 리츠	Vanguard Real Estate	미국 리츠 전반에 투자	VNQ US	28,083	11,975
		데이터 센터	Pacer BM Data & Infra Real Estate	데이터센터/서버 리츠에 투자	SRVR US	512	395
		물류 리츠	Pacer BM Industrial Real Estate	물류창고/산업용 리츠에 투자	INDS US	47	28
		헬스케어 리츠	The Long-Term Care	미국 헬스케어 시설/리츠에 투자	OLD US	35	19

주: 시가총액은 100만 달러, 일 거래량은 1,000주

출처: Refinitiv, 신한금융투자

국가 전략: 다섯 가지 선별 기준

코로나가 야기한 충격은 개별 국가 펀더멘털에 차이를 두지 않는 무차별적 경기 하강기로 진입하게 됐다. 경기침체 장기화를 우려하나 순환적 경기 회복기에 접어들면 실물경기와 기업이익 모두에서 확연한 차별화가 예상된다.

〈그림 2-13〉 국가별 차별화: 이익 모멘텀 훼손과 밸류에이션 부담 가중

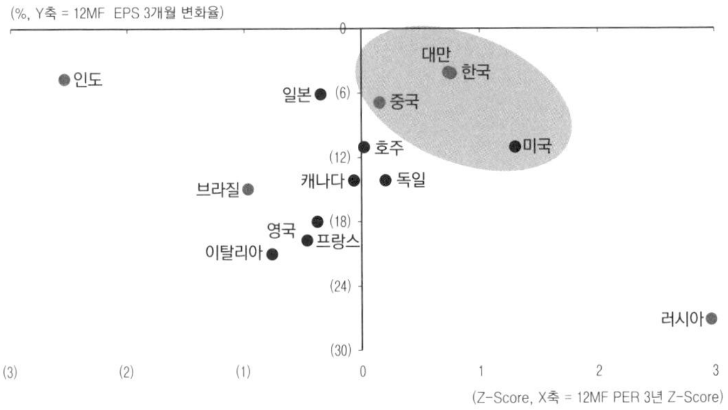

출처: Refinitiv, 신한금융투자

〈그림 2-14〉 국가별 우선순위 변화

항목	내용	변수
성장성	●경기순환과 더불어 이익 반영 ●성장성과 성장에 대한 신뢰도 ●경기와 주가 민감도	성장성 Momentum 이익 Proxy
이익/밸류에이션	●기업이익 수준 및 회복 강도 ●이익에 기반한 배당 ●과거 및 상대 밸류에이션	EPS/ER DPS PER
가격 모멘텀	●이동평균을 이용한 추세 판단 ●주가 모멘텀 ●상승 혹은 하락 추세 강도	MACD STCH ADX
Risk	●리스크 대비 수익률 판단 ●할인률 Proxy ●금리 및 CDS 스프레드 등	변동성 CDS 등

→

A등급
미국, 중국, 한국

B등급
베트남, 유럽

C등급
일본, 인도

D등급
인도네시아, 브라질, 러시아

출처: Wind, 신한금융투자

1) 바이러스 확산 단계, 2) 산업구도, 3) 경기 복원력, 4) 부양책 집행 여력, 5) 가격 매력valuation에 따라 국가별 차별화가 극명하게 드러날 전망인데 이는 유망 국가 선별 기준이 된다. 다섯 가지 기준 모두를 충족하는 국가는 없다. 하지만 네 가지 기준에 부합하는 나라는 중국이며 한국과 미국도 세 가지 이상에 부합한다.

중국은 코로나에도 상대적으로 선방한 주가 탓에 가격 매력은 높지 않다. 하지만 이익 훼손에도 급등한 주요국 주가지수 밸류에이션과 비교하면 상대적 열위에 있지는 않다. 특히, 5월로 예정된 양회 개최 전후 코로나 종식 선언과 대규모 경기부양책 집행까지 기대된다. 과거 미국발 금융위기 저점은 미국의 양적완화로 시작됐으나 실물경기 반등의 동인은 중국이었다. 선진국 경기부양책은 현금성 복지 지출과 서비스업 고용 안정에 집중되어 있다. 반면 중국은 인프라, 첨단 산업 육성, 소비 부양책의 세 가지 정책이 균형을 이루고 있다. 중국을 바라보는 투자자들의 우려 섞인 시각을 부정하지 않으나, 필자는 중국 증시에 우호적 시각을 견지하고 부양책 수혜 기업의 강한 랠리를 기대하고 있다.

그간 한국 증시의 매력을 강조했던 이유는 바이러스 조기 진압과 질병 통제에 갖는 신뢰성 부각, 제조업 기반 경제구도, 반도체 중심의 산업 특성 때문에 이익 복원력이 높을 것으로 평가했기 때문이다. 단기 가격 급등에 기술적 저항이 존재하나 글로벌 ICT 업황 호조와 우호적 수급 여건을 고려하면 주요국 증시 수익률을 밑돌 가능성은 작다.

미국은 아직 코로나 진정에 의문을 갖게 하나 테크 자이언트들의 실적 호조와 재평가 가능성, 부양책 여력 측면에서 여전히 매력적이다. 다만 코로나 종식 이후 대선 판도 변화가 예상되는데 이는 주식시장의 불확실성으로 연결될 개연성이 있다. 테크 자이언트를 기반으로 한 선별적 기술주 투자 전략을 유지해야 한다.

권역별로 접근하면 선진·신흥으로의 이분법적 대응은 자칫 딜레마에 빠질 수 있다. 선진은 US와 Non-US로 나뉘며 신흥은 자원부국, 저부가가치 제조업, 고부가가치 제조업으로 구분해 접근해야 한다.

최선호 국가는 고부가가치 제조업을 보유한 한국과 대만이다. Non-US인 유럽, 일본보다는 저부가가치 제조업 중심의 ASEAN(동남아시아국가연합)을 상대적으로 선호한다. 원자재를 기반으로 한 자원부국들은 재정 리스크와 한계기업 디폴트가 우려된다. 기술적 매력을 거론할 주가 조정을 거쳤으나 이익 추정치 추가 훼손을 고려한 밸류에이션 부담까지 상존한다.

유망 투자 테마 10선

코로나 이전의 세상으로 돌아갈 수 없는 구조적 저항을 살펴봤고, 코로나 이후 전통 경제를 대신할 또 다른 성장에 주목해야 하는 이유도 따져봤다. 금융시장의 변동성 장세 반복과 철저한 위험관리가 필요하나 희소한 성장에 대규모 자금이 집중될 가능성도 강조했다.

코로나 주도 업종으로 부상할 투자 테마는 크게 네 가지 대분류(비대면, 5G, 뉴딜, 중국)와 열 가지 세부 투자 테마(1. 신유통, 2. 온라인 비즈니스·교육, 3. 엔터테인먼트, 4. 핀테크, 5. 디지털 헬스케어, 6. 통신인프라·IT H/W, 7. 산업자동화·AI, 8. 신재생에너지, 9. 인프라, 10. China New Economy)로 구분할 수 있다.

앞서 강조한 투자 테마 모두 기술혁명을 통칭하는 4차 산업과 결부돼 있다. 흥미롭게도, 반독점 규제와 사회적 저항에 부딪혔던 나스닥 기업의 과거 청사진이 코로나 이후의 세상과 부합하고 있다. 유럽과 일본, 중동은 경기침체를 극복하고 새로운 성장동력을 찾기 위해 현대판 뉴딜을 준비할 가능성이 크다. 중국 역시 제조업 구도화의 해법으로 4차 산업과 내수안정을 통한 경기회복과 구조변화를 동시에 꾀하고 있다.

〈표 2-2〉 코로나 이후 유망 투자 테마 10선

대분류	투자 테마	수혜 기업
비대면	신유통, D2C, 소비	신유통 ETF(IBUY), 아마존(AMZN), 알리바바(BABA), 나이키(NKE), 스타벅스(SBUX), 룰루레몬(LULU), 도미노피자(DPZ)
	온라인 비즈니스·교육	M/S(MSFT), ZOOM(ZM), 시스코(CSCO), 알파벳(GOOG), 텐센트(0700.HK), Chegg(CHGG), CITRIX(CTXS), VM웨어(VMW)
	엔터테인먼트	넷플릭스(NFLX), 디즈니(DIS), 아마존(AMZN), 알파벳(GOOG), AT&T(T), Roku(ROKU), 액티비전블리자드(ATVI)
	핀테크	핀테크 ETF(FINX), 페이팔(PYPL), 비자(V), 스퀘어(SQ), Fiserv(FISV), 피델리티 내셔널 인포(FIS), Wirecard(WDIG.DE), IPAY ETF(IPAY)
	디지털 헬스케어	아마존(AMZN), 구글(GOOGL), 애플(AAPL), 알리헬스케어(0241.HK), 평안굿닥터(1833), 애벗(ABT), 덱스콤(DXCM), 인튜이티브서지컬(ISRG), 메드트로닉(MDT), 일루미나(ILMN)
5G	통신인프라, IT H/W	5G ETF(NXTG), 에릭슨(ERICB.EU), 노키아(NOKIA), 애플(AAPL), 퀄컴(QCOM), 샤오미(1810.HK), 자일링스(XLNX), 브로드컴(AVGO), 미디어텍(2454.TT), IBM(IBM), 레노버(992.HK), 마이크론(MU), 인텔(INTC), 엔비디아(NVDA), TI(TXN), TSMC(2330.TT)
뉴딜	산업자동화	하니웰(HON.US), 화낙(6954.JP), 하모닉 드라이브(6324.JP), 키언스(6861.JP), 미쓰비시 전력(6503.JP), 다이후쿠(6383.JP), Midea(000333.SZ), 슈나이더 일렉트릭(SU.FP), ABB(ABB.SS)
	신재생에너지	융기실리콘(601012.SZ), 지멘스가메사(SGREN.DE), 엔파즈에너지(ENPH.US), 에머슨 일렉트릭(EMR), 신재생에너지 ETF(ICLN.US)
	인프라	인프라 ETF(IGF.US), 캐터필러(CAT.US), GE(GE.US), 넥스트에라(NEE.US), 엔브릿지(ENB.US)
중국	China New Economy	낭조정보(000977.SZ), 선난써키트(002916.SZ), 대화기술(002236.SZ), 창신신소재(002812), 아극과기(002409.SZ), 우시앱택(603259.SH), 복성제약(600196.SH)

출처: Wind, 신한금융투자

비대면 플랫폼: 신유통, 온라인 비즈니스 · 교육, 엔터테인먼트, 핀테크, 디지털 헬스케어

코로나 이후 부각된 성장 테마 대부분은 비대면Untact, No contact과 관련돼 있다. 연일 언론 지면과 미디어에서는 비대면으로의 소비 패턴 변화에 확신 가득 찬 목소리가 높아가고 그에 따른 대비까지 강조하고 있다.

필자도 코로나 진정 여부와 상관없이 비대면 시대로의 진입은 거스를 수 없는 흐름이라 판단한다. 비대면 비즈니스가 갖는 생산 효율, 시간과 비용 절감의 합리성이 입증됐기 때문이다. 기술 진화로 인류의 개인성은 사회가 아닌 독립적 공간에서도 충분한 만족감을 선사한다. 비대면과 관련된 산업으로는 크게 비즈니스(자가근무 + 화상회의), 온라인 교육, 신유통(당일·익일배송, D2C), 스트리밍(콘텐츠, 게임), 핀테크, 디지털 헬스케어 분야가 대표적으로 거론된다.

비대면 플랫폼이 주도하는 새로운 사회 진입에 논란의 여지는 없겠다. 다만 주식시장 참여자 입장에서는 수혜 종목 선정에 신중을 기해야 한다. 일회성과 지속성의 차이, 경쟁 과열과 진입장벽, 전통 경제(오프라인)의 변신과 적응력을 따져가며 수혜 기업을 선별하는 과정이 필요하다.

수혜 분야는 크게 IT H/W와 플랫폼 두 가지로 나누어 접근해야 한다. 첫째는 비대면 플랫폼 구축을 위한 5G, 데이터센터 인프라 구축과 속도, 체험, 현실성을 높이는 H/W 기기의 진화 및 교체

〈그림 2-15〉 코로나 전후 소비재 구매 채널 변화

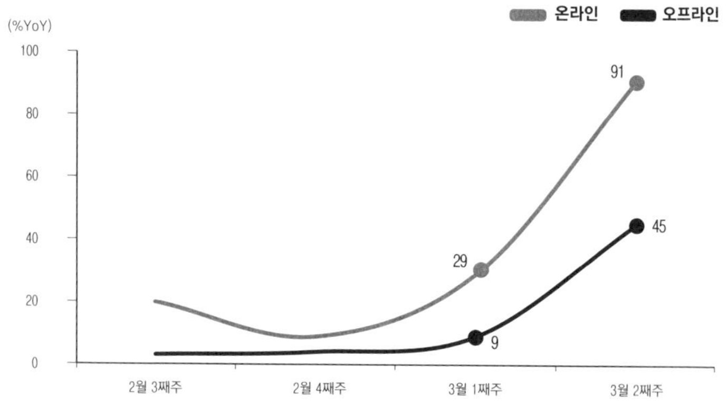

출처: Nielson, 신한금융투자

〈그림 2-16〉 서비스별 코로나 이후 이용자 증가율 및 지속 이용 여부

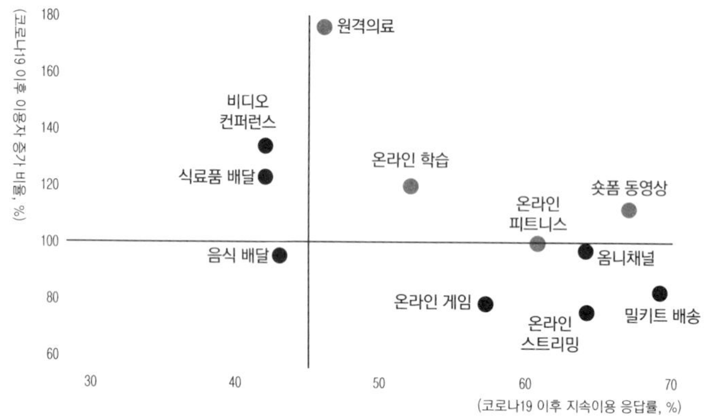

출처: McKinsey & Company, 신한금융투자

수요다. 그리고 둘째는 전통 오프라인을 대체할 비대면 플랫폼으로, 이들 모두가 거론될 수 있다.

IT H/W와 관련된 분야는 뒷부분에서 다시 다루기로 하고 여기서는 비대면 플랫폼 기업 중심으로 옥석을 가리고자 한다. 사실 비대면과 관련된 사업 분야 대부분은 과거 테크 자이언트가 제시한 미래 포트폴리오와 상당 부분 일치한다. FAANG, MAGA, BATJ로 귀결되는 테크 자이언트의 기술 투자와 인수합병도 디지털 트랜스포메이션과 결부돼 있고 신유통, 온라인 비즈니스, 디지털헬스케어, 가상·증강현실, 스트리밍 서비스 분야가 대표적이다.

코로나는 테크 자이언트에 갖는 시장의 저항, 정부 제재 조치 압력의 완충장치 역할을 했다. 오히려 위기 상황에서 대규모 기부, 생필품 공급의 유통망 구축, 자가격리와 사회적 거리 두기에서 존재 가치를 다시 한번 입증했다. 경쟁 기업과 원천기술 확보, 스타트업 업체 경영난으로 인수합병 비용도 절감되고 비즈니스 확장의 기회비용까지 감소했다.

2020년 4월 넷플릭스는 역사적 신고가를 경신했고 글로벌 최대 에너지 기업 엑손모빌의 시가총액을 또 한 번 넘어섰다. 일시적 현상인지 또는 구조적 변화의 시작점인지에 대한 판단이 필요하다. 필자는 구조적 변화의 시작점임은 분명하나 넷플릭스 역시 또 다른 저항에 직면할 것으로 예상한다. 넷플릭스에 갖는 투자 판단은 업

〈그림 2-17〉 넷플릭스와 엑손모빌의 시가총액 추이

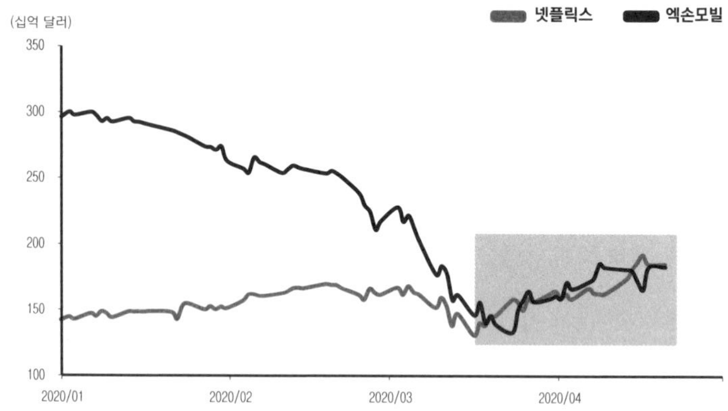

출처: Refinitiv, 신한금융투자

종 선별에 중요한 단초가 될 수 있다.

스트리밍 콘텐츠 유통 서비스가 압도적 진입장벽을 구축하고 있는지에 냉소적 의문을 가져야 한다. 오리지널 콘텐츠 제작 능력과 스트리밍 구축 기술력을 거론할 수 있으나 오리지널 제작 콘텐츠와 라이브러리 대부분이 외부 제작과 독점 구매 형식이다. 자금만 충분하다면 복제가 용이하다. 스트리밍 구축 기술력의 핵심인 클라우드 서비스도 아마존에 의존하고 있다. 디즈니플러스와의 출혈 경쟁, 로컬 오프라인 방송 업체와의 스트리밍 경쟁도 심화될 전망이다. 애플, 아마존, 구글, 알리바바, 바이두도 대규모 스트리밍 플랫폼 구축과 대규모 투자를 계획하고 있으며 이들 업체는 미디어 콘텐츠뿐만 아니라 게임, 뮤직, 웹툰, 뉴스 스트리밍의 패키지 형식

〈그림 2-18〉 테크 자이언트(3AM) 기술 개발, 투자 총액 추이

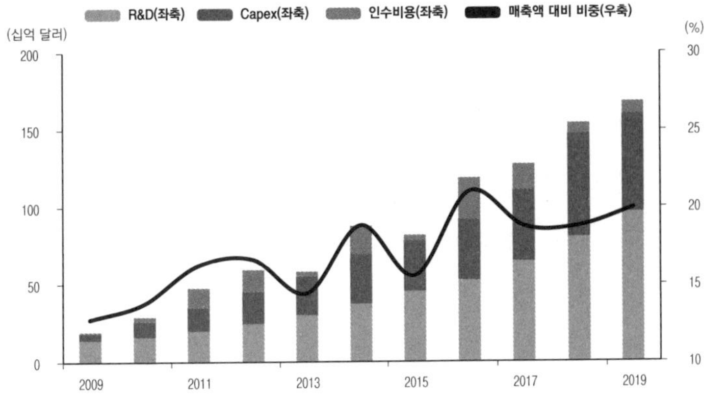

출처: Factset, 신한금융투자

〈그림 2-19〉 테크 자이언트(3AM) 매출 추이 및 전망

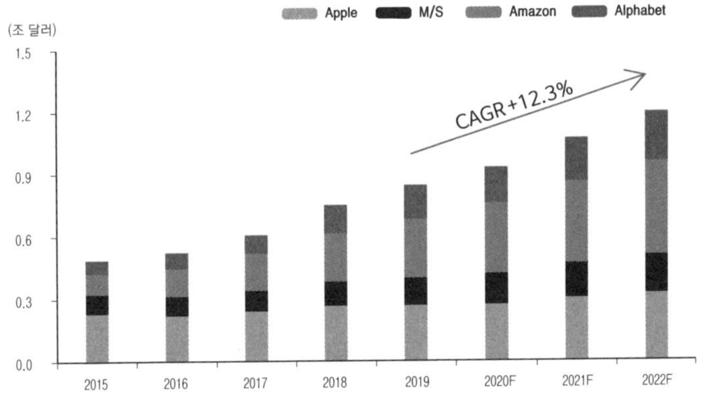

출처: Factset, 신한금융투자

으로 확장성과 가격 경쟁력까지 겸비하고 있다.

결국, 플랫폼 기업의 지속 가능한 성장은 1) 기존 플랫폼의 기술적 우위와 진입장벽 구축, 2) 안정적 현금흐름 기반, 3) 신규 비즈니스의 적극적 투자를 통한 확장성이 담보돼야 한다. 코로나 사태를 겪으며 화상회의, 스트리밍, 온라인 유통 등에서 다양한 기업의 수혜가 거론되나 결국 3AM(Amazon, Alphabet, Apple + Microsoft)에 최종 수혜가 집중될 것으로 전망한다.

비대면 변화가 소비재 기업에 미치는 영향도 점검해보자. 코로나에 가장 직접적 타격을 받은 업종은 소비재다. 코로나 확산이 야기한 소비 절벽은 업황 위축을 넘어 경영 위기와 생존의 문제로 번졌다. 사재기 논란에도 불구하고 3, 4월 소매판매 증가율은 두 자릿수 역성장세를 보였다. 메이저 유통업체의 연이은 파산 신청과 구조조정도 목도된다. 온라인 매출로의 방어와 중국 영업 재개 소식이 들려오나 판매 비중이 높은 미국, 유럽 매장의 영업 정상화는 여전히 불투명하다.

전통 오프라인을 기반으로 한 패션, 뷰티, 명품 업체의 매출 급감과 이익 추정치 하향도 이어지고 있다. BCG(보스턴컨설팅그룹)에 따르면 2020년 글로벌 패션 산업 예상 손실액은 2,200~2,700억 달러다. 전체 매출 15~18%에 해당하는 규모로, 재고 처리와 할인 판매 고려 시 이익 훼손은 이보다 클 것으로 예상된다. 경기침체에 직면

〈그림 2-20〉 코로나19 이후 플랫폼별 매출 증감

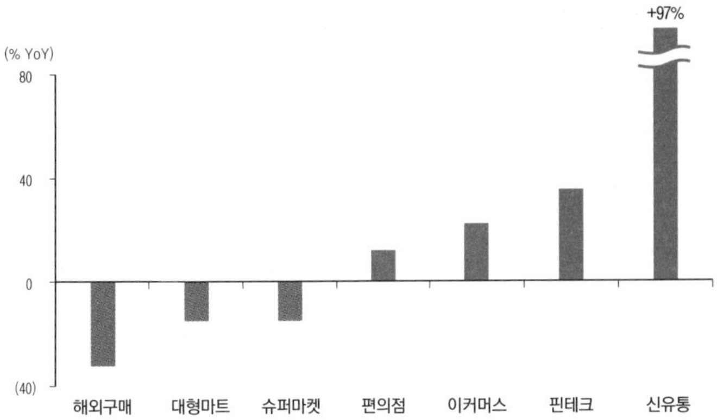

주: 01/25~02/07
출처: 칸타월드패널, 신한금융투자

〈그림 2-21〉 D2C: 패션 플랫폼 변화

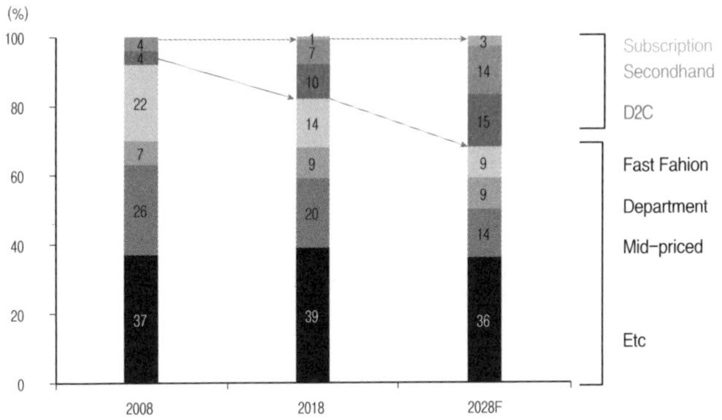

출처: ThredUp, 신한금융투자

한 현시점에서 소비재에 갖는 우려감은 높아질 수밖에 없다.

하지만 소비재는 경기 정상화 구간에서 회복 탄성이 가장 빠르고, 경기침체기에는 한계기업 퇴출을 통해 구조조정 역시 빠르게 진행돼 회복기 승자독식 구도가 연출된다. 이번 코로나 사태를 겪으며 소비재 기업의 명과 암은 보다 분명해질 전망이고 비대면으로의 소비 패턴 변화를 고려해 '테크 + 온라인'의 접목에 성공한 기업이 가장 큰 수혜를 볼 것이다.

필자는 D2C Direct-to-Consumer 와 테크 기반 경쟁력을 가진 소비재 업체에 주목한다. 모든 브랜드가 D2C 사업성을 확보하기는 어렵다. 자사 채널로 고객 트래픽을 유도할 수 있는 브랜드 영향력과 킬링 콘텐츠를 갖춰야 한다. 나이키(NKE), 스타벅스(SBUX), 룰루레몬(LULU), LVMH(MC)는 독보적 브랜드 지위를 바탕으로 D2C 플랫폼 구축에 성공한 대표 기업이며 이미 코로나 사태로 속락한 주가의 대부분을 만회했다. 테크와의 접목을 통해 D2C, 중고거래, 구독경제로의 체질 변화에 성공한 글로벌 소비재 기업에 갖는 관심은 높아질 전망이다.

5G 인프라 구성: 통신인프라, IT H/W

5G는 의심의 여지 없는 코로나 이후 핵심 투자 테마다. 비대면 플랫폼으로의 변화는 트래픽 증가, 전송 속도 증가와 지연 시간 단축의 요구로 이어진다. 많은 투자자가 데이터센터 증설 수요에만 확신을 갖지만 사실상 5G 인프라 구축이 선행돼야 데이터센터 증설

의 의미가 부가된다.

5G는 정보통신기술ICT, 플랫폼, 미디어, 모빌리티, 헬스케어, 산업자동화, 물류 전반의 생태계 변화를 주도할 기초 인프라다. 최근 중국의 5G 투자 확대가 기존 계획보다 상향되며 미국과 유럽, 한국과 일본의 투자도 속도가 붙을 것으로 보인다. 2025년 5G 보급률 35%, 연결 기기 수는 11억 개를 넘어 관련 시장 규모가 8,000억 달러에 이를 전망이다. 결국 일차적 수혜는 5G 인프라/장비, IT 디바이스 중심의 H/W 업체에 귀결되고, 장기 수혜는 초연결 세상의 도래로 기계와 인간, 기계와 기계 간 연결을 통제하는 플랫폼, S/W, 제조 기업으로 확산될 것이다.

수혜 기업을 선별해보자. 5G의 3대 특성인 '초고속 → 초저지연 → 초연결'로 구분할 수 있다. 이는 순차적 진화 과정으로 전개되며 동 과정에서 주도주의 패턴도 달라질 수 있다. 5G 수혜 업종 로드맵은 2030년 이상까지 장기적 시각에서 접근해야 한다.

5G 인프라는 글로벌 5대 통신 업체와 관련 장비, 부품 기업으로 나뉜다. 4G와의 차이는 크게 두 가지가 있다. 첫째, 가장 높은 시장 점유율을 갖는 화웨이가 장비, 부품을 수직계열화에 성공해 장비, 부품 기업의 낙수효과가 제한적이라는 점이다. 둘째, 2021년을 기점으로 3.5GHz 이하 중저파수NSA에서 28GHz 고주파SA로 진화하며 투자 규모가 체증된다는 점이다. 5G 장비·인프라는 2019~2020년이 시작점, 2021~2025년이 투자의 정점이 될 장기

〈그림 2-22〉 5G 기술 진화와 산업 생태계의 영향

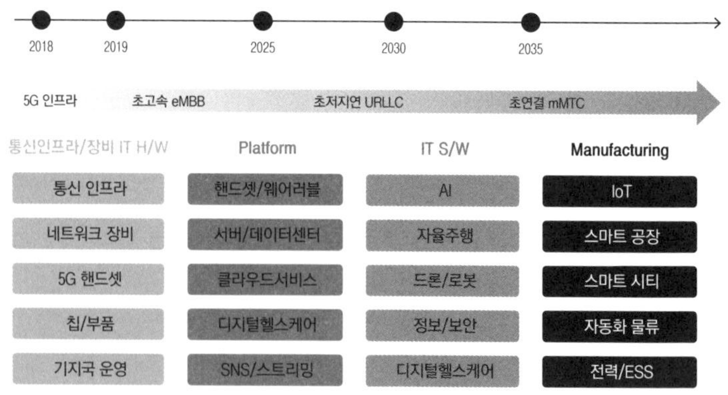

출처: 신한금융투자

〈그림 2-23〉 주요국 5G 인프라 투자 집행 예상도

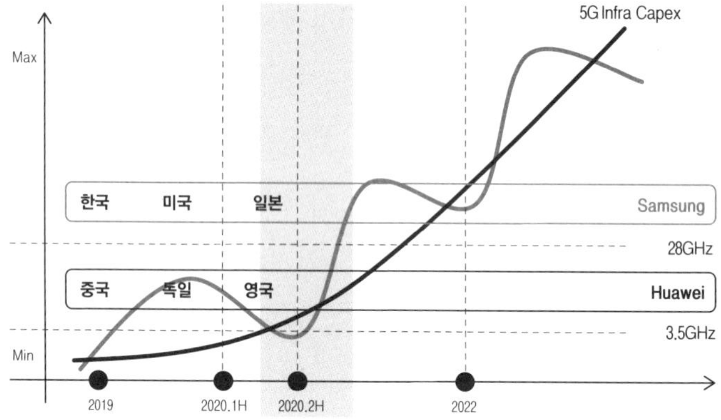

출처: 신한금융투자

스토리다. 한국의 28GHz 고주파 인프라 투자도 올해가 시작이고 이를 소화할 스마트폰도 아직 부재다. 5G 시대는 2019년부터 개화됐으나 수요의 정점까지는 아직 2~3년의 시간이 남아 있다. 동 과정에서 연계 산업 수혜와 관련해서는 구간별로 차별화된 대응 전략이 필요하다.

데이터센터 증설의 수혜를 입을 수 있는 기업에도 주목해야 한다. 비대면으로의 변화와 온라인 서비스 이용자 증가는 데이터 트래픽 급증을 야기하며, 이는 데이터센터 수요 증가로 직결된다. 글로벌 인터넷 트래픽은 코로나 이후 20% 이상 증가한 것으로 파악되고, 격리 조치가 확대된 지역일수록 증가폭이 높았다. 영국 통신사업자 보다폰Vodafone은 최근 유럽 내에서 50%를 웃도는 트래픽 증가가 나타났다고 언급했다. 트래픽 과부하로 유튜브를 비롯한 대부분 스트리밍 업체의 디폴트값 하향 조정도 이어지고 있다. 3대 클라우드 업체인 아마존, M/S, 구글의 클라우드 수입 역시 2019년 1분기 전년대비 20%이상 급증했다. 데이터센터 증설 필요성에 의심을 가질 필요는 없겠다.

서버 밸류체인의 중장기 성장 동인도 확보됐다. 5G 인프라 구축 이후 글로벌 데이터 트래픽 발생량은 2024년까지 연평균 30% 이상 증가할 전망이다. 핵심은 데이터센터 밸류체인 내 수혜 기업 선별에 있다. 필자는 삼성전자, 하이닉스를 필두로 한 국내 메모리 반도체 기업의 수혜도 기대되나 CPU(중앙처리장치), GPU(그래픽처리장치)

분야에서 독보적 수혜가 예상되는 인텔(INTC), 엔비디아(NVDA)를 주목하고 있다.

인텔은 글로벌 CPU 시장에서 부동의 1위 업체다. 서버용 CPU 점유율은 90%를 넘는다. 서버용 CPU 시장은 PC용 CPU 시장과 달리 고객사들이 공급사를 교체하기가 쉽지 않다. 이는 기능적 안정성에 대한 검증 기간이 길고, 기준이 엄격해 레퍼런스가 확보된 업체를 선호하기 때문이다. 독보적 점유율을 유지하는 가운데 하반기 신제품 출시로 ASP(평균판매가격) 상승도 예상돼 데이터센터향 매출은 견조한 성장세가 지속될 전망이다.

엔비디아는 글로벌 GPU 시장 1위 업체로 가속 컴퓨팅에 최적화된 GPU 솔루션을 보유하고 있다. 최근 하이퍼스케일 클라우드 업체들을 중심으로 인공지능(머신러닝, 딥러닝, 추론형) 적용 확대가 이어지면서 가속 컴퓨팅의 초기 시장이 개화됐다. GPU는 병렬연산이라는 기능적 특성으로 가속 컴퓨팅 및 인공지능에 가장 적합한 연산처리 장치로 부상하고 있다. 멜라녹스, 스위프트스택 인수를 통해 end-to-end 솔루션의 완성이 기대돼 산업 내 영향력 확대가 예상된다.

통신기술의 진화는 H/W 교체 사이클을 주도하며 신규 수요 창출까지 기대된다. 코로나 이후 스마트폰 판매 위축에 우려가 부상하나 필자의 생각은 다르다. 비대면 사회로의 진입을 위해선 5G 인프라 구축, 데이터센터 증설이 필요하고 이를 구동할 H/W의 진화가 반드시 수반돼야 한다. 5G 핸드셋, 웨어러블, PC 등의 IT 기기

〈그림 2-24〉 4년 주기로 반복된 IT 빅 사이클

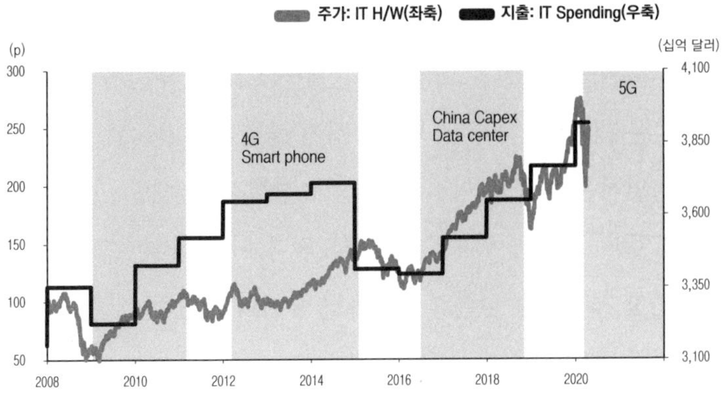

출처: Refinitiv, Bloomberg, 신한금융투자

들은 폼팩터 기술을 통한 기술 진화와 성능 향상이 예상된다.

코로나 사태 이후 글로벌 밸류체인 파열에 의한 생산라인 붕괴, 핸드셋 판매 위축으로 애플 등 스마트폰 판매망 붕괴 우려까지 부상했다. 하지만 코로나 감염 우려가 진정된 이후 V자형 반등으로 돌아설 가능성도 분명 존재한다. 필자는 5G 인프라 구축 과정에서 대규모 통신기기의 교체 사이클도 시차를 두고 진행될 것으로 확신한다. 이후 초연결 시대 진입에 따른 수혜가 인공지능AI, 사물인터넷IoT, 클라우드, 빅데이터로 완성되며 글로벌 제조, 물류, 유통 서비스가 기존 전통 산업에서 테크 자이언트 중심으로 새롭게 재편될 가능성이 커 보인다.

현대판 뉴딜: 산업자동화, 신재생에너지, 신형 인프라

미국발 금융위기 이후 글로벌 경제는 미국의 호황과 비非미국의 불황으로 정의할 수 있다. 그중 과거 선진국으로 위상을 높였던 유럽과 일본은 대규모 경기부양책에도 장기 불황을 이어갔고 코로나 이후의 불안감은 더욱 높아졌다. 선진국 경제 간 극심한 디커플링의 원인은 주도 산업의 부재와 경제구도의 차이에 있다. 개인소득 증가로 인한 제조기지 상실과 서비스업 중심의 기형적 산업구도로부터 탈피가 필요하다.

코로나 이후 집행된 경기부양책도 여전히 현금성 재난지원금과 실업급여 지급에 한정돼 있다. 신산업 육성을 통한 성장동력 확보, 제조기지 재건을 위한 정책적 지원, 산업구도 재편을 위한 강도 높은 재정 부양이 필요하다.

미국, 유럽, 일본 모두가 경기부양과 중국, 신흥국 대비 경쟁 우위를 확보하기 위해 변화된 신형 인프라 계획을 준비하고 있다. 이는 크게 세 가지 분야로 5G로 파생된 산업의 투자 확대, 제조업 기지 육성을 위한 산업자동화 설비 투자 확대, 신재생에너지 기술 개발과 인프라 확보다.

최근 트럼프 내각의 1조 달러 인프라 재건 정책에 힘이 모인다. 유럽도 낙후된 인프라 재건 수요가 존재한다. 하지만 정부재원 확보에 한계점이 존재하고 민간 자금과 연계된 PPP 형식의 진행은 난관에 봉착할 공산이 크다. 결국 사업성과 미래 성장성을 확보하고 기존 산업과의 시너지를 고려하면 5G 인프라 구축, 산업자동화, 신재생에너지 육성책으로 가닥이 잡힐 전망이다.

국제유가 속락 이후 신재생에너지 분야의 업황 부진 우려가 부각되나 이미 태양광, 수소 등의 주요 분야에서 유가와의 개연성에 탈피될 만큼의 기술 진화가 목도된다. 수요 위축과 OPEC+ 감산 관련 불협화음이 상존하나 미국 셰일 업체와 주요 산유국의 취약한 재정건전성을 고려하면 저유가 환경은 장기화될 수 없다. 국제유가가 배럴당 30불 이상까지 레벨업된다면 유가 반등에 갖는 높이보다 신재생에너지 업황 회복 속도와 주가 반등 기울기가 보다 높을 수 있다. 독일을 중심으로 이산화탄소 배출 규제, 화석연료 기반 시설 가동 중지의 정책적 지지는 유럽 전반으로 확산 중이다. 전기차뿐만 아니라 태양광, 수소, 연료전지, ESG를 중심으로 한 신재생,

〈그림 2-25〉 유럽이 겪은 장기간 제조업 경기침체

출처: Wind, 신한금융투자

〈그림 2-26〉 세계 산업용 로봇 시장 규모 추이 및 전망

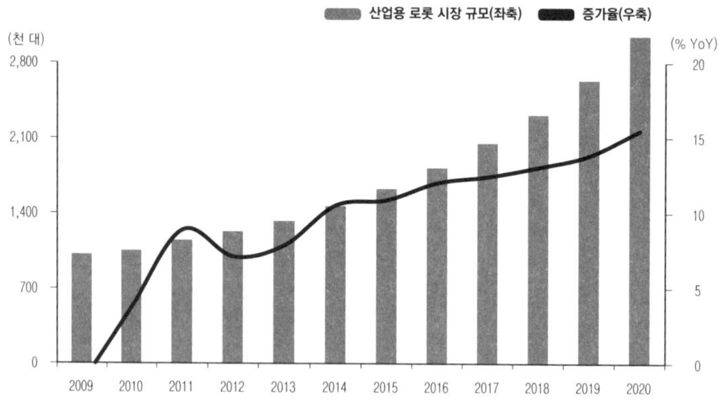

출처: IFR, 신한금융투자

〈그림 2-27〉 산업용 로봇 수출국별 점유율

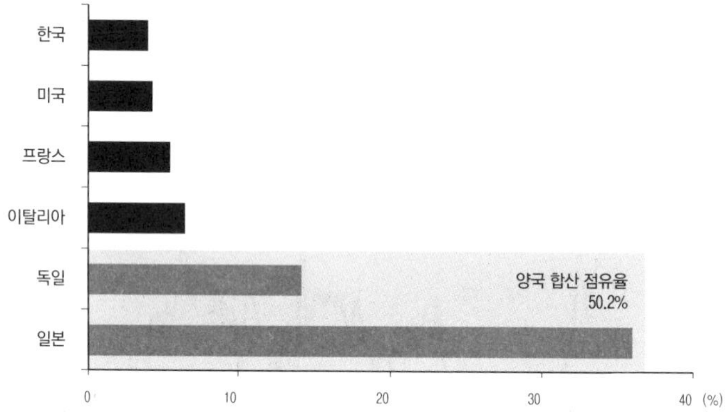

출처: International Trade Centre, 신한금융투자

청정에너지 에너지 분야의 성장에 정책적 수혜가 더해지고 있다.

China new Economy: 5G, 신소비/신유통/신금융

중국의 2020년 1/4분기 GDP 성장률은 -6.8%를 기록했다. 건국 이래 최악의 성적표다. 한 가지 흥미로운 건 경제지표 충격에도 이날 본토 증시는 반등했다는 것이다. 세 가지 추론이 가능하다. 첫째, 두 자릿수 역성장은 피했다는 안도감. 둘째, 3월 산업 생산이 전년 대비 -1.1%를 기록하며 사실상 이전 가동률로의 복귀 확인. 셋째, 경기부양책의 명분은 더욱 높아졌고, 2/4분기 V자형 반등을 예상하며 연간 3% 이상의 성장을 낙관하는 투자자가 늘고 있다.

현재 세계 30억 이상 인구의 이동이 전면 통제됐다. 지금은 통제된 19억 인구의 위험이 아닌 전염 종식 선언과 생산·소비 활동이 재개되는 14억 중국에 주목해야 한다. 필자는 중국의 새로운 역할론과 함께 경기회복 동인으로 작용할 부양책 규모와 집행 방향성이 투자 심리 개선과 업황 회복의 실마리가 될 것으로 예상한다. 특히 양회 개최 이후 코로나 종식 선언과 대규모 부양책을 통한 경기회복 및 경제구도 변화가 가속화될 전망이다.

2008년 미국발 금융위기에 집행된 중국의 대규모 경기부양책은 글로벌 경기회복의 동인으로 작용했다. '4조 위안 부양책'으로 통칭되던 전면적 경기부양책은 2009년 세계 경제 성장 기여율에 중국의 역할을 73%까지 높였고, 한국 주식시장에서도 '차화정, 7공

〈그림 2-28〉 중국의 세계 경제 성장 기여율

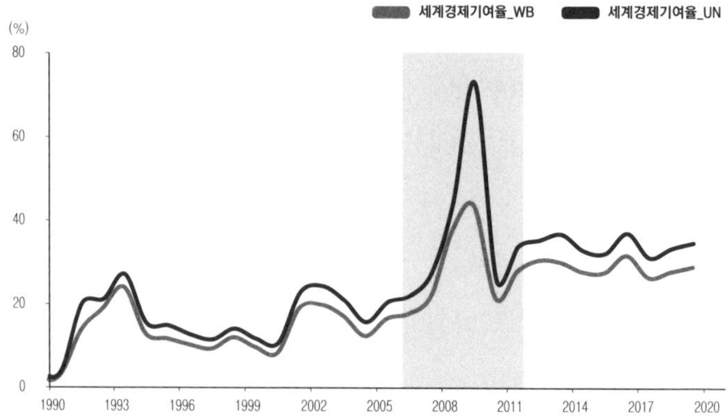

출처: Wind, 신한금융투자

주'를 주도주로 강한 랠리가 연출됐다. 당시와 같은 파급효과를 기대하기는 어렵겠지만 이번 부양책 역시 의미 있는 규모의 집행이 기대되며 주식시장에 큰 변곡점으로 작용할 수 있다. 특히 시진핑 주석과 공산당의 정치적 입지 구축, 대외경기 위축, 글로벌 생산 체인 셧다운, 금융시장 불안감 고조 구간에서 대규모 부양책 집행 명분은 충분하다.

큰 그림(숲)의 이해가 선행돼야 디테일한 정책 수단(나무)이 보일 수 있다. GDP는 '투자 + 소비 + 수출'로 산출된다. 부양책은 구조적 문제를 최소화하며 질적 성장의 궤적을 맞추는 데 집중될 수밖에 없다. 코로나로 인한 대외 수출 위축과 투자의 총량적 한계에서 소비와 첨단 산업 육성 정책이 주된 방향이 되겠다.

이번 부양책은 시진핑 주석이 강조한 '신형 인프라'를 통해 완성된다. 신성장 산업 육성은 투자·소비 부양책과 교집합을 가지며, 미·중 기술분쟁 소강 구간에서 시점까지 절묘하게 맞아떨어진다. 그간의 제조 2025, 인터넷+, 7대 신흥 산업 육성 정책이 이번 전인대를 통해 구체화된 비전을 제시할 가능성이 크다. 신성장 산업 육성은 5G 네트워크 구축과 연계 산업 부양 정책을 의미하는데, 최근 정부와 기업의 정책 목표가 구체화되고 있다.

1) 시진핑 주석은 3월 4일 5G 통신망과 데이터센터 구축을 목표로 한 '신형 인프라' 계획 지시, 2) 정치국 상무위원회는 5G 네트워크 건설 계획 연이어 공표, 3) 정부 실무부처인 공신부는 5G 발전 촉진과 확대된 인프라 계획 최종 발표, 4) 국유 3대 통신사는 2020년 5G 인프라 투자 계획을 1,803억 위안(+338%, 전년 대비)으로 발표했다.

그간의 정부 정책 퍼즐을 종합하면 5G 통신망, 데이터센터, 스마트시티 건설을 통해 코로나 이후의 경기둔화 우려와 산업구조 고도화를 동시에 꾀하고 있다. 신형 인프라 투자 계획은 10~30조 위안으로 전망된다. 이는 중국 GDP의 30%에 육박하고 과거 4조 위안 부양책 패키지보다 3~7배 확대된 수치다.

개별 투자 테마도 점검해보자. 5G 인프라 투자는 2020년 2분기부터 관련 수주 모멘텀이 본격화될 것으로 예상된다. 5G 인프라 연계 산업의 수혜에도 주목하자. 핸드셋, 데이터센터IDC, 언택트(비대

〈그림 2-29〉 중국 5G 기지국 신규 설치량 추이 및 전망

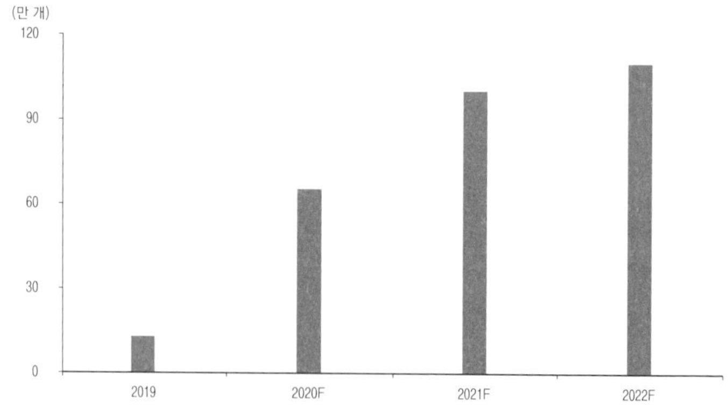

출처: Wind, 신한금융투자

면) 소비가 대표적이다. 이미 5G 서비스 상용화 4개월 만에 전체 스마트폰 출하량의 약 30%가 5G 스마트폰으로 대체됐고 연말 가입자 1.5억 명 달성이 기대된다. 눌려 있던 핸드셋 수요 증가, 폭증하는 데이터 트래픽 처리를 위한 서버 확충은 필연적이다. 더욱이 코로나 사태를 거치며 중국의 소비 행태가 온라인 중심의 '비대면 소비'로 빠르게 확산되는 모습이다. 전염병이 진정세에 접어들어도 비대면 비즈니스와 온라인 소비 중심으로의 구조적 변화가 사회적 트렌드로 자리 잡을 가능성이 크다고 판단한다. 대표 수혜 업종으로 온라인 교육, 재택근무, 디지털 헬스케어, 미디어/콘텐츠에 주목할 필요가 있다.

결론적으로 중국 주식시장의 대표 수혜 업종은 5G 인프라 구축과 연계 산업, 변화된 소비 패턴과 신서비스 산업, 예방의학과 디

〈그림 2-30〉 주도주 교체 사이클

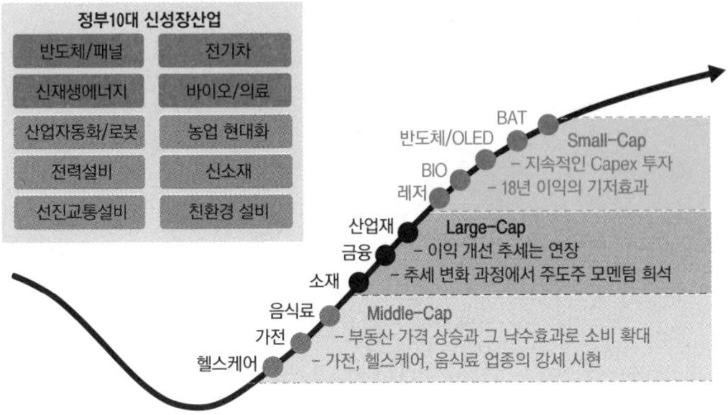

출처: Wind, 신한금융투자

지털 헬스케어 업종이다. 중국에 갖는 우려 섞인 투자자들의 시각을 부정하지 않으며 코로나 소강 이후 미국과의 갈등도 재점화될 수 있다. 하지만 이 모든 우려의 공감에도 중국 주식시장에 갖는 투자 매력은 그 어느 때보다 높아 보인다.

3장

왜 커다란 동물은 많지 않은가?

미래에셋대우 리서치센터 수석 연구위원 **이광수**

미래라는
망망대해

한국 부동산시장이 혼란스럽다. 서울을 중심으로 고가 주택의 거래량이 급감하고, 가격 상승세도 둔화됐다. 심지어 가격을 크게 낮춘 급매물이 시장에 나오고 있다. 그러나 일부 아파트는 여전히 높은 매수 가격을 기록 중이다. 2020년 부동산시장 강세를 전망하던 전문가들은 코로나19 이후 슬그머니 전망을 바꾸었다. 연일 부동산 불패를 이야기하던 언론들도 시장의 변화를 이야기한다. 부동산에 대한 이야기만 해야 하는 신성한(?) 부동산투자 카페도 이제 주식 관련 글이 더 자주 눈에 띈다. 혼란스럽다. 투자자들뿐만 아니라 내 집 마련을 하는 사람들은 어떻게 해야 하는가? 아무도 명확한 답변을 내놓지 못하고 있다. 코로나19로 실물경제가 안 좋아지면 집값은 빠질 것 같은데, 유동성이 증가하면서 또 집값이 오르지나 않을까 하는 걱정이 중첩된다.

나는 애널리스트다. 현재를 분석하고 과거를 이해하고 미래를 전망해야 한다. 미래 전망을 통해 명확한 의견을 전달해야 하는 것이 나의 일이다. 미래라는 망망대해를 마주하며 내 집을 마련해야 하는 실수요자와 투자자들한테 좌고우면하는 의견을 줄 순 없다. 많은 분이 나한테 묻는다. 지금은 집을 살 때인가?

지금 부동산을 살 때인가?

도전적이지만 부동산을 이야기하는 데 가장 중요한 질문이다. 처한 상황에 따라서 답은 매우 달라질 수 있다. 그럼에도 현재 시점은 집을 살 때가 아니다. 가장 큰 이유는 집값 하락이 불가피하기 때문이다. 집값 하락이 예상되는 시점에 집을 살 이유는 없다. 실수요자도 마찬가지다. 내 집 마련도 투자 관점에서 바라볼 필요가 있다. 가격이 내려도 내가 살 집이니 상관없다는 사람은 많지 않을 것이라 믿는다.

집값 하락이 예상되는 가장 근본적인 이유는 최근 서울을 중심으로 아파트 가격이 급등했기 때문이다. 자산시장에서 대부분 변화의 출발점은 가격이다. 과도한 가격 상승은 시장 변화의 근본적인 원인이다. 2013년부터 2019년까지 서울 아파트 실거래 가격을 조사해보면 누적 상승률이 78%에 이른다. 매년 10% 이상씩 집값이 상승했다. 과거를 보더라도 이례적인 상승이었다. 서울뿐만 아니라 전국 아파트도 58% 상승했다. 물론 이유가 분명하다면, 예를 들어 경제가 빠르게 성장했다거나 가계소득이 급증해서 또는 인구가 증가해서 가격이 크게 상승했다면 과도한 가격 상승 자체만 놓고 집값이 떨어질 것으로 예상하는 것은 무리가 있다. 따라서 가격 전망을 하기 위해서는 가격이 왜 상승했는지 정확한 이유를 알아야 한다.

〈그림 3-1〉 아파트 매매 가격 변동: 최근 아파트 가격이 지속적으로 급등했다

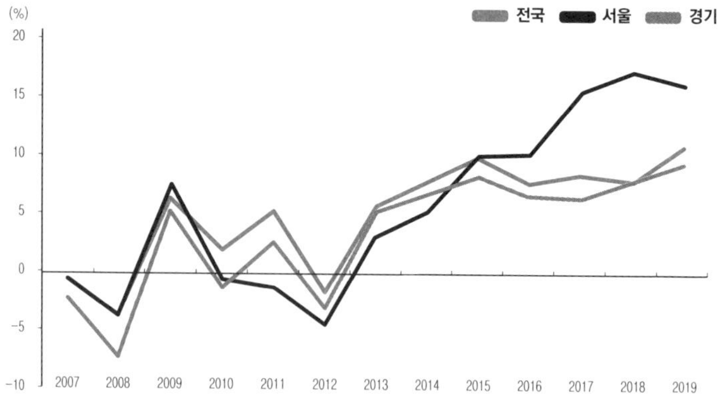

출처: 부동산 114, 미래에셋대우 리서치센터

부동산 가격을 움직이는 요인은 실로 다양하다. 금리, 부동산 정책, 교육 정책, 재건축·재개발 투자심리, 가구수, 소득이 대표적이다. 부동산시장의 변화를 이끄는 다양한 요인들에 대해서 면밀한 분석이 필요하다. 자, 금리부터 시작해보자.

인플레이션부터 시작해서 정책, 개발 호재, 교통, 가구수 전망, 심지어 삼성전자 반도체 경기까지 이야기해야 하나? 머리가 복잡해진다. 투자를 포함한 모든 의사결정에서 필요한 건 추상이다. 추상은 복잡한 것을 간단하게 압축하는 일이다. 부동산 가격이 오를 것인가, 내릴 것인가를 전망하는 데 너무 많은 이야기를 하다 보면 결론은 보합이나 잘 모르겠다고 귀결될 수밖에 없다. 전문가들 전망을 듣다 보면 보합이라는 단어가 빠지지 않는 이유다.

부동산시장 변화를 일으키는 다양한 요인은 결국 가격과 거래

량을 통해 발현된다. 그렇다면 우리는 가격과 거래량을 통해 시장 변동 요인을 찾고, 시장을 움직이는 요인들이 어떻게 변할 것인가를 예상하고, 그에 따라서 가격과 거래량을 전망하면 된다. 쉽다.

그렇다면 한국의 부동산시장을 움직이는 요소는 무엇인가?

수요와 공급, 가격과 거래량

집값 변동 원인을 찾기 위해 우선 가격과 거래량의 관계를 통해 수요와 공급이 왜 변했는지 검토해야 한다. 한국의 부동산시장에서 아파트 실거래 가격이 신고되고 통계가 작성되기 시작한 것은 2006년부터다. 2006년부터 2019년까지 서울 아파트 가격 변동을 보면 2007년 하락, 2008년 하락, 2009년 상승, 2010년 하락, 2011년 하락, 2012년 하락, 2017년 상승, 2018년 상승, 2019년 상승을 기록했다. 기간은 달랐지만 상승과 하락을 반복한 것으로 나타난다. 반면 거래량을 보면 2007년 감소, 2008년 감소, 2009년 증가, 2017년 증가, 2018년 감소, 2019년 증가였다. 거래량 또한 기간이 달랐지만 증가와 감소를 반복했다.

〈표 3-1〉 서울 아파트 실거래 가격, 거래량 변동

연도	가격	거래량	변동 이유
2007	하락	감소	수요 감소
2008	하락	증가	공급 증가
2009	상승	증가	수요 증가
2010	하락	감소	수요 감소
2011	하락	증가	공급 증가
2012	하락	감소	수요 감소
2013	상승	증가	수요 증가
2014	상승	증가	수요 증가
2015	상승	증가	수요 증가
2016	상승	감소	공급 감소
2017	상승	증가	수요 증가
2018	상승	감소	공급 감소
2019	상승	증가	수요 증가

출처: 부동산 114, 미래에셋대우 리서치센터

가격과 거래량이 조사됐으니 이제 시장 변동 원인을 구별해낼 수 있다. 예를 들어 가격이 상승하고 거래량이 증가했다면 수요 증가가 시장 변동 원인이다. 반면, 가격은 하락하는데 거래량이 증가했다면 공급 증가가 시장을 움직인 요소다. 수요와 공급에 따라서 가격이 결정되는 구조를 생각하면 쉽게 이해가 간다.

이런 방식으로 구분해보면 연도별 집값 변동 원인을 파악할 수 있다. 변동 원인을 파악한 결과를 주목할 필요가 있다. 예를 들어 2012년에는 주택 가격이 하락한 이유가 수요 감소였다. 왜냐하면 가격 하락과 함께 거래량이 감소했기 때문이다. 그런데 2013년이 되자 갑자기 수요가 증가하면서 가격이 상승했다.

일반적으로 주택 수요는 인구나 가구수 또는 소득과 밀접한 관계가 있다고 생각한다. 인구가 증가하거나 가구수가 늘어나면서 주택 수요가 증가한다. 인구, 가구수, 소득은 재앙급의 경제 변동이 없는 한 일반적으로 추세적인 성격을 띤다. 그런데 주택시장 변동 원인을 찾아보면 수요가 매년 변화한다.

어떻게 생각하는가. 1~2년 만에 주택 수요에 영향을 미치는 인구, 가구, 소득이 갑자기 바뀐 걸까?

주택 공급도 마찬가지다. 일반적으로 주택 공급은 주택 건축 허가, 신규 아파트 분양 그리고 입주를 통한 아파트 총량의 변화라고 생각한다. 최근 서울 아파트 가격 변동 원인 중 공급 변화를 보면 흥미롭다. 2016년과 2018년에 가격이 급등했는데 공급 감소가 원인이었다. 그러나 일반적으로 생각하는 허가, 분양, 입주는 지속적으로 증가했다. 그렇다고 갑자기 서울의 주택 총량이 감소한 것도 아니다. 결국 매년 가격 변화를 일으키는 수요와 공급은 우리가 일반적으로 생각하는 수요와 공급이 아닐 수 있다.

그렇다면 어떤 수요와 공급이 시장 변화를 만드는가?

결국 투자 수요와 매물이 집값을 결정한다

시장을 움직이는 주택 수요는 투자(투기) 수요다. 이렇게 규정하면 매년 변하는 수요가 설명이 된다. 투자 수요는 매년이 아니라 매일 바뀔 수도 있다. 정책과 금리, 공급 부족 우려와 심리에 따라서 변동되는 투자 수요는 매년 바뀌면서 시장의 변동성을 키운다. 반면, 시장가격과 거래량을 결정하는 공급은 건설회사들이 짓는 아파트 양이 아니라 다주택자를 중심으로 하는 매물이 결정한다. 투자 수요와 마찬가지로 공급을 매도 물량으로 규정하는 순간 매번 바뀌는 공급이 이해가 된다. 이렇게 우리나라, 특히 서울의 아파트 가격을 결정하는 수요와 공급을 투자 수요와 매물로 규정해야만 매년 변동되는 수요와 공급을 설명할 수 있다. 최근 주택 가격의 급격한 상승은 투자 수요가 갑자기 늘어남과 동시에 공급, 즉 매물이 줄어들었기 때문에 나타난 현상이었다.

투자하려는 주택의 수요가 갑자기 늘어난 이유는 분명하다. 낮은 금리, 엄청난 규모의 유동자금, 정부 정책에 대한 불신 그리고 마지막에 올라타야 한다는 절박함이 주택에 대한 투자 수요를 증가시켰다. 투자 수요가 증가하는 상황에서 다주택자를 중심으로 매물이 감소하고 담합 등을 통해 불공정행위가 시장을 교란하면서 비이성적인 가격 상승의 또 다른 원인이 됐다.

〈표 3-2〉 서울 아파트 실거래 가격, 거래량 변동(ROE, 거래회전율)

(단위: 만 원)

연도	매매 가격	전세 가격	자기 자본	가격 변동	가격 변동률	ROE	변동 원인	거래 회전율
2010	53,236	24,004	29,232	-580	-1.1%	-2%	수요감소	3.8
2011	51,924	25,434	26,490	-1,312	-2.5%	-5%	공급증가	4.7
2012	48,786	26,538	22,248	-3,138	-6.0%	-14%	수요감소	3.4
2013	49,591	29,840	19,751	805	1.7%	4%	수요증가	5.6
2014	51,469	31,887	19,582	1,878	3.8%	10%	수요증가	6.9
2015	56,131	37,290	18,841	4,662	9.1%	25%	수요증가	9.5
2016	61,083	39,332	21,751	4,952	8.8%	23%	공급감소	8.6
2017	69,534	41,816	27,719	8,451	13.8%	30%	수요증가	8.0
2018	81,994	42,665	39,329	12,460	17.9%	32%	공급감소	5.8
2019	94,078	44,265	49,813	12,084	14.7%	24%	수요증가	4.9

출처: 국토교통부, 미래에셋대우 리서치센터

공급 부족 논리,
그 참을 수 없는 가벼움

"서울에 새 아파트가 부족합니다. 그래서 서울 집값은 빠질 수가 없습니다."

이른바 뜬다 하는 부동산 전문가들이 입에 달고 다니는 소리다. 직관적으로 이해가 된다. 노후 주택이 대부분인 서울에서 재건축이나 재개발이 힘들어지면 새집은 부족할 수밖에 없다. 그러나 새 아파트 부족이 집값을 올린다는 이야기는 시장을 움직이는 진짜 이유가 절대 될 수 없다. 이 문제는 반드시 짚고 넘어가야 한다. 왜냐하면 대부분 사람이 이 말을 철석같이 믿고 무리하게 집을 사고 있기 때문이다.

자, 문제점을 지적해보자. 재건축이 안 되어서 공급이 부족하고 가격이 오를 수밖에 없다는 논리에는 증거가 없다. 2000년부터 2020년까지 서울 아파트 입주 물량을 보면 가격 상승과 전혀 관계가 없이 움직였다. 아파트 가격이 크게 상승한 2000년부터 2007년까지 서울에 신규 공급된 아파트는 연평균 6만 호에 이른다. 매년 6만 호씩 새 아파트가 공급됐다는 이야기다. 지속적인 신규 아파트 공급 증가에도 가격 상승세는 계속됐다. 반면, 서울 아파트 가격이 하락한 2009년부터 2013년까지 아파트 공급은 연평균 3만 호로 상승기와 비교하여 50% 이상이 감소했다.

새 아파트 공급 감소에도 불구하고 가격 하락이 지속된 이유는 무엇인가? 반면, 아파트 가격이 상승한 2014년부터 2019년까지 연평균 분양 아파트는 3만 3,000가구로 하락 기간과 비교하여 오히려 10% 증가했다. 신규 아파트 공급이 감소해서 가격이 올랐다는 근거는 어디서도 발견하기 힘들다. 〈그림 3-2〉에서 보는 것처럼, 가격이 상승하면 공급이 오히려 증가하는 연관성을 보인다. 왜냐하면 가격이 상승하면 재건축·재개발이 활발해지면서 공급이 증가하기 때문이다.

재건축·재개발을 해서 공급을 늘리라는 말은 아파트 가격을 올

〈그림 3-2〉 서울 아파트 공급과 연도별 가격 상승률

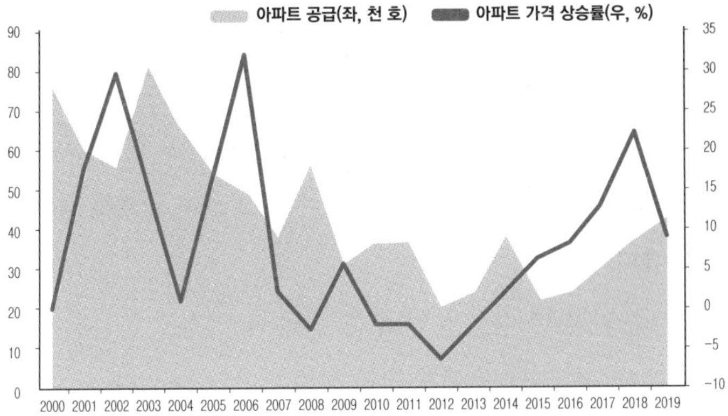

출처: 국토교통부, 미래에셋대우 리서치센터

려달라는 것과 사실상 같은 말이다. 2015년 이후 경기 지역에서 아파트 가격이 가장 많이 상승한 곳은 과천이다. 과천 집값이 급등한 이유는 분명하다. 분양가 상한제가 폐지되면서 재건축이 빠르게 진행됐고, 그에 따라 멸실 주택이 증가하고 개발 기대감이 작용했기 때문이다. 재건축을 통해 새 아파트가 많아진다는 논리라면 가격이 하락해야 해야 하는데 오히려 크게 상승했다. 현재 과천은 전체 아파트 중 약 50% 이상이 재건축 중이다.

재건축을 통한 공급이 멸실 주택을 증가시키고 개발 기대감을 높여 집값을 올린다는 건 너무 단순해서 누구나 동의할 수밖에 없는 사실이다. 이익에 따라서 애써 외면하고 싶은 것뿐이다. 그런데 전문가라는 사람들이 재건축을 활성화해서 집값을 잡아야 한다는 논리를 펴는 것을 보고 있자면 무책임을 넘어 한심하다는 생각까지

든다. 최근 한 신문기사를 보면 강남 재건축 조합장 인터뷰 기사가 다음과 같이 실렸다.

"현 정부의 정책으로 강남 재건축 사업이 진척이 없으면 2~3년간 강남 아파트 공급 부족이 현실화될 것이고, 이로 인해 강남 집값이 오히려 크게 상승하게 될 것이다. 지금 재건축 규제를 풀어줘야 하는 이유다."

재건축 안 하면 집값은 더 오를 텐데 왜 하자고 하는지 이유를 잘 모르겠다. 조합장으로서 도덕적 해이가 아닐 수 없다.

무작정 공급을 늘린다고 집값이 진정될 수 없다는 사실은 외국의 예를 통해서도 확인할 수 있다. 서브프라임 이전 전 세계에서 집값이 가장 많이 오른 나라 중 하나가 아일랜드였다. 아일랜드 주택 가격 지수와 허가 건수를 보면 흥미롭다. 한국과 유사하기 때문

〈그림 3-3〉 아일랜드 주택 건축 허가 건수와 가격 지수 변화

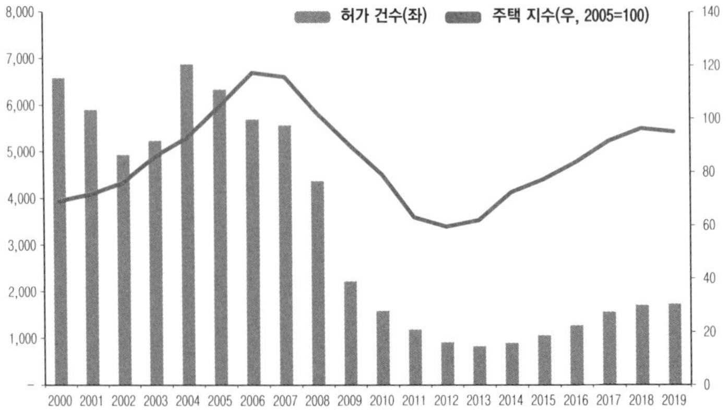

출처: Bloomberg, 미래에셋대우 리서치센터

이다. 2000년부터 2007년까지 집값이 지속적으로 상승하는데 주택 건축 허가는 평균보다 상당히 많았던 것으로 조사된다. 반면, 주택 가격이 하락하는데 공급은 빠르게 감소했다. 주택 공급과 가격이 우리나라와 유사한 패턴을 보인다. 주택 공급이 아무리 늘어나도 개발 호재, 대출 증가, 집값 상승 기대감으로 투자(투기) 수요가 증가한다면 절대 집값은 안정될 수 없다.

집값 전망, 투자 수요 감소 그리고 매물 증가

이제 집값 전망을 명확하게 할 수 있다. 부동산 가격을 움직이는 원인을 알았기 때문이다. 우선 투자 수요를 전망하면 된다. 투자(투기) 수요 변동 원인은 결국 수익률이다. 부동산을 구입해서 얼마나 수익을 낼 수 있느냐에 따라 수요가 변동된다. 수익률이 상승할 것으로 예상되면 투자 수요는 증가하고, 반대로 수익률이 하락할 것으로 예상되면 투자 수요는 감소한다. 부동산시장에서 수익률을 결정하는 가장 중요한 요인은 대출이다. 여기서 대출은 주택담보대출과 전세를 말한다. 고가 주택에 대한 강력한 대출 규제로 주택 수요 감소는 불가피할 전망이다. 그뿐만이 아니라 최근 서울을 중심으로 한 전세/매매 가격 비율은 역대 최저 수준이다. 쉽게 말해서 전세를 끼고 집을 사려면 돈이 많이 필요할 뿐만 아니라 수익률도 떨어진다는 얘기다. 결국, 투자 수요는 향후 지속적으로 감소할 수밖에 없는 상황이다.

그러나 투자 수요가 줄어든다고 해서 가격 하락세가 본격화되는 건 아니다. 한국 부동산에서 최종 가격은 주택 보유자들이 매물을 얼마에 내놓는가로 결정되기 때문이다. 따라서 가격을 전망하기 위해서는 매도 물량을 예상해야 한다. 현재 상황에서 매도 공급, 즉 매물이 증가할 가능성도 크다는 판단이다. 특히 종합부동산세가 강화되면서 다주택자의 보유세 증가가 불가피하다. 종합부동산세 세입을 전망해보면 2023년에는 4.5조 원 이상으로 추정돼 2018년 대비 2.5배 증가한다. 쉽게 말해서 다주택자의 경우 향후 보유세를 과거보다 2배 이상 납부해야 한다는 의미다. 투자 수요 감소로 가격 상승 동력이 줄어드는 상황에서 다주택자 매물이 증가하면 집값은 어떻게 되는가? 수요 감소와 공급 증가로 집값 하락은 불가피할 것이다.

이런 상황에서 예상치 못한 코로나19 문제가 발생했다. 코로나19로 인한 불확실성 확대는 투자 수요를 더욱 위축시키고 매도를 부추길 가능성이 크다. 결국 서울 아파트를 중심으로 주택 가격 하락은 이제 '맞다, 틀리다'를 넘어 '얼마큼 빠지느냐'로 바뀌고 있다.

위기는 기회일 수 있는가?

우리는 과거 IMF와 글로벌 금융위기 시점에도 집값 하락을 경험했다. 서울 아파트의 실제 거래 가격을 살펴보면 IMF 외환위기 당시 최대 30% 이상 하락했다. 금융위기 이후 5년간은 20% 이상 떨어졌다. 개별 아파트 가격 변동폭은 훨씬 컸다. 대표적인 강남 재건축 아파트 실거래 가격을 보면 2007년 11억 5,000만 원 이상이었다가 2008년에는 최저가 7억 원에 거래됐다. 일단 위기가 오면 집값 하락은 불가피하고, 다주택자는 힘들었지만 실수요자나 투자자들에게 기회가 됐던 것은 분명하다.

〈그림 3-4〉 서울 강남 재건축 아파트 실제 거래 가격 변화

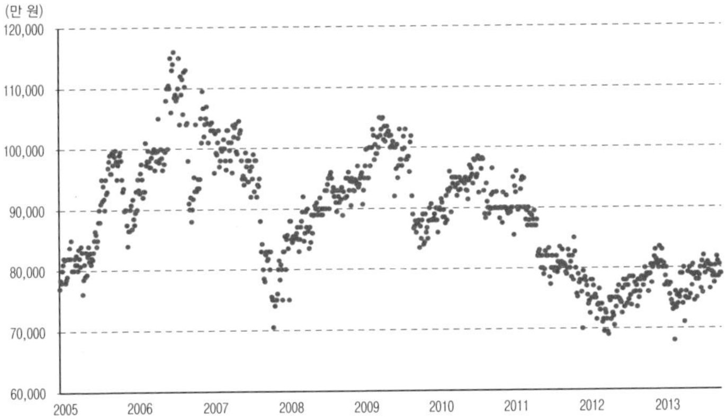

출처: 국토교통부, 미래에셋대우 리서치센터

문제는 코로나19 이후 집값이 얼마나 하락할까 하는 점이다. 이런 관점에서 과거와 달라진 시장을 주목해야 한다. 최근 서울 아파트를 중심으로 해서 부동산시장이 과거와 크게 달라진 점은 다주택자 규모다. 최근 우리나라 주택 가격이 빠르게 상승했던 이유는 투자 수요 증가였다. 종합부동산세 과세 대상인 다주택자를 보면 2010년 9만 5,000명에서 2019년 26만 6,000명으로 크게 증가했다. 금리 인하와 대출 확대 그리고 부동산 상승 기대감으로 다주택자가 크게 증가했고 가격을 상승시킨 중요한 이유가 됐다. 문제는 이런 다주택자 증가가 향후 주택 가격 변동성을 키우는 데 결정적인 원인이 될 가능성이 크다는 점이다.

투자 수요가 부동산시장에 미치는 영향은 아일랜드 사례를 살펴볼 필요가 있다. 글로벌 금융위기 이후 국가별 부동산 가격 변화를 살펴보면 아일랜드가 특히 두드러진다. 2007년부터 2013년까지 아일랜드 주택 가격 지수는 52% 넘게 하락했다. 반면 위기의 진원지였던 미국의 주택 가격은 아일랜드보다 하락폭이 낮았다.

왜 아일랜드 부동산 가격이 붕괴했는가? 가장 큰 이유는 글로벌 금융위기 이전에 부동산 가격이 급등했기 때문이다. 주택 가격 변화를 보면, 주택 가격이 고점에 이른 2007년에는 2000년과 비교해서 평균 2배 이상 빠르게 상승했다. 아일랜드 부동산 가격이 급격하게 상승한 이유는 대출이 빠르게 증가하고, 경기부양을 위해 정부가 주택 소유자에게 세금혜택을 제공하면서 투자(투기) 수요가 급격하게 확대됐기 때문이다. 결국 투자 수요 증가로 집값이 급등

〈그림 3-5〉 한국, 아일랜드, 미국의 실질주택가격지수 변화

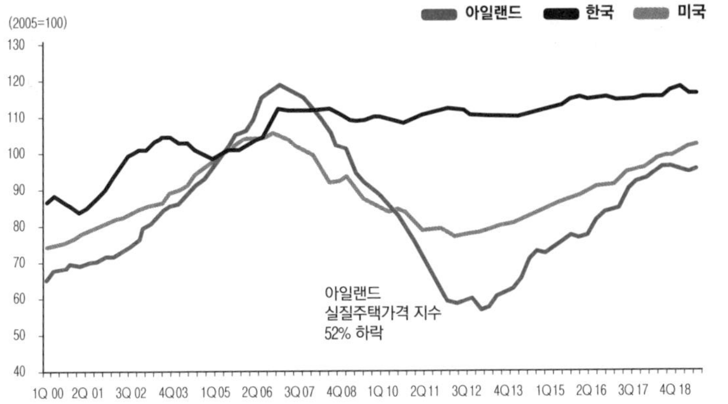

출처: FRB, 미래에셋대우 리서치센터

했고, 위기가 오자 반대로 투자 수요가 집값 하락의 결정적 이유가 됐다.

최근 한국 부동산시장을 보면 아일랜드와 유사하게 투자(투기) 수요가 빠르게 증가했고 그에 따라 집값이 급등했다. 코로나19 이후 경기 위축 속도에 따라서 가격 하락폭이 커질 가능성이 큰 이유다. 이런 변화가 또 다른 기회가 될 수 있느냐 아니냐는 자신이 처한 상황이 어떠하냐에 달려 있다.

After 코로나19, 변화를 읽을 시점

최근 인도네시아 발리에 새롭게 글로벌 워크 스페이스Global Work Space가 생겨나고 있다. 바로 실리콘 발리Silicon Bali다. 글로벌 IT 스타트업 회사들이 실리콘 밸리Silicon Valley를 떠나 발리에 자리를 잡아가고 있다. 한 달 사무실 임대료가 20만 원, 코코넛 주스 한 잔이 1.5달러다. 자전거로 10분이면 출근할 수 있고, 주말에는 바닷가에서 여유롭게 서핑을 즐긴다. 노트북과 인터넷을 통해서 일하는 세상인데 평균 출근 시간이 1시간이 넘고 엄청난 임대료를 내야 하는 실리콘 밸리를 고집할 필요가 있을까?

〈그림 3-6〉 Welcome to Silicon Bali

출처: Atlas 홍보 팸플릿

2020년 CES(국제전자제품박람회)에서 토요타는 미래도시 우븐시티Woven City를 공개했다. 폐쇄 예정인 토요타 공장 부지에 스마트도시를 건설하겠다는 계획이다. 휴양지에서 일하고 폐공장 부지를 새로운 도시로 만들겠다는 계획은 시대의 변화를 의미한다.

생산과 소비가 주도하는 산업 시대에 도시 집중화는 경제 성장을 위한 교두보였다. 경제성장률이 높았던 대부분 국가는 도시화율이 80% 이상으로 높아졌다. 1,000만 명, 2,000만 명이 사는 메가시티는 성공한 나라의 상징과 같은 존재였다. 그러나 이런 도시 집중화가 앞으로도 지속될 수 있을까? 샌프란시스코에서 인간 인분(똥)이 발견되는 건수가 2011년 5,000건에서 2018년 2만 8,000건으로 급증했다고 한다. 도시가 포화되면서 집값이 폭등하고 노숙자가 증가하고 있다.

변화 속도는 트리거가 결정한다. 트리거는 대부분 예상치 못한 일들이다. 과도한 도시 집중, 집값 폭등, 격차가 심화되던 상황에서 코로나19라는 트리거는 부동산시장에 어떤 영향을 미칠까? 해답을 찾는 출발점을 실리콘 밸리와 토요타 폐공장으로 삼고 싶다. 바로 분권화다. 과거와 달리 코로나19 이후 전 세계적으로 부동산의 분권화가 빨라질 가능성이 크다. 분권화 시대에는 다양성이 존중되고 진보가 주목받으며 작은 것에 대한 가치가 부각될 것이다. 그렇다면 부동산투자는 어떻게 해야 하는가? 내 집 마련은 어떻게 해야 하는가?

호모사피엔스Homo sapiens가 유일한 인류로 살아남은 이유를 유발하라리는 '보이지 않는 것에 대한 믿음과 협력'에서 찾는다. 보이지 않는 것에 대한 믿음은 미래가 현실과 다르리라는 희망이고, 협력은 메타인지를 바탕으로 한 겸손한 마음이라고 생각한다.

공룡은 왜 사라졌을까? 6,500만 년 전 공룡이 멸종한 이유를 정확하게 알 순 없지만, 한 가지 분명한 사실은 그보다 훨씬 오래전에 존재했던 바퀴벌레는 아직도 생존하고 있다는 점이다. 동물의 세계에서 몸집이 큰 육식동물이 상대적으로 드물고, 개미 같은 작은 동물이 넘쳐나는 이유를 학자들은 생태적 지위niche에서 찾는다. 생태적 지위는 물리적 위치가 아니라 실질적 위치로, 다른 동물과의 상호작용을 말한다. 즉, 작은 동물이 많은 이유는 생존하는 데 필요한 먹잇감이 상대적으로 많기 때문이다. 반대로 큰 동물은 에너지의 원천이 적기 때문에 개체 수가 적을 수밖에 없다. 결국 약육강식의 동물 세계에서도 공존과 협력이 생존의 필수 요소인 것이다.

코로나19 바이러스가 인류와 기업 생태계를 위협하고 있다. 어려운 일이지만, 우리는 이기는 방법을 알고 있다. 바로 협력하고 희망을 갖는 것이다. 위기는 변화를 가져올 것이며, 부동산시장에도 지금껏 경험하지 못한 변화가 올 가능성이 크다.

글로벌 금융위기 이후 높은 이익 성장률을 보인 기업을 보면 유동성을 확보하고 비용구조를 개선한 이후 위기 때 적극적으로 투자했다는 공통점을 가지고 있다. 부동산투자에서 개인들도 이 경험을 기억할 필요가 있다. 적극적으로 유동성을 확보하고 비용을 고민하며, 위기가 닥쳤을 때 움츠러들기보다 적극적으로 투자에 나서야 한다. 다만 지금은 무리한 부동산투자를 지양하고, 가계의 적정한 대출 규모와 긴 안목에서의 투자를 고민할 때다. 그리고 투자에서도 생존하고 성장하기 위해서는 협력하고 희망을 가져야 한다. 이기적으로 나만 잘 살면 된다는 생각을 버려야 한다.

모두 어려운 시기를 겪고 있다. 그러나 우리는 유구한 역사를 생존해온 호모사피엔스다. 코로나19라는 보이지 않는 적과 싸우고 있는 전 세계 모든 호모사피엔스와 대한민국을 응원한다.

4장

코로나19 이후의 경제와 자산시장

KTB투자증권 수석 연구위원 **김한진**

이번에도 똑같다 vs. 이번엔 다르다

이번에도 똑같다: 부채 사이클과 경기 사이클

경제와 금융시장은 어떻게 반복되는가? 역사를 돌아보면 그 안에 답이 있다. 어떤 경우든 경제위기 전에는 돈(유동성)이 많이 풀렸고, 빚(부채)이 무분별하게 늘어났으며, 이 돈과 부채가 만나 자산시장에서 뭔가 거품이 될 만한 일이 일어났다. 그리고 경기가 꺾이면서 빚을 많이 지고 있거나 가격이 폭락한 금융상품을 쥐고 있는 금융회사들이 대규모 손실을 봤다. 정부와 중앙은행은 이를 수습하느라 항상 많은 돈을 쏟아부었다. 그리고 그 유동성이 또다시 거품을 만들고, 그게 또 터지고…. 경기와 자산시장은 그렇게 순환을 반복해 왔다.

파티와 위기를 만드는 레시피는 늘 비슷했고 재료도 엇비슷했다. 물론 위험이 배양되는 숙주와 거품을 터뜨리는 촉매는 매번 바뀌었다. 어떤 때는 그 숙주가 꿈을 품은 성장주였고(2000년 닷컴 버블) 또 어떤 때는 부실 주택담보대출과 관련 파생상품이었다(2008년 금융위기). 위기의 종류도 신용위기, 금융위기, 외환위기 등 다양했고 어떤 때는 혼재되어 나타났다. 위기의 방아쇠도 때마다 달랐는데 지금은 기괴하게도 코로나19라는 미생물이 거대한 세계 경제를 일시 멈춰 세워shut down 부채가 많이 쌓인 곳에서 신용경색이 왔다. 그렇다면 이 바이러스만 사라지면 모든 것이 원위치되고 경제는 곧바로 정상화될까?

어떤 충격이든 충격 이전의 상태로 돌아가는 데에는 시간이 걸린다. 고속으로 달리던 자동차가 급제동을 한 뒤 정상 속도를 회복하는 데 시간이 필요한 것과 같은 이치다. 앞으로의 경기회복 과정을 엿보기 위해 지난 수년간 일어난 일을 살폈다. 유동성과 부채 사이클이란 이름의 자동차 운행기록이다.

세계 금융위기 이후 4대 기축통화국(미국, 유로존, 영국, 일본)의 중앙은행은 국내총생산GDP 대비 3배속으로 돈을 찍었다. 빚은 어떤가? 지금 세계 부채는 미국에 국한된 문제만은 아니다. 전 세계 기업과 가계, 그리고 국가 단위까지 지구촌 곳곳에서 빚debt이 빛light의 속도로 늘었다. 국제통화기금IMF에 따르면 금융 부문을 제외한 전 세계 부채는 2008년 대비 2배나 늘었다. 눈덩이처럼 불어난 이들 돈과 부채는 그간 여러 자산 가격을 끌어올렸다. 주식과 주택은 물론 상업용 부동산과 낮은 신용등급의 회사채, 각종 자산유동화 증권, 재정이 부실한 국가의 국채까지 다양한 분야에서 적지 않은 과열이 있었다.

〈그림 4-1〉 위기 요인은 같으나 촉매 등이 다른 2008년과 2020년

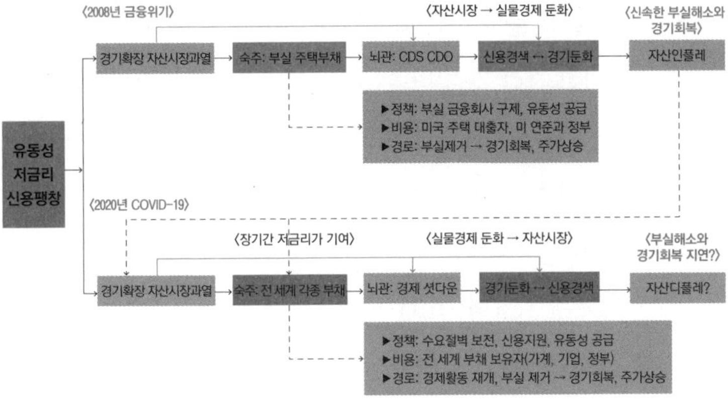

출처: KTB투자증권

코로나19로 각국의 회사채 신용등급이 떨어지고 투기등급으로 추락하는 기업이 늘고 있는 것은 경기둔화 국면에서 볼 수 있는 전형적인 부채조정 모습이다. 이게 길어지면 돈을 갚기로 약속한 신용시장의 신뢰가 무너지고 누군가의 투자 손실이 눈덩이처럼 불어난다. 그리고 이는 경기를 위축시키고 정책 수단을 고갈시킨다. 지금 사상 유례없는 정책지원이 펼쳐지고 있지만 이 또한 과거와 크게 다르지 않다. 사람들은 10여 년 전 일(세계 금융위기)을 벌써 잊고 있는 듯하다. 위기란 늘 비슷한 이유로 발생됐고, 비슷한 정책을 불러왔으며, 비슷한 패턴으로 수습되었다는 사실을 말이다.

이번엔 다르다: 위험의 숙주와 촉매

역사는 반복된다. 물론 조금씩 다르게 반복된다. 위기의 발생과 경기 하강, 그리고 자산 가격 하락은 사실상 동의어다. 이번 감염병이 장기간 부풀어 오른 부채를 타격하는 동시에 경기가 리세션에 들어가는 모습은 2008년 서브프라임 사태와 판박이다. 미국의 경우 당시는 과도한 주택담보대출이 금융위험을 키웠지만 지금은 낮은 신용등급 기업들의 회사채 과잉발행과 차입이 위험을 키웠다. 은행차입보다는 채권발행이 선호됐고, 저금리로 이들 신용상품의 인기가 뜨거웠다. 은행들은 투기등급 회사에 대한 대출을 기초자산으로 대출채권담보부증권CLO을 발행해 위험을 피하는 신공을 발휘했다. 중앙은행의 초超완화 정책은 높은 이자를 주는 이들 신용상품 과열에 기본 멍석을 깔아줬다.

그런데 2008년 위기가 미국만의 문제였다면, 지금은 그 위험이 지구촌 전체에 퍼져 있어 더 문제다. 어떤 나라는 기업부채, 어떤 나라는 가계부채, 또 어떤 나라는 국가부채가 어느새 위험수위에 도달했다. 2008년엔 대형 금융사의 파산이 금융위기를 터뜨린 주범이었다면, 지금은 경제활동의 일시 멈춤 현상이 표면적 이유가 됐다. 2008년에는 주택담보대출 문제만 처리하면 금융부실이 정리될 수 있었지만 지금은 처리해야 할 각국의 부채가 너무 많다. 물론 미국의 국가부채는 당장 문제가 되진 않을 것이다. 특히 지금 같은 저금리에서는 미 연방정부의 지급이자 지출은 국내총생산이나 재정수입 대비 안정적이다. 하지만 모든 나라가 미국처럼 국채를 무한정 찍을 수 있는 건 아니다. 일반적으로 부채를 갚으려면 기업의 현금흐름과 가계의 처분가능소득, 국가의 재정수입이 늘어야 한다. 부채는 커졌는데 경제가 침체되면 각 경제주체들은 약속한 날짜에 빚을 갚을 수 없게 되고 이런 부채조정의 어려움은 다시 경기에 부담을 가할 것이다. 이는 바이러스는 잡혀도 당분간 부채는 잘 잡히지 않고, 설혹 경제가 회복된다고 해도 그 탄력이 약할 것임을 예고한다.

위기 수습을 위한 정책도 2008년에는 특정 부문의 위험이 경제 전체로 번지는 걸 막는 데 초점을 뒀고 또 효과도 봤다. 하지만 지금은 특정 부문의 위험은 적은 대신 위험이 넓게 분포돼 있다. 최근 각국은 경제의 '일시 멈춤' 피해를 줄이기 위해 긴급 수요보전 정책과 신용위험을 막는 유동성공급 정책을 펼치며 안간힘을 쓰고 있다. 하지만 이런 정책들이 직접 부채를 탕감해주지는 않는다. 근원적 처방이 아니라 일단 위험이 번지는 걸 막는 정책일 뿐이다. 특히 이런 수요중심의 정책, 즉 장기금리를 인위적으로 낮춰 민간수요를 촉진하는 정책은 은행의 대출 증대와 화폐의 유통을 돕지 못한다. 저축률은 높아지고 기업과 가계는 자본을 생산적인 곳에 제대로 사용하지 못할 것이다.

게다가 이번 사태를 계기로 대부분 중앙은행들의 정책 여력은 한계에 도달했고 재정수지 또한 악화일로다. 정부와 중앙은행들의 인위적 수요부양이 예전보다 민간수요를 더 강하게 밀어낼 것이다. 현실적으로 10여 년 전보다 각국의 부채와 경제 규모, 자산시장의 시가총액이 모두 커져 있어 과거보다 훨씬 더 큰 슈퍼급 정책이 필요한데, 문제는 정부정책의 크기가 커질수록 정책수단은 더 고갈되고 정책효과는 더 떨어진다는 데 있다.

경기와 부채 사이클, 그리고 금융시장

경기와 자산시장, 새로운 균형점 찾는 과정

지금 세계 경제는 우선 코로나19가 언제 완전히 물러가 주느냐에 달려 있다. 셧다운 충격을 받은 각국 경제의 체력과 정책 효력도 중요한 변수다. 어느 시대나 경제충격shock이 일단 발생하면 당시 가장 취약한 부문에서 위험의 불씨가 발화되고 그게 다른 곳으로 번진다. 보통은 공급과잉 산업이나 빚을 많이 진 경제주체, 레버리지(빚) 투자로 과열된 자산이나 금융상품, 관련된 투자손실을 입은 금융부문으로 위험이 전파됐다. 그리고 그 피해 정도에 따라 경기조정 폭과 기간이 결정되곤 했다. 사실 자산시장은 경기 사이클과 부채 사이클의 그림자다. 자산시장에서 시장 참여자들이 얼마나 위험을 짊어졌느냐, 아니 얼마나 탐욕적이었느냐가 부채 사이클을 결정하고 그게 자산시장에 다시 부메랑이 되어 돌아온다. 이번 코로나19도 세계 경기와 부채 사이클을 건드린 게 분명하고, 따라서 자산시장도 그 트랙 위에서 자유롭지 못할 것이다.

그렇다면 이번 경기 사이클과 부채 사이클은 어떤가? 만약 세계 경기가 2020년 막 이륙하려던 참이었거나 확장 추세를 이어갈 태세였는데 코로나19가 이를 잠시 멈춰 세운 거라면 크게 걱정할 게 없다. 바이러스만 사라지면 정책 효과까지 가세해 강력한 경기확장이 계속 이어질 테니까. 하지만 2020년 초 세계 경기와 부채는 꽉 차 있었고 조정위험이 커진 상태에서 바이러스가 경기순환을 건드렸다면 문제는 달라진다. 즉 이번 경기충격을 순환적 관점에서 보면 경기가 장기 중립 선까지 조정하는 건 무리가 아닐 듯싶다. 특히 실물경제 대비 사상 최대의 부채와 역사상 최장의 경기확장(미국 128개월)을 뒤로한 경기조정이기에 더욱 그렇다. 경기조정

〈그림 4-2〉 실과 바늘 관계인 경기 사이클과 부채 사이클

주: 미국 기준이지만 세계 흐름으로 간주해도 무방함. 100에 가까울수록 과열, 0에 가까울수록 냉각을 의미함.

출처: IMF

에 가해지는 힘은 '질량(경기확장 기간, 부채 규모 등) 곱하기 가속도(가파른 부채 확장과 과열 정도)'라는 시각에서 이번 경기조정 압력을 결코 작게만 볼 수는 없다.

참고로 1900년 이후 미국의 경기수축 기간은 평균 15개월이었고, 한국은 1972년 이후 평균 18개월의 경기수축 기간을 보였다. 미국의 경우 과거 경기수축 국면에서 일자리는 16개월에서 21개월 정도 조정을 보였다. 고용시장 관점에서 이번은 좀 특이한 사례로 기록될 것이다.

각국의 고용은 앞으로 세 단계로 전개될 것이다. 미국을 예로 들면, 첫 단계는 경제활동 제약으로 위기 초기에 15~20%(추정)로 치솟은 실업률이 셧다운이 풀리면서 빠르게 안정되는 국면이다. 그다음은 6~8%의 실업률이 몇 분기 지속되면서 일자리가 서서히 늘어나는 국면이다. 금융위기 이후 생긴 일자리보다 더 많은 일자리가 단기에 사라진 만큼, 그 이상의 개선에는 시간이 필요하기 때문이다. 수요부진으로 기업들이 곧바로 투자와 고용을 늘리긴 쉽지 않을 것이며 항공과 소매, 일부 제조업에서 구조조정이 좀더 이어질 것이기에 그렇다. 마지막 세 번째 단계는 돈이 돌고 일자리가 확연히 늘어나 실업률이 완전고용에 가까운 4% 아래로 개선되는 구간이다.

이러한 고용흐름 가운데 지금은 첫 단계 경제 정상화 과정에 불과하다. 그리고 두 번째 단계까지는 코로나19 이전 대비 2배의 높은 실업률이 지속되는 기간이므로 경기부진 국면이라 봐야 한다. 마지막 세 번째 단계가 진짜 경기 확장기에 해당한다. 과거 한번 꺾인 고용이 직전 호황 수준으로 돌아오는 데는 평균 4~5년이 걸렸다. 이런 고용위축 기간에는 당연히 기업이익도 줄어드는데 금융위기 때 미국 기업이익(S&P500 주당순이익 기준)은 1년 반 동안 40%나 줄었고, 신흥국 기업과 우리 상장기업 이익도 50%가 줄었다. 과거 경기둔화기 때 글로벌 기업들의 이익 감소는 평균 1년 반 정도 진행됐다.

IMF는 2020년 4월 보고서에서 세계 경제가 2019년 2.9%에서 2020년에는 -3%로 후퇴할 것으로 전망했다. 물론 기저효과로 2021년에는 5.8% 플러스 성장을 예상했다. 코로나19 전 원래 예상한 2020년 세계 경제성장률은 3.3%였으니 6.3%p를 깎아 내린 것이다. 대신 2021년 전망은 코로나19 전 전망보다 2.4%p 높였다. 경제지표의 변동성이 상당히 클 것임을 시사한다. 하지만 이것이 2021년 세계 경제의 본격 회복을 뜻하는 건 아니다. 2020년 세계 경제가 단층으로 내려앉아 생긴 숫자상 착시일 뿐이다. 물론 2020년 하반기부터는 각국 경제지표가 개선될 것이다. 하지만 그렇다고 해서 코로나19 이전 전망을 뛰어넘을 정도의 회복은 아니다. 다른 기관들의 전망도 대체로 이와 크게 다르지 않다. 만약 바이러스가 인류를 계속 괴롭힌다면 세계 경제성장률은 -8%까지 떨어지고, 선진국의 GDP 대비 정부지출은 10%p나 오르고 정부 부채비율은 20%p 치솟을 것으로 IMF는 전망했다.

〈그림 4-3〉 코로나19로 인한 세계 경제 전망 하향 수정

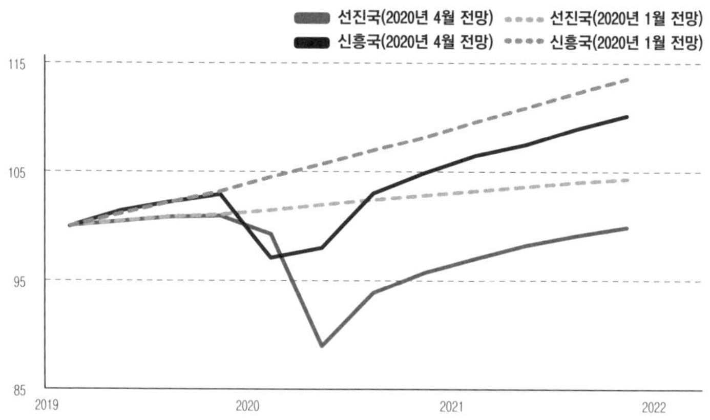

주 1: 실선은 코로나19 이후 최근 전망치이고, 점선은 코로나19가 반영되지 않은 전망치임. 2021년 4분기까지 전망함.

주 2: 분기 실질경제성장률 기준(2019년 1분기=100)

출처: IMF

〈그림 4-4〉 코로나19가 지속될 경우 세계 경제 전망

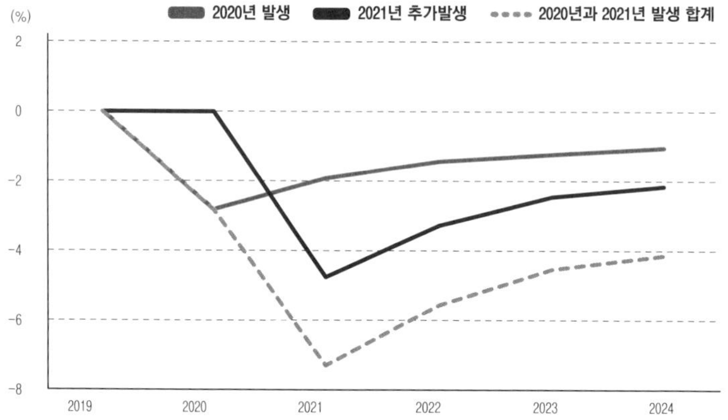

주: 분기 실질경제성장률 기준

출처: IMF

무엇이 금융시장에 진짜 바이러스인가

코로나19를 단지 스쳐 지나가는 거대한 자연재해로 볼 것이냐, 아니면 세계 경제 사이클과 그 이상을 건드리는 촉매로 볼 것이냐에 따라 전망은 달라진다. 경기 사이클 논쟁을 떠나 어떤 경기충격이든 그 충격은 금융위험으로 이어지고 크든 작든 신용시장을 교란한다. 총수요 위축은 과잉부채라는 퇴적물을 수면 위로 떠오르게 해 그간 쌓인 부채의 일부를 털어내도록 유도한다.

더욱이 부채에 침착沈着해 자란 바이러스가 특정 자산시장을 감염시키면 2차, 3차 감염이 급속하게 일어나는 경우가 많다. 글로벌 자산시장은 원래 '경제적 거리 두기'를 하지 않아 나비효과도 크다. 가령 미국 회사채 신용경색은 달러 품귀를 낳고, 이는 외환 사정이 취약한 국가의 통화가치를 떨어뜨린다. 달러 부채가 많은 신흥국 정부나 기업이 힘들어지면 선진국도 어려워져 세계 디플레이션이 심화될 것이다.

수요위축과 신용경색은 유가를 끌어내리고, 이는 에너지 관련 기업뿐 아니라 중소기업들의 광범위한 신용 하락으로 이어진다. 그리고 금융시장의 이런 초연결성은 왕왕 경제 울타리 바깥으로 위험을 실어 나른다.

빵 구하기가 어려워지면 국가 간 분쟁과 내전, 지정학적 갈등이 커지기 마련이다. 코로나19에 대한 중국의 책임론과 손해배상 문제도 이런 맥락에서 봐야 한다. 바이러스에 적절히 대처하지 못한 국가의 지도자일수록 감염병 피해를 누군가에게 돌릴 구실이 필요하다. 선거를 앞둔 트럼프 대통령은 더욱 그렇다. 미·중 무역전쟁이 새로운 차원으로 흘러갈 수 있는 이유다.

코로나19보다 더 무서운 바이러스는 사실 디플레이션이란 이름의 바이러스다. 디플레이션은 실물과 자산시장의 유동성 함정을 뜻한다. 1929년 미국 대공황도 디플레이션과 관세전쟁이 그 특징이었다. 디플레이션의 근본 원인은 과잉생산과 과잉부채였고 그 표면에는 신용경색이 자리했다. 신용이란 누군가가 제공한 구매력이고 부채는 나중에 그 신용을 갚겠다는 약속인데 신용과 부채의 미스매칭이 결국 신용경색인 셈이다.

미국이 직면한 현재의 신용경색은 주로 낮은 등급의 회사채에서 발생하고 있다. 경기쇼크는 이들 낮은 신용등급의 회사채 신용경색을 유발했고, 팽창한 신용이 만들어낸 금융위험은 연준Fed의 개입이 없이는 도저히 해결할 수 없는 상황을 낳았다. 약 5조 달러의 BBB(투자등급 맨 아래)와 하이일드(투기등급) 회사채, 3조 달러 규모의 레버리지드 론(신용등급이 낮은 기업에 대한 대출) 및 CLO(레버리지드 론을 기초자산으로 만든 대출채권담보부증권), 수조 달러의 ABS(자산담보부증권), 기타 저등급 기업어음 등 지난 수년간 급속히 커진 신용시장에서 적지 않은 부실이 예상된다.

경기둔화는 이들 신용시장을 위협하고 신용 위축은 또다시 경기를 얼어붙게 하므로, 이런 위험을 정태적 관점에서만 바라볼 수는 없다. 경기둔화와 맞물려 추가 부실 감염이 확산되면 신용손실이 예상보다 커질 수 있다. 모든 회사채를 발행시장과 유통시장에

〈그림 4-5〉 금융손실 위험이 있는 미국 신용시장 구성비 추정

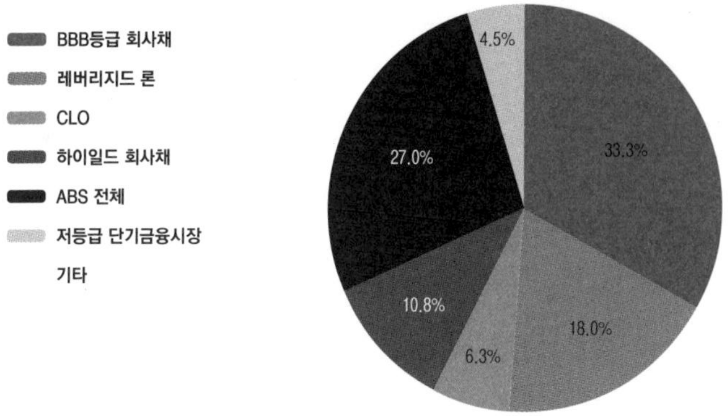

주: 금융손실 가능성이 있는 자산 전체에서 해당 자산의 구성비를 추정함.
출처: 언론 보도 자료 및 FRB

서 다 사들이겠다는 연준이 뒤에 있지만 사태가 어느 정도 진정되면 미국 신용시장은 그다음 경기와 싸워야 한다. 연준은 벌써 발을 빼고 싶어 하는 눈치다.

디플레이션이 자산시장 조정 요인. 그나마 유동성이 방어

이처럼 코로나19로 촉발된 경기부진은 각국의 부채 몸집이 커진 상태에서 진행되고 있는 만큼 자산시장을 위협한다. 그나마 설비투자로 가지 못하는 유동성이 경기위축에 따른 자산가격 조정을 어느 정도 막아줄 것이다. 경기둔화에 따른 자산시장의 반응을 미국 가계의 처분가능소득 대비 순자산 비율을 통해 살펴봤다. 1951년 이후 70년간 이 비율의 평균값은 580%다. 여기에 기업이 보유한 자

산은 빠져 있다. 앞으로 경기 위축이 길어져 가계소득도 줄고 이 비율이 역사적 평균까지 후퇴한다면 미국 주식시장의 시가총액은 2020년 초 고점 대비 50% 정도 줄고, 명목 주택 가격은 20~30%가량 조정받을 수 있다. 여기엔 경기와 자산시장의 공생 관계가 숨어 있다. 즉 지난 10년간 경기확장을 도운 자산 효과wealth effect가 이번엔 경기에 부담을 줄 수 있다는 것이다. 고용 사정이 좋아서 자산 가격이 오른 기간이 있다면, 일자리가 줄어 자산 가격이 떨어지는 기간도 있기 마련이다. 경기, 특히 고용과 자산시장의 밀접한 관계를 부정하기는 어렵다.

부채조정은 자산시장 경로를 통해 거꾸로 경기에도 적지 않은 영향을 미친다. 가령 기업 부채조정이 상업용 부동산과 산업용 부동산에 영향을 주면, 기업은 담보 능력과 신용이 약해지고 자산 대

〈그림 4-6〉 미국 가계 순자산 비율과 실업률 추이

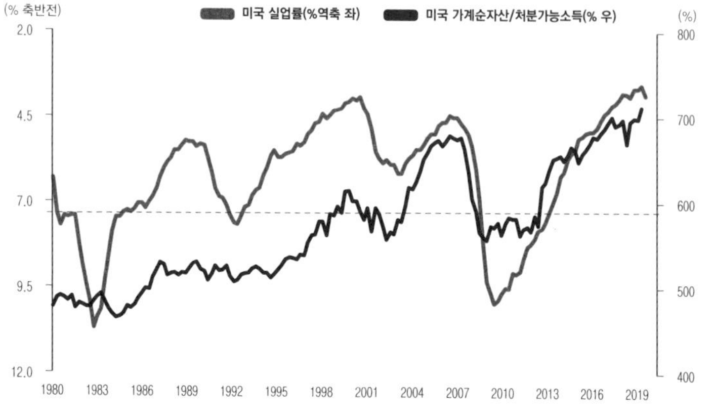

출처: FRB, Bloomberg

〈그림 4-7〉 미국 가계 순자산 비율과 미국 증시 시가총액

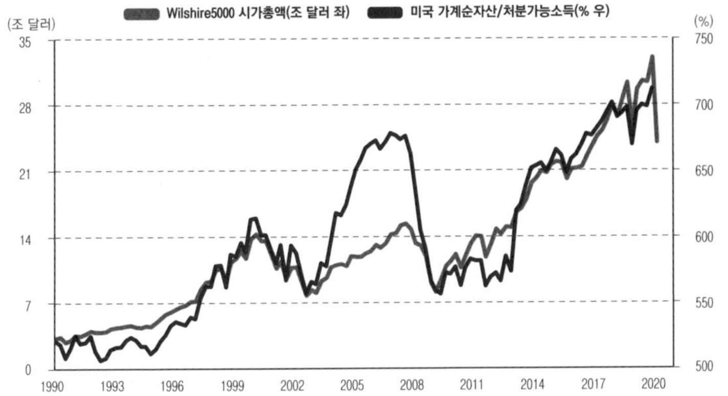

출처: FRB, Bloomberg

〈그림 4-8〉 미국 가계 순자산 비율과 명목 주택 가격

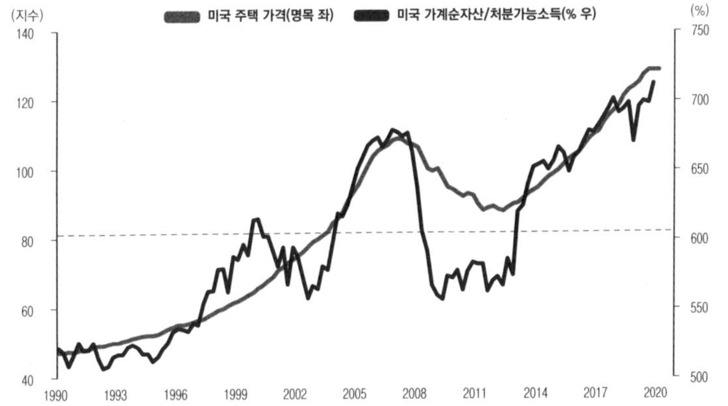

출처: FRB, Bloomberg

비 부채 비율이 높아져 부채조정 압력을 더 받게 되고 결국 경영활동(고용과 투자)이 위축된다. 1990년대 일본 기업이 장기간 그랬다. 가계도 주택 가격 조정기에는 신용이 줄고 빚을 갚기가 더 어려워져 소비지출이 위축된다. 특히 중국은 최근까지 주택 공급과 소비가 어느 나라보다 활발했는데, 기업 부채조정은 고용 위축뿐만 아니라 국가 전체의 성장동력을 감퇴시킨다. 부동산 관련 기업과 지방정부의 부채조정이 그림자금융의 부실화와 함께 생산이나 소비를 둔화시키는 중요한 연결고리이기 때문이다.

국가별로는 경제 규모GDP 대비 정부 부채비율이 높아진 이탈리아·스페인·프랑스·영국 등이 국가신용에 압박을 받을 수 있고, 기업 부채비율이 높은 터키·캐나다·프랑스 기업의 경우 신용등급 강등 위험이 커지고 있다. 또한 세계 평균보다 가계 부채비율이 높은 한국과 호주, 스웨덴, 캐나다 등은 상대적으로 민간 소비의 위축 정도가 클 수 있다. 특히 자영업자 비율이 OECD 국가 평균(15%)보다 월등히 높은 우리나라(25%)는 코로나19로 가계 부채조정과 소비 위축 위험이 큰 편이다.

풀린 돈의 효과와 유망 자산 찾기

통화 · 재정 정책의 특징과 유효성

각국은 코로나19가 촉발한 경기둔화에 마치 준비한 듯이 신속하고 과감한 정책을 쏟아냈다. 미국만 봐도 연준이 공급한 유동성과 연방정부의 부양책은 올해 미국 국내총생산 추정액의 26%에 달한다. 나라마다 조금씩 다르겠지만 우리는 다음과 같은 이유로 2008년 금융위기 때보다는 정책 효과가 대체로 낮을 것으로 판단한다.

첫째는 재정정책이다. 각국 정부는 재난 기본소득 지원과 세금 면제, 중소기업 및 항공산업 등 피해 산업에 재정을 투입하고 있다. IMF에 따르면 2019년 말 기준, 금융기관을 제외한 각국 정부와 기업, 가계의 총부채(총신용)는 188조 달러로 전 세계 GDP 대비 266%로 추정된다. 이 비율은 2007년 217%에서 금융위기를 거치면서 240%로 높아졌는데 이번 코로나19 사태로 또 한 번 치솟아 300%를 넘길 전망이다. 금융위기 이전과 비교하면 세계 부채가 실물 성장보다 2배속으로 증가하는 셈이 된다. 특히 신흥국 총부채는 주로 기업부채를 중심으로 2007년 9조 달러(GDP의 60%)에서 2019년 33조 달러로 급증해 이번 경기조정 과정에서 신흥국 기업부채 조정 압력이 작지 않을 것임을 예고하고 있다. 신흥국은 기축통화국인 선진국보다 실질 재정지출 여력도 제한적이다. 이처럼 각국의 부채는 지난 수년간 총체적으로 늘어나 대부분 국가의 재정수지는 10여 년 전보다 나빠져 있다. 더욱이 정부부채와 함께 기업부채도 늘어나 기업의 투자 여력이 위축돼 있고 가계부채 증대로 소비 또한 위협을 받고 있다. 기업이나 가계, 지방정부의 부채 급증은 아무리 중앙정부 부채비율이 안정돼 있다 해도 결국 최후의 대부자 역할을 하는 국가신용에 부담 요인이다.

둘째는 통화정책인데 화폐발행으로 연준이 매입한 자산 규모는 2020년 초 4조 달러에서 향후 10조 달러를 넘어설 전망이다. 과거에 금융시장 안정에만 집중했던 것과는 달리 연준은 이번엔 회사채 매입을 통해 기업에 직접 유동성을 공급하고 있다. 상당한 정책적 변화다. 이제 미국의 신용시장은 연준 없이는 작동할 수 없는 상황이 되어가고 있다. 다만 현재로서 분명한 건 통화팽창이 금융시장에 미치는 효과가 예전보다는 확실히 약할 것이란 점이다. 우선 과거보다 본원통화 대비 총통화 승수가 떨어져 있다. 미국의 본원통화 대비 광의의 유동성 배율은 2007년 말 9배에서 2020년 초 4배로 낮아졌다. 통화발행이 거의 다 자산매입으로 사용되고 늘어나는 민간 신용부실을 연준이 계속 사서 쌓아놓으면 시중유동성 증가는 더 제한될 것이다. 연준은 재무부 이자비용을 줄이고 금융안정을 돕느라 발행통화로 국채를 계속 사야 하고 민간이 필요로 하는 채무조정을 국가부채로 치환하는 부채 돌려 막기 작업을 계속해야 한다. 시중유동성 영향이 그만큼 낮다는 얘기다. 또한 지금처럼 연준이 특수목적기구SPVs를 통해 신용상품을 매입하면 금융시장이 안정되고 거래 기능이 정상화돼 과다한 채무를 진 기업이나 금융 투자가들의 퇴로는 마련되겠지만, 이는 결국 시중유동성을 잠기게 하는 결과를 초래한다. 왜냐하면 부채가 많은 한계기업과 좀비기업들이 유동성을 계속 흡수해 가므로 유동성을 퇴장시키고 자원을 비효율적으로 사용하는 결과를 낳기 때문이다. 중앙은행이 자원배분을 직접 수행한 '비효율'이란 이름의 부작용은 당장은 아니더라도 결국 반드시 있을 것이다.

한편 통화정책의 무제한open ended 지원은 과연 가능할까? 각국 정책금리가 이미 제로 금리 또는 한계선에 내려와 있어 주요 중앙은행들은 무제한 자산매입을 할 것이다. 하지만 그렇게 시행되는 비전통적 통화정책이 효과를 보는 건 일정 시차를 수반한다. 민간

〈그림 4-9〉 전 세계 부채 추이: 부채 위에 부채를 더 높이 쌓다

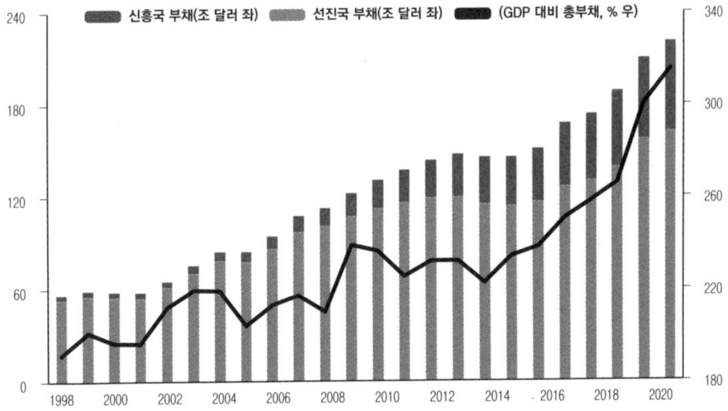

주: 부채는 금융기관을 제외한 정부, 기업, 가계부채의 합

출처: IMF

기업의 현금흐름이나 가계소득이 채무조정보다 빠른 속도로 줄면 채무자들의 부채 부담(소득 대비 부채원리금 상환 비율)은 늘어난다. 경기침체가 길어지면 신용경색 기간도 길어져 수익 대비(또는 소득 대비) 높은 이자비용을 감당하기 위해 더 많은 부채를 지는 채무자들이 늘어난다. 결국 미국을 비롯한 기축통화국들은 부채의 상당량을 국내에서 자국 통화로 조달함으로써 부채 함정, 즉 유동성 함정에 빠질 확률을 높이고 있다. 설혹 무제한 양적완화를 한다 해도 중앙은행들이 모든 신용시장을 대상으로 자산매입을 늘릴 수는 없다. 중앙은행이 부실기업 회사채를 포트폴리오에 더 많이 담을수록 더 많은 돈이 중앙은행 계정에 잠기게 된다. 유럽중앙은행ECB 자산은 코로나 이전에 이미 GDP 대비 40%를 넘어섰고, 연준의 자산/GDP 비율은 이번에 ECB 수준을 추월할 것이다. 정책 효과를 떠나 이젠 물리적인 한계에 부딪히고 있다는 뜻이다. 연준에 앞서 지난 10년간 공격적으로 자산을 사들인 일본중앙은행BOJ이나 ECB가 기대 이상의 통화정책 효과를 거둠으로써 일본과 유럽 경기가 통화정책에 힘입어 크게 개선되었다는 증거는 찾기 어렵다. 연준도 이제 이들의 뒤를 좇아가는 중이다.

풀린 돈, 다 어디로 가나?

시간이 지나면 회사채 등 신용시장은 어느 정도 정상화되어 있을 것이다. 그리고 팽창한 유동성은 지난 금융위기 이후 경험했던 여러 현상을 재현할 수도 있고, 아예 다른 상황을 연출할 수도 있다.

즉 늘어난 유동성이 세계 자산시장에 광범위한 거품을 만들 수도 있고, 아니면 예전보다 돈은 더 잠기고 자산 가격은 축 늘어질 수도 있다. 미국 총통화는 2007년 말 7.4조 달러에서 2019년 말 15.3조 달러로 2배가량 늘었는데 이번에도 미국 실질유동성은 비슷한 증가세를 보일 것이다. 통상 중앙은행이 돈을 푼 다음, 1~2년 정도 급한 부채조정이 일단락되면 돈이 돌기 시작하고 경기도 이륙한다. 이때부터 주식시장도 대세 상승의 각을 잡는 경우가 많다. 경기가 꺾이자마자 중앙은행이 돈을 풀지만 보통 그 효과는 리세션 진입 후 1~2년 정도 지나서 나타난다. 경기침체 초기엔 돈이 잘 안 돌고 경제활동을 끌어올리는 데 시간이 필요하기 때문이다. 경기침체 시작과 함께 중앙은행이 금리를 내리지만 실제 은행대출이 증가하는 것도 비슷한 시차가 있다.

물론 이 1차 유동성 효과가 나타난다고 해서 모든 문제가 풀리는 건 아니다. 신용시장에 일단 급한 불은 껐지만 아직은 모든 산업과 기업, 국가경제가 정상으로 돌아가는 건 아니다. 국가든 기업이든 한쪽에서는 불황 기운이 남아 있고 외국자본에 의존해 부채조정을 감당한 국가 중에는 환율 하락과 외국인의 자본회수로 달러유동성이 위축되기도 한다. 자국 화폐를 찍어내 부채조정을 한 선진국도 아직은 위험관리 모드이고 경기쇼크 여진이 나타날 수도 있다. 만약 경제 체력과 기업 체력이 약하다면, 이쯤에서 경기확장이 끝나기도 한다.

지난 2010년부터 2~3년 정도의 기간이 여기에 해당한다.

2010년부터 불거진 유럽 재정 취약국들의 국가부채 위기나 미국 신용등급 강등, 2013년 연방정부 셧다운 등 크고 작은 이벤트가 이 국면에서 일어났다. 당시는 이후 2차 유동성 효과와 혁신 성장 기업들의 약진에 힘입어 미국을 중심으로 세계 경기가 재확장에 성공했다. 만약 2008년 금융위기 때와 비슷한 상황이라면 2021년에 우선 1차 유동성 효과가 나타나고, 이어 일정 시험 기간을 거쳐 2차 효과가 나타날 것이다.

코로나19의 맹위가 잦아들면 세상은 일단 크게 안도하고 경기 회복에 대한 기대감도 높아질 것이다. 초기 반사적 경기반등이 추세상승으로 이어질지 여부는 이 1차 유동성 효과와 감염병 이면에 있는 금융부실과 경제의 건전성에 달려 있다. 이후 실적부진 국면을 얼마나 짧게 마무리하고 경기와 자산시장이 추세적 상승을 보일

〈그림 4-10〉 코로나19와 주가 패턴 예시

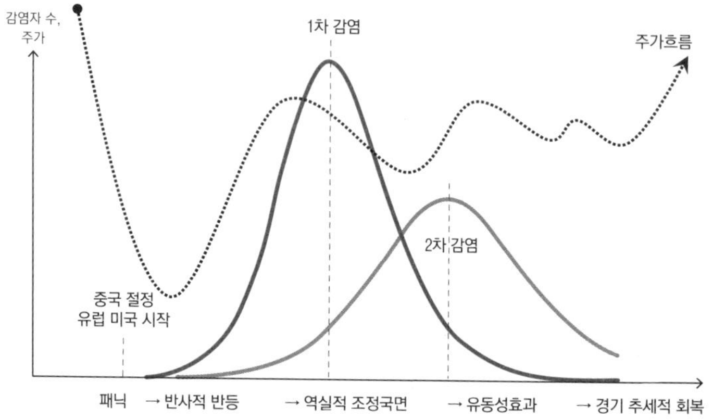

주: 주가흐름은 코로나19 상황을 고려해 패닉 후 반사적 반등, 중장기 펀더멘털 추종 장세 패턴을 예시한 것임.

지는 2차 유동성 효과와 기업들의 역량에 달려 있다. 글로벌 경기와 주식시장이 앞으로 L자나 W자형으로 우여곡절을 겪을 가능성이 커 보인다.

유동성 팽창에 주식이 가장 유망한 이유

코로나19 이후의 자산시장 환경과 유망 자산 등을 시간순으로 전망하면 다음과 같다. 물론 이런 전망도 세계 바이러스 확산이 2020년 상반기를 정점으로 진정되고 이후 간헐적 감염은 있을지라도 대유행은 없다는 기본 가정 아래에서의 전망이다. 시간 경과에 따라 다음 세 가지 관점에서 접근해봤다.

첫째, 단기 관점이다. 이번에도 이 초기 경기침체 기간을 결정하는 것은 경기의 내성과 정책 효과, 숨겨진 부채나 금융부실 등일 것이다. 그런데 전술한 바처럼 전 세계가 똑같이 공급과잉과 수요위축에 직면해 있고, 지난 경기확장 국면에서 똑같이 부채가 빠르게 증가했으며, 모든 국가의 정책 여력이 소진돼 있다. 이 점이 이 1단계 경기조정 기간이 역사적 평균 기간을 채워 적어도 2021년 말까지 세계 경제가 침체로 갈 가능성이 큰 이유다. 그렇다면 이 기간 중 주가반등은 여전히 제한적이고 금리는 낮게 유지될 것이다. 물론 이번엔 경제활동 멈춤과 경제재개라는 특수한 상황으로 2020년 상반기 경제가 최악이고 이후로는 지표의 빠른 개선이 있겠지만 이것이 반드시 경기호황을 뜻하는 건 아니다. 각국의 성장률은 잠재성장률 수준에 크게 못 미치고 고용도 코로나19 이전에 훨씬 못 미친다는 점에서 이 첫 단계는 명백한 수요부진, 디플레이션 국면이다.

이 시기에 각국이 강력한 부양정책을 펼치지만 주가나 크레딧 시장(낮은 신용등급의 회사채 등)이 바로 돌아서지 못하는 것은 전 세계 부채 풀pool이 워낙 커졌기 때문이다. 기업들은 투자를 줄이고 주주보상을 줄이며, 위기에 대비해 현금을 더 확보한다. 이 기간은 부채 사이클과 경기 사이클이 함께 조정을 받는 기간으로, 경기급랭이 금융위험을 높이고 소득이 채무조정보다 빠른 속도로 줄어들어 채무자들의 부채 부담이 여전히 높은 구간이다. 즉 부채 사이클이 경기를 위축시키는 국면이다. 특히 장기간 규제에서 벗어난 그림자금융이나 위험 예측이 어렵고 규제를 덜 받아온 대체자산 및 유동화자산, 각종 신용자산 등에서 문제가 계속 발생하는 국면이다. 레버리지로 산 자산 가격이 떨어지고 부채가 줄면 투자자나 채권자들의 순자산은 더 큰 충격을 받는다(『레이 달리오의 금융위기 템플릿』, 한빛비즈, 24쪽·41쪽). 자산 가격의 변동에서 생긴 각종 신용가치 조정부담도 높은 구간이다. 각국 회사채 시장, 중국 기업부채, 남유럽과 일부 신흥국 국가부채에서 소음이 계속 발생할 소지가 있다.

결국 이 기간에는 저금리와 양적완화라는 수요중심 정책이 경기와 자산시장을 돌려세우지 못한다. 따라서 위험회피 성향은 여전할 것이다. 달러가 강보합권에 머물고 신흥국 환율은 약세가 예상된다. 신용등급이 낮은 기업이나 국가 또는 개인의 부채조정 부담이 계속 높아 부채가 많은 채무자가 발행한 채권 가격이 하락(신용스프레드 상승)하고, CDSCredit Default Swap(신용 부도 스와프)는 오를 것이다. 지구촌 한편에서 금융위험이 줄지만 바이러스처럼 다른 한쪽에서는 위험이 커지는 상황이 예상된다. 이 국면에서는 주식, 부동산, 원유, 신흥국 자산 등 위험자산은 추세매매 대상이 아니라 아직 트레이딩 대상이다. 미국 국채, 적격 투자등급 국채와 회사채, 금, 현금성 안전자산을 여전히 높게 유지할 필요가 있다. 그래도 이 국면에서 가장 경쟁력 있는 위험자산은 주식이라고 본다. 다만 아직 리세션 기간이므로 보수적으로 접근해 기대수익을 낮추되 불황에서 살아남을 유망 배당주와 높은 성장 비전이 있는 우량종목에 제한적으로 접근하다가 다가올 본격적인 대세 상승 시점을 노려야 한다.

두 번째 단계는 경기는 여전히 어둡지만 경기에 앞서 주가가 오르는 국면이다. 급한 부채조정이 일단락되고 경기가 더 이상 나빠지지 않으면 위기 초기(2020년 상반기)에 풀린 유동성과 각종 부양책이 효과를 보기 시작하는 단계다. 이때 주가가 추세적으로 돌아서고 시중 자금이 위험자산으로 이동하는 것은 부채의 화폐화가 리세션 초기에 강하게 진행됐고 중앙은행이 앞서 디레버리징(부채조정) 충격을 흡수해줘 민간의 신용경색이 빠르게 해소되기 때문이다. 이 국면에서는 은행대출이 조금씩 늘고 금융시장 전반에 봄기운이 돌기 시작한다. 하지만 이 두 번째 단계도 여전히 트릭이 많다. 한 차례 더 가혹한 경기조정이나 부채조정이 찾아올 수도 있다. 반짝 경기회복 후 다시 디플레이션에 빠지거나 공급축소로 스태그플레이션(경기침체와 물가상승)이 올 수도 있다. 이번이 그렇지 않으리란 법은 없다. 따라서 장기 사이클상 경기와 신용이 어느 정도 조정받았는지를 확인하는 게 중요하다. 직전 경기확장(미국)과 부채(글로벌 신용) 사이클은 헤비급이었는데 그 조정은 초경량급이라면 뭔가 앞뒤가 맞지 않는다. 통상 리세션 종료 시점에 앞서 주가가 돌아서므로 투자자들은 정확한 주가 바닥을 놓치기 쉬운데 장기금리 반등은 그 변곡점을 알리는 중요한 신호 중 하나다. 이 국면에서는 앞으로 경기를 이끌 업종을 선제적으로 적극 편입하고 가격이 저렴해진 원유나 산업용 금속, 희귀금속 등도 매수 목록에 적극 올려놔야 한다. 구조조정으로 고생한 산업이나 낮은 신용등급의 회사채, 달러 약세 반전에 맞춰 신흥국 증시도 유망하다. 반면 다가올 금리 상승 국면에 앞서 채권 비중은 낮춰야 한다.

세 번째는 본격적인 실적 장세(중앙은행이 정책 기조를 긴축으로 전환하지만 경기확장을 확인하며 주가가 더 오르는 주식 장세) 국면이다. 물론 이 국면 초기에 경기와 주가가 살짝 조정을 보이기도 하는데 앞 단계를 놓쳤어도 아직 주식을 사는 데 늦지는 않다. 지난 2016년부터 미 연방준비위원회와 많은 중앙은행들이 금리를 올리기 시작했지만, 위험자산은 정작 이때부터 불이 붙었다. 실적 장세의 전형이다. 통화긴축에도 불구하고 총통화는 오히려 늘었고 이때부터 전 세계 집값과 상업용 부동산, 유가와 기타 원자재 가격이 상승 궤도를 탔다. 금리가 오르지만 돈이 도니 광범위하고 가파른 자산 가격 상승이 일어난 것이다. 지난번 이 실적 장세 국면에서 한 가지 특이했던 점은 집값 상승 기울기가 유동성 증가 속도보다는 낮았다는 점이다. 2008년부터 통화유통 속도가 떨어지고 물가상승률이 낮아진 연유인데 향후

〈그림 4-11〉 글로벌 유동성과 집값 및 주가 추이

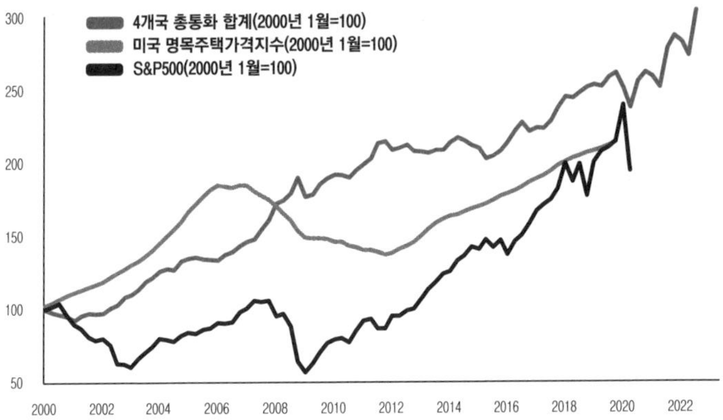

주: 2020년부터 2022년까지 총통화는 예상치. 2000년 1월=100
출처: 각국 중앙은행, Bloomberg 데이터를 참고해 KTB투자증권 추정

에도 그럴 것 같다. 금융위기 이전처럼 자산시장이 총통화 증가율을 앞섰더라면 더 폭발적인 집값 거품이 일어났을 것이다.

사실 2000년 이후 집값은 장기 물가 라인을 지지라인으로 발산과 수렴을 반복해왔다. 세계 실물자산시장이 경기와 더불어 유동성 함정에만 빠지지 않는다면 앞으로도 유사한 패턴이 재현될 것이다.

물론 다가올 이 세 번째 단계는 국가별 자산시장의 온도 차이가 클 것이다. 우리는 아예 1990년대 일본과 비슷한 장기 디플레이션 상황이 나타날 확률도 높다고 본다. 초저금리가 더욱 굳어져 명목금리가 기준금리의 마지노선까지 내려와 확장적 통화정책의 효과가 거의 사라지고 풀린 통화가 시장에서 계속 퇴장하면 수요 침체 기간이 예상보다 길어질 것이다. 이 경우 자산시장은 유동성 효과는커녕 장기 불황을 피할 수 없다. 하지만 이 문제는 추후 천천히 다뤄도 늦지 않을 것이다. 지금은 아직 1단계 상황이니까.

부동산과는 대조적으로 지난번 이 세 번째 단계에서 주가는 유동성 증가 기울기보다 훨씬 가파른 상승을 보였다. 즉 글로벌 증시가 다른 어떤 자산보다 유동성 수혜를 입었다는 뜻인데, 이는 강한 기업 성장 엔진과 자사주매입, 그리고 저금리 환경 속에서 양호한 배당이 뒷받침됐기 때문이다. 앞으로도 기술 발전과 생산성 혁신이 뒷받침된다면 다가올 이 세 번째 단계에서도 주식시장은 유동성 수혜를 가장 많이 받는 경쟁력 있는 자산군이 될 것이다. 코로나19로 온라인 기반의 세상은 더 빨리 안착될 것이고 저성장 시대에 고부

〈그림 4-12〉 글로벌 유동성과 미국 기업이익 및 배당금 추이

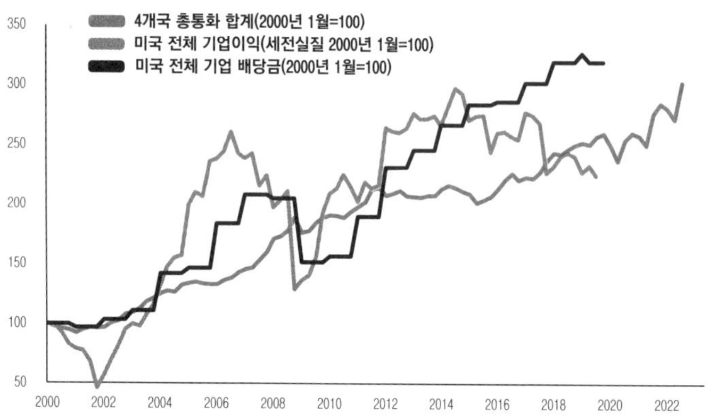

주: 기업이익과 배당은 비상장사 포함. 2000년 1월=100

출처: FRB, 각국 중앙은행, Bloomberg 데이터를 참고해 KTB투자증권 추정

가 성장 산업으로의 자본 쏠림도 강화될 것이기 때문이다.

지난번 이 세 번째 단계(2010~2019년)에서 글로벌 자본은 데이터센터, 인공지능, 소프트웨어, 셰일오일 개발, 신약 개발, 그리고 마지막엔 공유경제를 선택했다. 물론 그중에서도 자본 쏠림이 가장 컸던 곳은 데이터센터다. 시대가 필요로 하는 곳에 자본이 흘러들어갔고 그 돈이 성장산업의 생태계를 조성했다. 다음 글로벌 성장의 아이콘은 무엇인가? 코로나19를 겪으면서 세상은 이미 우리에게 많은 힌트를 주고 있는지도 모른다. 즉 보건 방역, 의료, 바이오 헬스케어, 백신, 치료제, 원격, 무인, 비대면un-contact, 로봇, 빅데이터, 인공지능AI, 이커머스E-commerce, 보안, 환경, 그린, 통신인프라(5세대 통신) 등이 그것이다. 지금 풀린 돈이 앞으로 이런 키워드로 빨려 들어갈 가능성이 커 보인다. 경제위기는 늘 차별화를 낳았고 이는 곧 투자의 기회를 의미한다.

또 하나의 유망 투자처 금, 그리고 달러 전망과 국가별 전략

코로나19와 관련한 중장기 달러 전망과 금, 국가별 전략이다.

우선 달러 환율인데, 경제가 리세션을 벗어나는 2021년 하반기까지는 글로벌 달러의 강세 압력이 여전할 것이다. 달러 구하기가 어려운 것은 세계 여러 곳에서 동시에 부채조정이 진행되고, 경기부진으로 여전히 안전통화 인기가 높기 때문이다. 특히 기축통화국들이 대규모 국채를 찍어내 달러유동성을 계속 흡수하는 것도 달러 품귀의 한 요인이다. 이에 따라 외환 사정이 취약한 신흥국과

〈그림 4-13〉 미국 국가부채 비율과 금 가격 추이

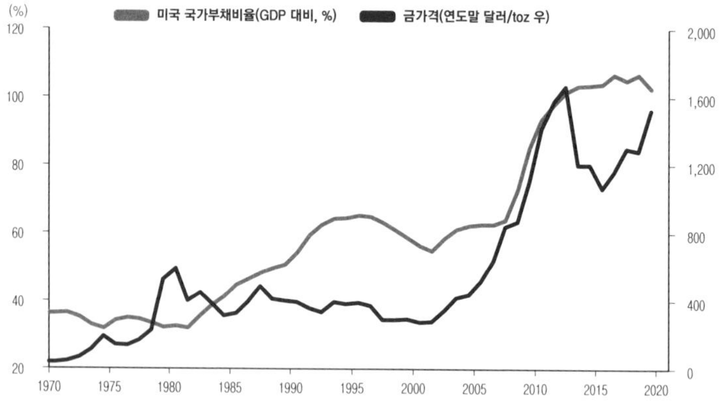

출처: FRB, Bloomberg

〈그림 4-14〉 미국 재정수지와 금 가격 추이

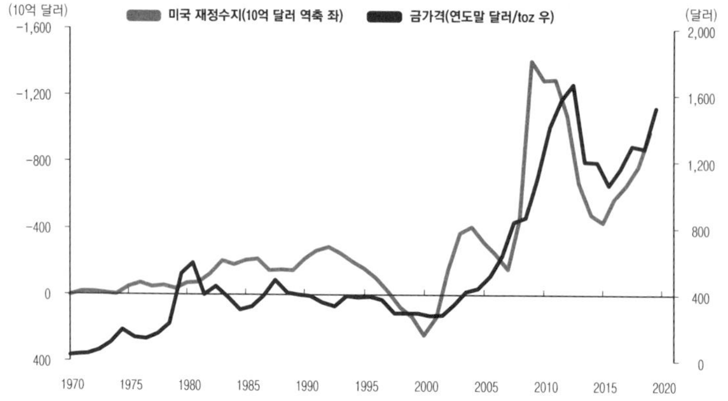

출처: FRB, Bloomberg

역외 부채가 많은 금융기관 또는 그런 기업을 다수 지닌 국가의 환율은 약할 것이다. 글로벌 달러 강세에도 다행히 우리나라 원화환율은 여타 신흥국에 비해서는 상대적으로 강할 것이다. 한국 신용등급과 채권시장이 아직 매력적이고 증시 밸류에이션도 나쁘지 않아 외국인들이 크게 이탈할 가능성이 작기 때문이다. 또한 경기둔화 국면에서 한국의 무역수지는 불황형 흑자를 보이는 성향이 있어 원화가치를 어느 정도 방어해줄 것이다. 다만 재정수지 적자가 늘고 있고 GDP 대비 국가부채 비율도 오를 것이므로 원화의 독자적인 강세는 쉽지 않아 보인다. 여기에 가계부채가 소음을 일으키거나 중국 기업부채가 통제권을 잠시 벗어난다면 원화가치는 일시나마 크게 흔들릴 수 있다.

둘째는 통화질서 변화와 금값이다. 금값은 당분간 강세가 예상된다. 주기적으로 터지는 금융위기는 전 세계를 거대한 부채 덩어리로 만들고 있다. 미국의 국가부채 증가와 재정수지 악화는 금 가격을 강세로 만들기에 충분한 요인이다. 2020년 각국의 부채비율 상승은 장기간 누적된 부채의 연장선상에서 봐야 한다. 즉 부채 위에 부채가 또 쌓여 화폐가치의 하락 압력이 전 세계 공히 높아져 있는 상황이다. 부채비율 상승과 재정적자 확대는 중앙은행으로 하여금 자산매입QE을 통해 장기 금리를 안정시키도록 하고, 이는 이자비용 상승과 재정적자 확대라는 악순환으로 이어진다. 하지만 여기에 아이러니가 있다. 미국 국가부채 비율이 높아지고 있지만 전 세계가 모두 같은 문제를 안고 있다면 기축통화 지위가 확고하고 재정정책이 보장된 국가(미국)가 다른 지역(유로존이나 신흥국)보다 당연히 안전 통화로 평가될 것이다. 이 점이 달러가치는 크게 떨어지지 않는데 금 가격은 강세를 보일 만한 이유다. 시간이 갈수록 금 가격은 글로벌 통화체제 전반의 신뢰 저하를 반영하는 지표 역할을 할 것이다.

끝으로 국가별 전략이다. 코로나19로 인한 세계 경기부진 국면에서는 정부와 기업의 부채비율이 모두 높은 국가의 환율이나 자산은 주의를 요한다. 경기침체가 길어지면 국가와 기업의 신용등급 강등 사례가 늘어날 것이다. 또한 부채조정 과정에서 터지는 크고 작은 파열음은 필연적으로 환율이나 주가, 금리의 높은 변동성을 부를 것이다. 부채조정 측면에서 특히 주목할 곳이 바로 중국이다.

〈그림 4-15〉 국가부채와 기업부채가 동시에 증가한 국가 유의

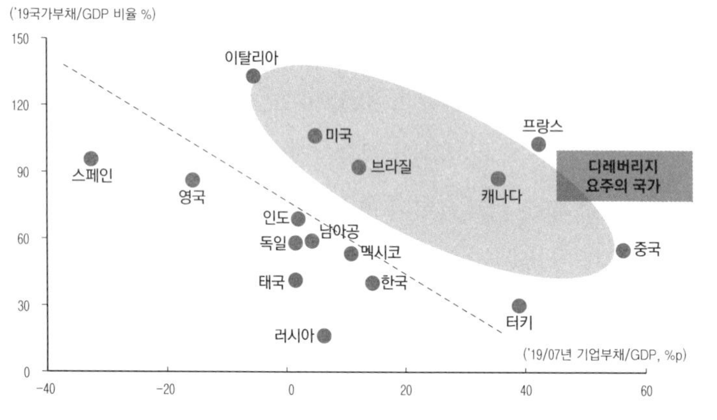

주 1: 음영 부분은 현재 국가부채 비율이 높고 2007년 이후 기업부채 증가폭도 큰 국가.

주 2: 국가부채/GDP 비율이 높은 일본(240%)과 산업 특성상 기업 부채비율이 높은 홍콩(97%)은 제외함.

출처: Bloomberg

중국은 기업 부채비율이 높아 이번 코로나19의 경기충격으로 세계에서 부채조정이 가장 빠른 국가로 기록될 가능성이 있다. 이는 단기로 중국 경제가 크게 고전할 수 있음을 뜻한다. 하지만 동시에 중국 산업의 구조조정이 빨라질 수도 있다는 의미이기도 하다. 어떤 측면에서 이번 코로나19가 중국에는 오히려 전화위복의 기회를 제공할 수도 있다. 그간 저금리 우산 아래 버티던 좀비기업들이 빠르게 정리되고 기업부실을 털어낸다면 중국 경제는 보다 건전해질 것이다. 물론 지금 당장은 아니다. 중국 경제가 양적 성장은 둔화되나 질적으로 한 단계 더 도약하는 과정을 살펴 중국 투자 기회를 엿봐야 한다.

5장

경제정책의 대전환, 바이러스 Before & After

한화투자증권 수석 이코노미스트 **김일구**

악마는
디테일에 있다

우리는 '코로나19 감염증'을 일으키는 바이러스인 '사스-코로나바이러스-2SARS-CoV-2'에 대해 아직 잘 모른다. 이 바이러스가 어디서 생겨났고 우리 몸을 언제, 어떻게 공격하는지 알지 못한다. 『손자병법』으로 말하자면 아군은 아는데 적은 모르는 것이니, '부지피이지기 일승일부不知彼而知己 一勝一負' 상태다. 우리가 백신이나 확실한 치료제를 만들어서 바이러스와의 싸움에서 이겨 곧 정상 생활로 돌아갈 수 있을지, 아니면 이번 바이러스가 독감 수준으로 약화될 때까지 긴 시간 동안 자가격리와 사회적 거리 두기 또는 도시 폐쇄를 반복해야 할지 하늘에 맡겨둘 수밖에 없다는 뜻이다.

그래서 현재 마이너스 성장을 하고 있는 글로벌 경제가 언제쯤 회복을 할 수 있을지, 국제분업 체제로 구축된 글로벌 공급체인은 예전처럼 유지될지, 바이러스가 지난 후의 경제활동이 지금과 같은 모습일지 아닐지 알 수 없다. 이번 바이러스가 2003년 사스나

2015년 메르스처럼 몇 달 머물다 사라지는 것이 아니라는 점은 확실해졌지만, 1918년 스페인독감처럼 2년간 글로벌 경제활동을 계속 위축시킬 정도의 위력을 가졌는지 어떤지 알 수 없다.

낙관적으로 보면 전 세계 바이러스 확산은 4월에 정점을 찍고 둔화되고, 5월 이후 정상적인 경제활동으로 순차적 복귀가 가능할 수 있다. 이 경우라면 상반기에 기록한 1929년 대공황 이후 최악의 글로벌 경제 상태는 하반기에 V자형으로 급반등할 수 있다. 비관적으로 보면 2020년 10~11월에 두 번째 바이러스 확산이 전 세계적으로 나타나고, 3~4월의 도시 폐쇄와 경제 타격이 늦가을에 또 발생할 수도 있다. 이 경우라면 본격적인 경제 회복은 2021년 봄까지 기다려야 할 것이다.

모든 것이 불확실하지만, 확실한 것도 있다. 지금까지 늘 그랬듯이 정부와 중앙은행이 경제 악화를 막기 위해 가능한 정책 수단을 총동원하리라는 점이다. 정책금리를 낮추는 통화정책과 정부의 지출을 늘리는 재정정책이 이번에도 사용될 것이다. 다만 과거와는 정책의 방향이 다르리라는 점에 주목해야 한다. 돈이 풀려나가는 것은 맞지만, 그 돈의 성격이 다를 것이다. 또 풀린 돈이 경제 내에서 돌아다니는 길도 예전과는 달라질 것이며, 그 결과 풀린 돈이 자산 가격과 우리의 일상에 미칠 영향도 다를 것이다.

'악마는 디테일에 있다'고 했다. 정부와 중앙은행이 침체의 나락으로 추락하는 경제를 살리기 위해 과감한 정책을 쓰고, 그 과정에서 돈이 시중에 풀려나가는 것은 예나 지금이나 같을 것이다. 다만 우리가 주목해야 할 것은 그 돈의 디테일, 즉 전달경로다.

지난 10년간 통화정책 위주였던 글로벌 경제정책

2000년 닷컴버블 붕괴 이후 전 세계는 통화정책에 과도하게 의존해왔다. 경제정책에는 중앙은행이 전면에 나서서 금리를 낮추고 대출이나 양적완화를 통해 시중에 돈이 늘어나게 하는 통화정책도 있고, 정부가 의회의 승인을 받아 연간 예산을 늘리거나 추경을 편성하는 방식으로 돈이 늘어나게 하는 재정정책도 있다. 통화정책을 쓰면 정부나 중앙은행의 빚이 늘어나지 않는다. 시중에 풀려나가는 돈은 중앙은행이 무에서 유를 만든 돈, 즉 화폐를 찍어서 만들어진 돈이기 때문이다. 그리고 중앙은행은 이 돈을 빌려줬기 때문에 나중에 상환을 받고, 그러면 돈은 사라진다. 양적완화를 했더라도 중앙은행이 매입한 채권에 만기가 있으니, 결국 시간이 지나면 처음에 중앙은행이 썼던 돈을 돌려받는다. 이와 달리 재정정책을 쓰면 그만큼 국가의 부채가 늘어난다. 중앙은행은 정부가 쓰겠다는 돈을 찍어주는 것이기 때문에 무에서 유가 만들어지는 것이 아니고, 시중에 늘어난 돈은 나중에 세금을 더 걷어서 갚아야 할 정부의 부채가 된다.

지금까지 오랫동안 통화정책을 써왔지만 이제 통화정책의 여력이 바닥났기 때문에 재정정책을 쓸 수밖에 없다. 유럽중앙은행ECB과 일본중앙은행BOJ은 이미 2016년에 기준금리를 제로로 낮췄고, 미 연준도 바이러스 확산 초기에 연방기금 금리를 제로로 낮췄다. 한국은행은 기준금리를 0.75%까지 낮췄지만, 사실상 제로 금리까지 낮췄다고 봐야 한다. 주요 선진국과 한국의 금리가 같으면 급격한 자본유출 위험이 있어서 어느 정도는 한국의 금리가 높도록 내외 금리차를 유지해야 하기 때문이다.

앞으로 경제정책의 중심이 재정정책으로 바뀔 것인데, 벌써부터 재정정책의 효과가 없을 것이라는 비관론이 제기되고 있다. "통화정책이든 재정정책이든 결국 돈을 푼다는 것 아닌가? 지난 10년간 중앙은행이 금리를 낮추고 양적완화를 해서 돈을 풀었는데 경제는 좋아지지 않았다. 그런데 지금 정부가 돈을 푼다고 해서 별 효과가 있겠는가?"와 같은 논리다.

맞다. 통화정책이든 재정정책이든 결국 돈이 풀려나간다. 그러나 돈이라고 모두 같은 돈이 아니다. 중앙은행이 금리를 낮춰 돈을 풀었다고 할 때의 돈은 빌려준 돈이며, 받은 쪽에서는 나중에 갚아야 할 돈이다. 돈을 낮은 금리로 빌려주면, 아무래도 신용이 높고 담보를 많이 가진 돈 많은 기관이나 개인들이 많이 빌려 갈 것이다. 이들은 애초에 빌려온 돈으로 소비나 투자를 늘려야 할 정도로 돈이 부족한 상태가 아니었을 것이다. 그래서 새로 빌려온 돈을 주식이나 채권, 부동산 등에 투자할 것이다. 그러나 정부가 재정정책을 통해 쓰는 돈은 빌려주는 돈이 아니라 그냥 주는 돈이다. 이때 정부로부터 돈을 받는 사람들은 대부분 고소득층이 아니라 저소득층일 것이며, 이들은 이 돈으로 주식이나 채권, 부동산을 사지 않고 소비에 쓸 것이다.

또 중앙은행이 돈을 찍어 채권시장에 주고 국채를 매입하는 양적완화를 하면, 이 돈은 금융기관들의 포트폴리오를 바꾸게 된다. 포트폴리오에서 국채가 줄어들고 현금 유동성이 늘어날 것인데, 금융기관들은 이 현금 유동성으로 다시 채권이나 주식, 부동산을 사게 된다. 즉 중앙은행이 양적완화를 통해 푼 돈은 기업의 실물 투자와 소비 등 실물경제로 나가는 것이 아니라 금융투자의 형태로 떠돌게 된다는 뜻이다. 그러나 정부가 재정정책을 통해 돈을 푼다는 것은 도시 폐쇄나 사회적 거리 두기로 소득이 감소한 사람들에게 소득을 보전해주고, 일자리를 잃은 사람들에게 실업수당을 주고, 근로장려금을 주거나 연금지급, 세액공제 등 기업의 투자와 소비 등 실물경제와 직접 관련된 영역에 국한된다.

〈그림 5-1〉과 같이 통화정책은 금융시장에 돈을 풀어 시장가격을 바꾸고 그 돈이 건설 및 기업투자로 옮겨가도록 하는 것이며, 재정정책은 구매력이 있는 돈을 직접 풀어서 이 돈을 벌기 위해 건설이나 기업 투자가 일어나도록 하는 것이다.

통화정책의 장점은 가격 체계를 바꾸고 사람들의 행동을 바꿔서 경제를 개선하기 때문에 효과가 장기적으로 지속된다는 것이다. 통화정책으로 풀린 돈이 금리를 낮추고 주가와 부동산 가격을 높

〈그림 5-1〉 통화정책과 재정정책의 전달경로 차이

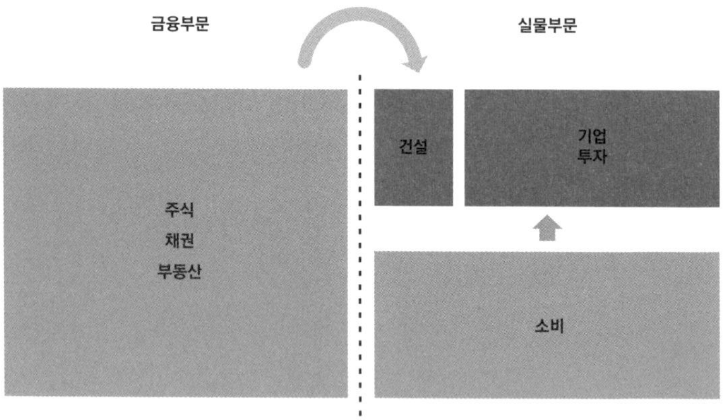

이면, 집을 짓는 데 드는 비용과 비교해 집값이 높아지고 또 기업을 만드는 데 드는 비용과 비교해 주가가 높아진다. 이렇게 되면 사람들은 건설 투자를 해서 집을 지어 팔고 기업투자를 해서 비싼 값에 주식을 팔려고 할 것이다.

통화정책의 단점은 금리를 아무리 낮추고 주가를 아무리 높여도 돈이 실물경제로 옮겨가지 않고 금융시장에 머물면서 자산 가격 버블을 낳을 위험이 있다는 점이다. 일반적으로 부동산 가격이 올라가면 부동산 투자가 늘어나는 효과는 확실하다. 지난 20년간 완화적인 통화정책을 통해 부동산 가격을 올려서 전 세계적으로 부동산투자는 확실히 크게 늘어났다. 그러나 금리를 낮추고 주가를 올려도 기업투자는 늘어나지 못하고 있다. 이에 대해서는 여러 가지 추론이 가능하겠지만, 아마존과 구글 등 넘볼 수 없는 높은 기술력을 갖춘 기업들이 전 세계 여러 산업 분야로 손을 뻗치고 있어 더 이상 어설프게 대충 투자해서는 살아남을 수 없는 경쟁 환경이기 때문인 것 같다. 즉 기업에 요구되는 초기 기술적 장벽이 너무 높아서 새로운 기업의 탄생이 어렵다는 것이다. 이 때문에 완화적인 통화정책은 결국 실물경제를 개선하지는 못하고 자산 가격 버블만 낳다가 버블 붕괴를 겪을 것이라는 비관론도 꽤 많다.

반면 재정정책은 소비와 기업투자 등 실물경제에 직접 돈을 쓰기 때문에 단기적인 경제성장률 제고 효과는 의심할 여지가 없다. 경기침체나 자연재해 때문에 추경을 집행하면 그 자금의 약 40~50%가 1년 이내의 GDP에 추가된다. 그렇지만 재정정책으로 돈을 풀다가 인플레이션을 겪은 사례가 워낙 많기도 하고, 정부부채의 증가와 세 부담으로 경제활력이 약화되는 사례도 많았다.

통화정책과 재정정책이 각각의 장단점을 갖고 있기 때문에 경제성장률을 높이기 위해서는 두 가지 정책을 적절히 섞어서 시행할 필요가 있다. 그러나 지난 10년간 주요 선진국들은 통화정책만 써왔다. 이유는 〈그림 5-2〉에서 보는 것처럼 2008년 글로벌 금융위기 때 겪은 재정지출이 너무 큰 충격이었기 때문이다. GDP 대비 재정지출이 미국 11%, 일본 9%, EU 4%에 이르렀다. 이렇게 재정이 악화되자 투자자들이 국가부도 사태를 우려하면서 국채를 투매하는 일이 빚어졌다. 2009년 아랍권 국가들에 대한 국채투매에서 시작된 재정위기는 2010년 포르투갈, 아일랜드, 이탈리아, 그리스 등 4개국을 'PIIG 국가'라 부르게 된 유럽 재정위기로 이어졌다. 2011

〈그림 5-2〉 미국, EU, 일본 정부의 GDP 대비 기초재정수지

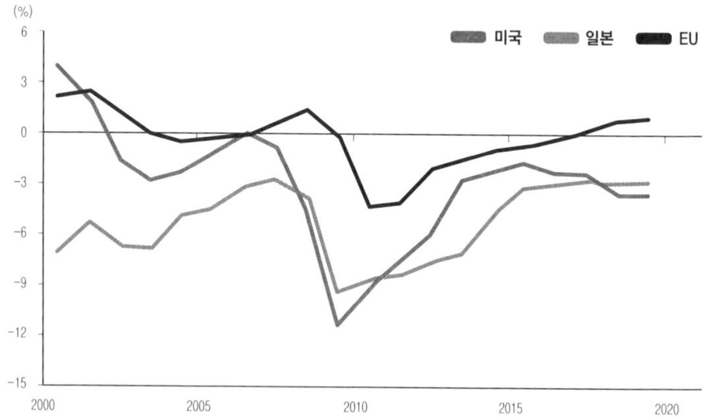

출처: IMF

년에는 미국 연방정부의 부채한도debt limit 협상에서 불거진 공화당과 민주당 사이의 재정 갈등이 S&P의 국가신용등급 강등으로 이어지면서 부채위기로 치달았다. 한국도 예외가 아니었다. 2011년 8월 부채위기로 코스피는 2300포인트에서 1600포인트대까지 추락했다가 안정을 찾았지만, 이후 2016년까지 5년간 주가지수가 박스권에 머무는 '박스피' 장세가 지속될 정도로 그 충격이 오랫동안 지속됐다.

재정이 악화되자 주요국의 신용등급 강등이 이어졌다. 독일은 최고 신용등급인 AAA를 유지할 수 있었지만 미국은 AAA에서 2011년 8월 AA+로 강등됐고, 프랑스는 AAA에서 2012년 1월 AA+, 2013년 11월 또 한 번 AA로 강등됐다. 일본도 2011년 1월 AA-, 2015년 9월 A+로 국가신용등급이 낮아졌다. 이탈리아와 그

리스는 각각 BBB와 BB까지 강등됐다. 같은 기간, 국가부채를 낮은 수준으로 유지하며 재정건전성을 지킨 한국의 국가신용등급이 AA까지 높아진 것과 대조된다. 국가신용등급이 강등되고 국가부도 우려까지 제기되자 주요 선진국 정부는 재정을 긴축하는 것 이외에 다른 대안이 없었다. 재정충격을 일찍 벗어난 미국은 2016년부터 재정긴축의 고삐를 늦추고 2017년에는 대규모 감세정책도 쓸 수 있었지만, 유럽과 일본은 2019년까지 재정긴축을 계속해야 했다.

통화정책과 재정정책의 역사: 재정정책을 소환하는 이유

1930년대 대공황을 겪을 때까지는 어느 나라에서도 정부나 중앙은행이 재정정책이나 통화정책을 적극적으로 사용하지 않았다. 각국의 통화가치를 금에 고정하는 고정환율제였기 때문에, 국제수지 흑자로 금이 유입되면서 통화가치가 올라가면 금리를 낮춰 금의 유입을 억제하고 통화가치를 다시 안정시키는 소극적인 통화정책을 쓰는 것이 일반적이었다. 경기부양을 위해 인위적으로 화폐발행을 늘리거나 금리를 낮추거나 정부재정을 동원하는 정책은 고정환율제를 무너뜨릴 위험이 컸다. 대공황 이전에는 각국이 통화가치를 안정시켜 국제 무역질서를 유지하는 것이 모두에게 도움이 된다고 믿었다.

그러나 대공황으로 물가가 하락하고 성장률이 추락하자 인위적인 경기부양책을 쓸 수밖에 없었다. 금본위제 시대에는 이 경우 금리를 높여 금의 유입을 촉진했겠지만, 대공황으로 전 세계가 어려웠기에 금리를 높인다고 해도 국내로 유입될 금이 없었다. 또 근로자들에게도 투표권이 부여되면서 더 이상 돈의 가치를 지키기 위한 긴축정책은 정치적으로 선택 가능한 옵션이 아니게 됐다. 그래서 돈을 찍어 경기를 부양하는 인위적인 정책이 대공황 시기에 처음으로 정상적인 경제정책으로 인정받게 됐다.

〈그림 5-3〉의 미국 사례를 보면, 대공황 이전에는 GDP에서 정부지출이 차지하는 비중이 1%에 불과했다. 그러나 대공황 이후 정부의 적극적인 재정정책이 시작되면서 정부지출의 비중은 GDP의

〈그림 5-3〉 GDP 대비 미국 연방정부의 지출

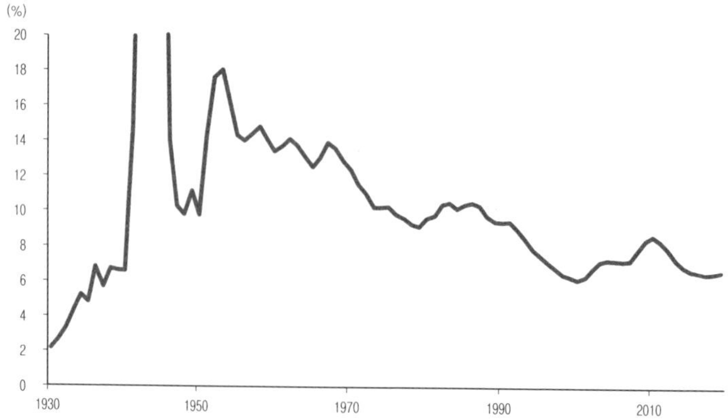

주: 제2차 세계대전 기간(1942~1945년)은 제외. 이때 미국 연방정부의 지출(GDP 계정의 세출)은 GDP의 34~45%까지 높아짐.

출처: 미 상무부 경제분석국

6%대까지 높아졌고, 제2차 세계대전 시기에는 45%까지 높아지기도 했다.

제2차 세계대전 이후에도 정부의 재정지출은 줄어들지 않고 GDP의 10% 이상을 유지했다. 재정정책으로 총수요를 안정적으로 유지하면서 경제는 높은 성장률을 지속했고, 이렇게 해서 정부재정이 좋아지니 복지지출을 더 늘릴 수 있었다. 재정정책으로 경제성장률이 높아지고, 경제가 성장하니 세금이 더 걷혀서 재차 재정정책의 여력이 확보되는 선순환 구조였다. 제2차 세계대전 이후 오랫동안 물가도 낮은 수준을 유지했다. 이 때문에 1971년 닉슨 대통령은 "이제 우리는 모두 케인지언이다"라며 재정정책의 유용성을 극찬하기도 했다.

그러나 〈그림 5-4〉에서 보듯이 1970년대 두 차례 오일쇼크로

〈그림 5-4〉 미국의 물가상승률

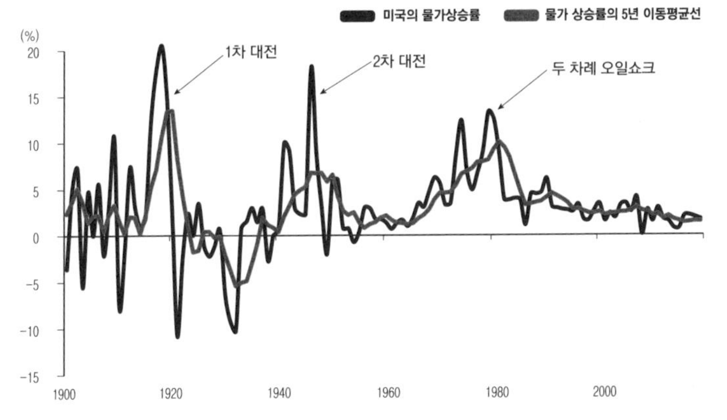

출처: IMF

물가상승률이 급등하고 난 이후 재정정책의 무력함이 드러났다. 물가급등에 수요 위축으로 인한 경기침체가 겹친 스태그플레이션 상황에서 각국 정부는 그동안 해오던 총수요 확대를 위한 재정정책을 계속 썼다. 그 결과 인플레이션은 잡히지 않았고, 인플레이션 때문에 위축됐던 소비와 투자는 재정정책으로도 회복되지 못했다. 재정정책은 1930년대 디플레이션에는 강력한 힘을 발휘했지만 1970년대 인플레이션 앞에서는 속수무책이었다.

인플레이션을 잡기 위해서는 정부의 역할을 줄이고 정부로부터 독립적인 중앙은행이 수행하는 통화정책이 필요했다. 로널드 레이건 미국 대통령은 냉전이 끝나가던 1986년 정부지출을 줄이기 위한 프로그램을 시작하며 "저는 당신을 돕기 위해 정부에서 나왔습니다I'm from the government and I'm here to help"라는 말이 영어에서 가장 무서운 아홉 단어라고 말했다. 큰 정부가 아닌 작은 정부를 지향한다는 것이다. 미 연준의 폴 볼커 의장이 1980년에 경기침체 위험에도 불구하고 연방기금 금리를 20%까지 끌어올려 인플레이션은 이미 진정시켜놓은 상태였다. 작은 정부를 내세운 레이건 대통령과 돈의 가치를 떨어뜨려서는 안 된다는 매파 볼커 연준 의장의 정책이 겹치면서 인플레이션이 잡혔고 글로벌 경제는 장기간의 호황에 들어갔다. 볼커에 이어 앨런 그린스펀이 연준 의장을 맡고 난 이후에는 통화정책에 대한 신뢰가 더 높아졌고, 금융 투자자들은 거리낌 없이 그린스펀을 '세계의 경제 대통령'으로 추켜세웠다.

그러나 2000년대 들어서면서 통화정책도 한계를 보이기 시작했다. 물가상승률이 낮아져 연간 2~3%에서 안정됐으면 좋겠는데, 계속 낮아져서 이제는 디플레이션을 걱정하는 단계에 이른 것이다. 특히 2008년 이후 벤 버냉키 미 연준 의장과 마리오 드라기 유럽중앙은행 총재가 양적완화와 마이너스 금리라는 극단적인 통화정책을 써봤지만, 디플레이션과 낮은 경제성장률 문제는 해결되지 않고 자산 가격만 끌어올리는 부작용을 낳았다. 자산 가격은 오르고 경제성장률은 높아지지 못하니 부익부 빈익빈 현상이 더 심해지고, 여러 나라에서 극우와 극좌 정치세력이 등장하게 됐다.

바이러스 확산 때문에 파격적인 경제정책이 필요해지기도 했지만, 바이러스 문제가 없었어도 경제를 안정시킨다는 경제적 이유뿐만 아니라 사회 질서를 유지한다는 정치적 이유에서라도 실물경제의 디플레이션과 자산시장의 인플레이션을 막는 새로운 경제정책이 필요해졌다. 금리 인하와 양적완화 정책이라는 통화정책으로는 실물경제의 디플레이션과 자산시장의 인플레이션을 더 가속화할 수밖에 없을 것이다. 그렇다면 1930년대 디플레이션에 효과적인 처방이었던 재정정책을 다시 꺼내면 어떨까? 이제 전 세계가 재정정책으로 가는 것은 케인지언이어서가 아니라 인플레이션을 두려워하지 않기 때문이다.

정부재정의 비밀: 금리와 성장률의 차이

재정정책은 만능일까? 경제학에서는 재정정책이 세 가지 부작용을 갖고 있다고 말한다.

첫 번째 부작용은 인플레이션이다. 케인스가 재정정책을 주장하던 1930년대부터 이미 '재정정책이 경제성장률을 높이는 것은 단기에 그치고, 길게 쓰면 인플레이션만 낳는다'라는 데 경제학자들 사이에 큰 이견이 없었다. 여기서 단기라 하면 2~3년 정도를 말한다. 재정정책이 단기에 성장률을 높이고 그래서 세금이 더 걷혀 다시 재정이 건전해지는 선순환 국면에 들어가면 좋겠지만, 실제로는 재정정책의 효과가 단기간에 끝나고 계속 재정을 더 써야 하는 상황에 내몰린다는 것이다. 그러면 돈의 값어치가 떨어지는 인플레이션이 발생할 것이다. 많은 사람이 바이러스와 전 세계적인 경기침체로 인플레이션이 아니라 디플레이션이 올 것으로 생각하지만, 인플레이션에는 수요견인 인플레이션만 있는 것이 아니라 비용 상승 인플레이션도 있고 돈값이 떨어져서 상대적으로 물건값이 높아지는 인플레이션도 있다. 그렇다 해도 인플레이션은 이제 내쫓아야 할 괴물이 아니라 두 손 들고 환영해야 할 존재이니 이 부작용은 괜찮다.

두 번째 부작용은 구축crowding-out 효과다. 구축 효과란 정부가 지출을 늘리면서 민간투자를 위축시키는 것을 말한다. 정부가 지출을 늘리려면 국채를 발행해야 한다. 이 국채를 투자자들이 사게 되는데, 국채의 발행 물량이 많다면 투자자들은 다른 투자, 가령 회사채 투자를 줄여야 할 것이다. 즉 정부가 필요한 돈을 확보하기 위해 민간이 쓸 돈이 부족해지는 것이다. 이를 정부지출이 민간투자를 내쫓는다는 뜻으로 구축 효과라고 한다. 그러나 이 부작용도 이제는 크게 걱정할 것 없다. 중앙은행이 양적완화 정책으로 돈을 찍어 국채를 사면 되기 때문이다. 게다가 금리가 제로이니, 국채를 산다고 해서 회사채를 덜 사지는 않을 것이다.

세 번째 부작용은 리카도 동등성Ricardian equivalence이다. 정부지출은 그만큼 세금을 더 걷어서 갚아야 한다. 그런데 지금 세금을 더 걷지 않고 지출을 늘린다면, 결국 그 빚은 미래 세대의 부담으로 넘어갈 것이다. 당장 더 많이 먹기 위해 미래에 먹을 식량을 끌어다 쓰는 것이다. 그래서 정부지출이 늘어나면 사람들은 미래에 세금 부담이 증가할 것을 걱정해 그만큼 지출을 줄인다는 것이다. 또는 세율이 낮은 나라로 이민을 가거나, 괜히 세금을 더 낼 일이 생기는 투자는 하지 않게 된다는 것이다. 그래서 정부지출의 증가는 민간지출의 감소로 상쇄된다는 주장이다.

국민들의 조세저항이 정부지출의 한계를 결정할 수 있다는 뜻이다. 그래서 이론적으로는 정부가 무한대로 지출을 늘릴 수 없고, 정부가 빌려서 지출할 수 있는 한계인 부채한도가 있다. 그리고 이 부채한도는 성장률과 금리, 그리고 국민들의 조세저항에 의해 결정된다. 이 관계를 '기초재정수지primary fiscal balance 반응함수'와 '부채에 대한 이자부담'의 관계에서 살펴보자(Atish R. Ghosh, Jun I. Kim, Enrique G. Mendoza, Jonathan D. Ostry and Mahvash S. Qureshi, "Fiscal Fatigue, Fiscal Space and Debt Sustainability in Advanced Economies," NBER Working Paper, 2011).

정부가 재정수입보다 더 많이 지출하면 재정수지가 적자가 된다. 재정지출에서 이자로 지출한 금액을 차감한 재정수지를 기초재정수지라고 한다. 기초재정수지의 흑자가 이자 지급 금액보다 크면 전체 재정이 흑자이고, 작으면 적자일 것이다. 기업이 번 돈으로 이자를 낼 수 있느냐는 이자보상배율과 비슷한 개념이라고 보면 된다. 정부가 여러 가지 이유로 빚을 늘리면 이자부담이 커지기 때문에 기초재정수지의 흑자도 커져야 한다. 정부의 재정흑자를 위해서는 더 많은 세금을 걷거나 복지혜택을 줄여야 하기 때문에 국민에겐 그만큼 고통이 따른다. 그 고통이 그렇게 심하지 않다면 국민들이 재정긴축을 받아들이게 되고, 정부의 재정건전화에도 큰 어려움은 없을 것이다. 그러나 정부 빚이 계속 늘어나 국민들이 부담해야 할 이자가 많아지고 그래서 심한 긴축정책을 써서 큰 폭의 기초재정수지 흑자를 내야 하는 상황이 되면, 국민들의 저항도 커지고 정부의 재정건전화 의지도 약해질 수밖에 없다. 이 단계를 '재정피로fiscal fatigue'라고 하는데, 이자부담은 계속 증가하는데 기초재정수지의 흑자는 갈수록 줄어드는 상태를 말한다. 이 상태가 지속되다가 결국 기초재정수지의 흑자와 이자부담이 같아지는 지점이 부채한도이고, 이를 넘어서 이자부담이 더 커지면 정부가 디폴트 상태에 빠진다.

〈그림 5-5〉에서 가로축은 GDP 대비 정부의 부채, 세로축은 GDP 대비 기초재정수지와 정부의 이자부담 규모를 나타낸다. 어떤 이유로 정부의 부채가 증가하면 그에 비례해서 이자부담이 증가할 것인데, 경제가 성장하기 때문에 GDP 대비 정부부채는 금리에서 성장률을 차감한 값(r-g)에 비례해서 증가한다. 직선 '이자부담(r-g)'은 정부의 부채가 증가함에 따라 이자부담이 증가하는 것을 나타낸다. 기초재정수지 반응함수는 국민들의 조세저항과 정부의 재정건전화 의지 등을 반영하여 초기에는 재정긴축이 쉽지만 부채가 늘어남에 따라 재정피로도가 높아져 더 이상 긴축이 이루어지지 못하는 상황을 나타낸 것이다. 〈그림 5-5〉에서 부채한도를 넘어서면 채권자들은 정부가 더 이상 이자를 부담할 능력이 없다는 것을 알게 된다.

〈그림 5-5〉 기초재정수지 반응함수와 부채한도

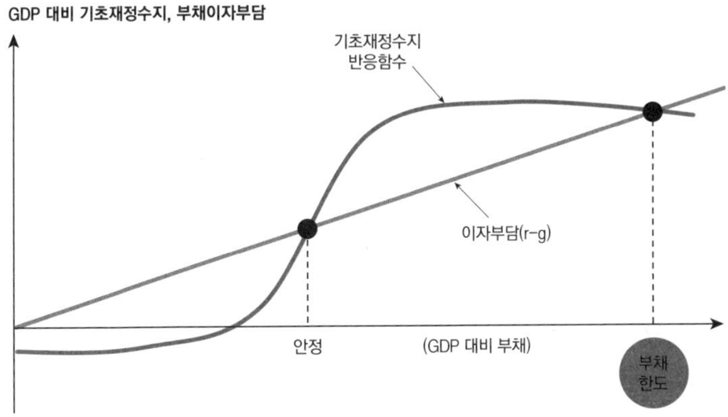

출처: Atish R. Ghosh, Jun I. Kim, Enrique G. Mendoza, Jonathan D. Ostry and Mahvash S. Qureshi(2011)

사람들의 기대심리를 고려한다면, 부채한도에 다다르기 직전에 조달 금리가 급격히 상승하면서 정부의 디폴트가 발생한다.

경제가 어려워졌을 때 정부가 얼마나 많은 부채를 조달해서 경기부양에 쓸 수 있느냐는 두 가지 문제, 즉 국민들이 향후 긴축에 얼마나 기꺼이 참여하려 할 것인가와 금리가 성장률보다 얼마나 낮은가에 달려 있다. 정부가 돈을 많이 써서 생긴 이자를 부담하기 위해 국민들이 적극적으로 긴축을 감수하겠다고 한다면 정부는 많은 돈을 써서 경기부양에 나설 수 있다. 그러나 국민들의 조세저항이 심하거나, 인구구조의 고령화로 세금을 더 걷으려고 해도 그럴 수 없는 상태이거나, 복지와 의료지출을 늘릴 수밖에 없는 상태라고 한다면 재정피로도가 높다. 이런 나라에서 정부가 경기부양을 위해 대규모 지출을 늘리면 부채한도에 도달하는 속도가 빨라진다.

정부가 얼마나 빨리 부채한도에 도달하느냐는 이자부담(r-g)에 의해서도 달라진다. 〈그림 5-5〉에서 이자부담(r-g) 선을 원점을 중심으로 시계 방향으로 회전시킬 수 있다면 기초재정수지 반응함수에 변화가 없더라도 정부의 부채한도는 높아진다. 즉 정부가 더 많은 돈을 복지와 경기부양에 쓸 수 있다는 뜻이다. 반대로 이자부담(r-g) 선이 시계 반대 방향으로 회전하면서 직선의 기울기가 커지면 정부의 부채한도는 낮아진다.

결론은 국민들이 젊고 세금을 더 내는 것에 저항이 없다면, 또 국가가 성장률을 지속적으로 높게 유지하고 금리를 계속 낮게 유지할 수만 있다면 부채는 별로 걱정할 필요가 없다. 그러나 고령화에 조세저항이 심한 나라, 성장률을 높이지 못하고 금리를 낮게 유지하기 어려운 나라는 재정지출을 크게 늘려서는 안 된다.

2010년과 2011년, 2012년 부채위기를 겪은 주요 선진국들은 모두 성장률을 높이고 금리를 낮게 유지하는 데 정책적인 노력을 집중했다. 중앙은행의 기준금리와 장기 국채금리를 제로, 심지어는 마이너스까지 낮추고 또 중앙은행이 발권력을 동원해 국채를 사는 양적완화 정책과 같은 극단적인 통화정책을 쓴 것도 'r-g'를 낮추기 위한 정책적 노력으로 보아야 한다. 이 정책을 써서 성장률이 높아지면 좋았겠지만, 그러지 못했더라도 금리를 낮게 유지할 수 있어서 이러나저러나 'r-g'를 낮추는 데는 성공한 것이다.

주요국 중앙은행들이 마이너스 금리 정책과 양적완화 정책을 총동원해도 경제가 좋아지지 않으니 일부에서는 "이제 우리에게 남은 것은 파국밖에 없다"라거나 "지금까지 겪어보지 못한 심각한 경기침체를 겪게 될 것이다"라며 걱정하기도 했다. 그렇지만 통화정책만으로 경제가 좋아지기를 기대할 만큼 정책 결정자들이 우매하지는 않다. 통화정책으로 경제가 좋아지면 다행이고, 그러지 못한다 해도 금리는 충분히 낮출 수 있으니 그다음에 재정정책을 쓸 수 있겠다는 생각으로 극단적인 통화정책을 고집해온 것이라고 봐야 한다. 〈그림 5-6〉은 미국, 일본, 독일의 'r-g'를 나타낸 것이다. 2010년 이후 지금까지 10년간 10년만기 국채금리와 명목GDP 성장률의 차이는 미국 -1.6%p, 일본 -0.8%p, 독일 -2.4%p다. 이는 2000년에서 2009년까지의 10년간 0.2%p, 2.0%p, 2.4%p, 1990

〈그림 5-6〉 미국, 일본, 독일의 'r-g'

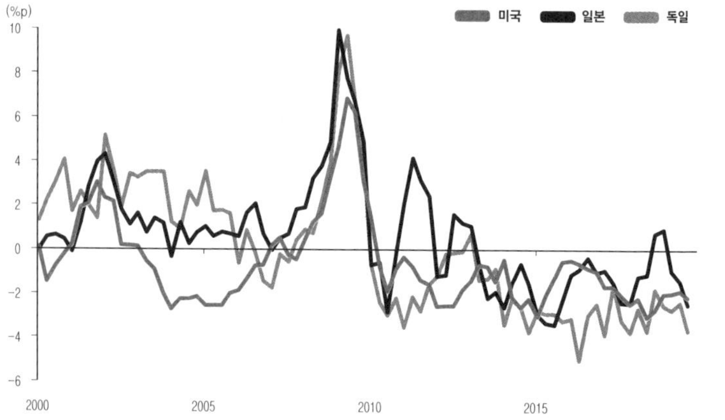

주: 성장률(g)은 전년 대비 명목GDP 성장률, 금리(r)는 10년만기 국채금리를 사용함.
출처: Bloomberg

년대 10년간의 평균 1.2%p, 1.7%p, 2.8%p에 비해 크게 낮은 값이다. 물론 'r-g'가 마이너스 값이면 정부가 빚을 내고 이자를 낼 필요가 없기 때문에, 이론적으로 부채한도는 없고 정부는 얼마든지 지출을 늘리고 빚을 늘려도 된다. 다만, 금리를 언제까지나 지금처럼 극단적으로 낮은 수준에서 유지하는 것은 불가능하기 때문에 지금 마이너스 금리라고 해도 부채한도가 무한대로 높아졌다고 말할 수는 없다. 그렇지만 이제 정부부채의 증가가 무서워서 재정정책을 쓰지 못하는 상태에서는 벗어났다고 볼 수 있겠다.

신흥국, 재정정책 얼마나 가능한가?

주요 선진국들이 제로 금리와 양적완화를 할 때 신흥국들은 그냥 지켜볼 수밖에 없었다. 왜냐하면 신흥국들은 선진국들의 이런 극단적인 통화정책을 따라 할 수 없기 때문이다. 그 이유에 대해 한국은행 이주열 총재는 '실효하한'과 '비기축통화국'이라는 표현을 써서 설명한 바 있다.

미국과 유럽, 일본은 기축통화key currency 국가들이다. 중앙은행이 찍는 종이로 된 화폐가 국제결제에 쓰인다. 돈이 모자라면 찍으면 된다. 그래서 금리를 제로, 심지어는 마이너스로 만들어도 돈이 빠져나가 외환위기를 겪을 위험이 없다. 그렇지만 금리를 마이너스로 만들면 화폐퇴장과 유동성 함정의 문제가 있기 때문에 이들 나라에서도 기준금리를 낮출 수 있는 하한인 실효하한을 제로나 제로보다 약간 높은 플러스로 설정하고 있다. 버냉키 미 연준 의장은 이를 ZLBzero lower bound라고 표현한 바 있다. 기축통화국이 금리를 제로까지 낮추면 금리 인하는 끝나고, 그다음에는 양적완화QE, quantitative easing를 할 수 있다. 중앙은행이 돈을 찍어 자산을 매입하는 것인데, 금리 인하라는 가격(P) 조정이 불가능해지면 돈을 찍어 유동성을 공급하는 양(Q)의 조정을 한다는 것이다.

기축통화국이 아닌 주요 선진국들은 기축통화국의 정책에 맞서지 않고 순리에 따른다. 스위스, 스웨덴 등 유로존 주변 국가들을 봐도 그렇다. 이들은 금본위제 시대부터 '물가에 따라 금화의 유출입이 생겨서 경제가 자동조절되는 메커니즘price specie flow mechanism'의 적용을 받는 데 익숙해져 있다. 이들 나라는 기축통화국이 돈을 풀고 금리를 낮추면 자국 경제가 아무리 활황이더라도 같이 금리를 낮춰서 자본의 유입을 억제한다. 반대로 기축통화국이 금리를 높이는 긴축을 하면 자국 경제가 침체에 빠져도 같이 긴축을 한다. 이렇게 자본의 흐름을 안정시키는 데 주력하다 보면 경제가 평균회귀 속성에 따라 다시 팽창 국면이나 수축 국면으로 돌아갈 것이라고 믿는 것이다. 국제적인 순리에 따라 국내 경제가 자동조절되도록 하기 때문에, 기축통화국의 금리가 낮으면 이들 나라의 금리도 낮고 기축통화국에서 물가가 안정되면 이들 나라의 물가도 안정된다. 자본이 급격히 빠져나가면서 외환위기를 겪는 일이 없다.

문제는 신흥국들이다. 이들은 선진국들처럼 낮은 성장률을 받아들일 수 없기 때문에 경제성장률을 높이기 위해 기축통화의 지배를 벗어나 인위적인 재정정책이나 통화정책을 구사하다가 외환위기에 빠진다. 위기는 기축통화국이 금리를 인상할 때 올 수도 있고, 인하할 때 올 수도 있다. 신흥국은 성장률을 높이려 하기 때문에 기축통화국이 금리를 올릴 때 덜 올리려 할 유인이 있고, 기축통화국이 금리를 낮출 때는 더 많이 낮추려는 유인이 있다. 그래서 기축통화국과의 금리 격차가 자본유출을 촉발할 만큼 줄어들면 자본유출로 인한 외환위기에 직면할 수 있는 것이다. 경제 성장에 집착하지 않고 자본흐름에 순응하면 외환위기는 없겠지만, 신흥국들이 경제 성장을 포기할 수는 없다. 또 수출 중심의 산업구조를 갖고 있기에 자본유출로 인해 환율이 상승하는 초기 외환위기 신호를 경제에 호재라고 오해하는 잘못을 범하기도 한다.

한국은행 이주열 총재는 2019년 10월 국정감사에서 "이론적으로는 금리를 무한히 낮출 수 없으니 실제로 어느 선까지 낮출 수 있는지, 실효하한에 관한 논의가 있다. (…) 미 연방준비제도나 영란은행은 소폭의 플러스를 실효하한으로 보는데, 우리나라는 이런 기축통화국보다 실효하한이 높을 수 있다"라고 밝혔다. 비기축통화국이 기축통화국을 따라 하는 데에는 한계가 있다는 것이다.

〈그림 5-7〉은 2019년 GDP 대비 정부부채를 가로축, S&P의

〈그림 5-7〉 선진 시장과 신흥 시장의 정부부채와 국가신용등급

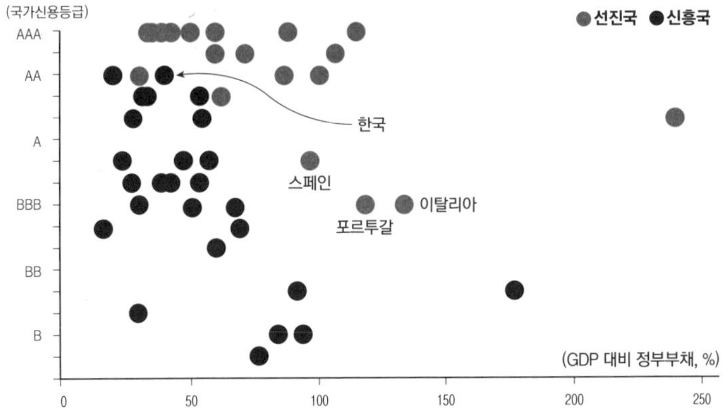

주: 선진국은 MSCI World Index의 23개국 중에서 홍콩을 제외한 22개국, 신흥국은 MSCI Emerging Market Index의 26개국으로 한국을 포함함.
출처: IMF, Standard & Poor's

국가신용등급을 세로축에 표시한 것이다. 선진국은 부채가 많아도 신용등급이 높은 데 비해 신흥국은 부채가 조금만 늘어나도 신용등급이 낮아진다. 국제결제통화를 가진 선진국은 정부지출을 크게 늘려도 되지만 그렇지 못한 신흥국은 정부지출을 늘리는 데 제약이 너무 많다. 일본은 GDP 대비 정부부채가 238%이지만 국가신용등급이 A+인 반면, 포르투갈과 이탈리아는 정부부채가 각각 118%, 133%이지만 국가신용등급은 BBB다. 최고 신용등급인 AAA 국가들을 보면 호주, 덴마크, 노르웨이, 스웨덴, 스위스와 같이 GDP 대비 정부부채가 40%도 되지 않는 재정이 건전한 나라들도 물론 있다. 그런데 캐나다는 88%, 싱가포르는 114%임에도 AAA 등급이다. 미국 역시 106%임에도 AA+로 높은 등급이다. 이와 달리 신흥국은 정부부채가 늘어나면 곧바로 국가신용등급이 투기등급으로 추락한다. 정부부채가 GDP의 70%를 넘고도 BB+ 이하의 투기등급이 아닌 나라는 유로존 국가인 그리스가 유일하다.

바이러스 이후
새로운 경제정책

바이러스가 전 세계로 확산되면서 격리와 거리 두기, 도시 폐쇄가 잇따랐고 이 때문에 경제가 급속도로 악화됐다. 중국은 1분기 GDP

성장률이 전년 대비 6.8% 하락했고, 미국의 2분기 GDP 성장률은 전분기 대비 연율로 15~30%까지 떨어질 수 있다는 암울한 전망이 많다.

각국의 정책 대응을 보면 초기에는 2008년 이후 해오던 통화 정책에서 벗어나지 않았다. 유럽과 일본은 이미 기준금리가 제로이거나 마이너스여서 더 이상 금리를 낮출 여력이 없었고, 대신 기존에 해오던 대로 양적완화 정책을 확대해서 회사채를 더 사고 주식도 더 샀다. 금리를 인하할 여력이 있었던 미 연준은 1.5~1.75%였던 연방기금 금리를 0~0.25%로 낮추고 국채와 모기지 채권을 매입하는 양적완화도 병행했다.

그러나 이 모든 노력에도 불구하고 주식시장은 폭락세에서 벗어나지 못했다. 미 연준이 바이러스 확산 이후 처음 금리를 50bp 낮춘 3월 3일 다우존스 지수는 3% 하락했고, 다시 금리를 100bp 낮춘 3월 16일에는 다우존스 지수가 13%나 폭락했다. 미 연준이 양적완화에 더해 연준법 13조 3항의 비상시 조치, 즉 회사채 매입 등 영리기업에 직접 자금을 지원하는 대책을 발표한 3월 23일에도 다우존스 지수는 3% 하락했다.

금융시장은 유럽과 일본에 이어 미국도 통화정책이 얼마 남지 않았다는 것을 알고 있었고, 비상사태에 직면해서 남아 있던 여력을 모두 소진했다는 것을 알았다. 그래서 통화정책은 더 이상 투자자들의 심리를 안정시키고 경제를 개선할 수 있는 카드가 아니게 됐다.

도시 봉쇄 등으로 직장을 잃은 국민들에게 2,900억 달러, 소상공인 신규 대출 지원에 3,490억 달러와 각종 세금 감면 등 영역에 1조 5,000억 달러를 쓰는데, 이 중 5,000억 달러는 기업대출을 지원하는 과정에서 입을 수 있는 손실 보전용으로 재무부와 미연준에 할당했다.

미 연준의 통화정책이 시장을 안정시키는 데 실패한 반면 정부와 의회의 재정정책이 시장을 안정시킬 수 있었던 것은 바이러스 사태를 극복하기 위해서는 돈을 더 빌려주거나 금리를 낮춰주는 정책이 아니라 가계의 소득을 유지시키고 기업의 손실을 떠안는 정책이 필요했기 때문이다. 미 연준이 금리를 낮추고 대출을 확대하고 양적완화를 하는 것은 돈을 더 빌려주고 금리를 낮춰주는 정책이다. 그렇지만 지금 문제는 당장 생활이 어려운 가계를 돕고 부도위험에 처한 기업을 유지시키는 것이다. 이는 손실을 볼 수 없는 미 연준으로서는 처리할 수 없는 수준이다. 국가와 중앙은행이 손실을 보면 국민이 세금으로 그 손실을 메꿔야 한다. 민주주의 사회에서는 국민들의 대표자인 의회의 승인을 거치지 않고서는 국가와 중앙은행이 손실을 볼 수 없도록 하고 있다. 이 때문에 CARES 법Coronavirus Aid, Relief and Economic Security Act:(경기부양패키지법)이 만들어질 때까지 미 연준이 내놓은 정책들이 금융시장을 안정시키는 데 모두 실패했던 것이다.

물론 중앙은행이 할 수 있는 일이 없는 것은 아니다. 중앙은행은 발권력을 갖고 있다. 정부와 의회가 합의해서 얼마만큼의 손실 한도 내에서 돈을 풀라고 하면 즉각 돈을 풀 수 있다. 의회는 기업 부도를 막기 위해 쓰라고 재무부에 5,000억 달러를 주면서 그중 4,540억 달러는 미 연준의 대출 프로그램의 손실을 떠안는 데 쓰라고 했다. 부도율을 10% 이하로 유지할 수 있다면 미 연준은 4,540억 달러의 약 10배인 5조 달러를 대출할 수 있다. 미국의 회사채 시장 전체 규모가 10조 달러, 이 중에서 신용등급이 BBB에 미치지 못하는 하이일드 채권이 약 2조 달러인 점을 고려하면 어마어마한 규모다.

미 연준은 4월 말까지 이 중에서 약 절반인 2조 5,000억 달러의 자금 지원 프로그램을 발표했는데, 실제 사용한 자금은 1,200억 달러에 불과하다. 의회가 허락한 한도의 3%도 채 쓰지 않았다는 것인데, 아마도 금융시장이 CARES 법 이후로 빨리 정상화돼서 그런 것일 수도 있고, 아니면 2020년 가을/겨울의 바이러스 2차 대유행에 대비해서 자금 사용을 아끼고 있어서 그런 것일 수도 있다.

미국은 2020년 11월 대통령선거가 있다. 대통령선거일에 지방선거와 의회선거도 같이 치러지기 때문에 가을쯤 되면 사실상 국정공백 상태에 빠질 수 있다. 모든 정치인이 선거에 집중하는 상황에서 바이러스의 2차 대유행이 발생하면 서로 책임을 떠넘기고 비난할 위험이 있고, 각종 포퓰리즘 정책이 난무할 수도 있다. 이 때문에 미국은 2021년 초 행정부와 의회가 정상화될 때까지 필요할지 모를 준비까지 해둔 것 같다.

전 세계가 미국을 따라 통화정책에서 재정정책으로 주된 정책수단을 급선회하고 있다. 그동안 통화정책이 실물경제를 개선시키는 효과가 크지 않았다는 데 이미 광범위한 공감대가 형성됐고, 바이러스 확산으로 인한 경제 문제가 통화정책으로 해결할 수 없다는 점도 분명했기 때문이다. 그러나 각국이 내놓은 재정정책 규모를 보면 커다란 차이가 있다.

〈그림 5-8〉은 IMF에서 2020년 4월 7일 기준으로 G-20 국가들이 내놓은 재정정책 규모를 GDP에 대한 비율로 표시한 것이다. 독일과 이탈리아는 GDP의 30%가 넘는 대규모 재정정책을 내놓았다. 그러나 당장 정부의 재정지출이나 조세감면으로 잡힐 항목은 얼마 없고, 대부분 대출이나 대출에 대한 정부의 보증이다. 격리나 거리 두기, 휴직, 실업 등으로 소득이 감소하는 가계에 대한

〈그림 5-8〉 G-20 국가들의 정부지원 패키지 규모

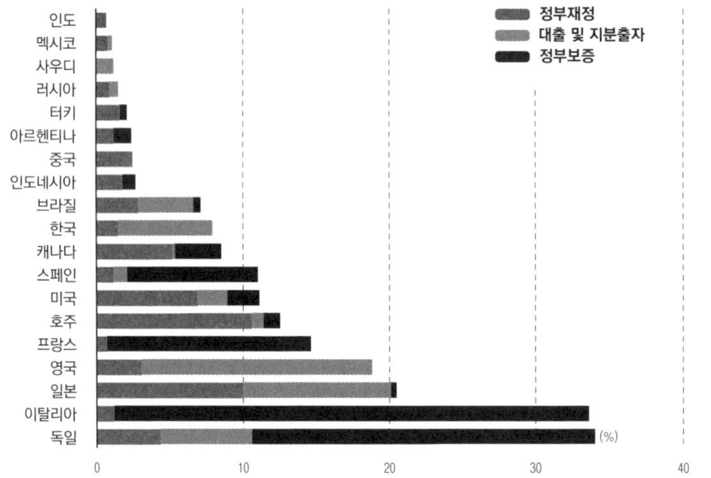

출처: IMF

직접 지원은 크지 않고, 기업이나 자영업자들이 돈을 빌리기 쉽게 한 것이다. 정부의 직접 지출 규모가 큰 나라는 미국과 호주, 일본 등이다.

많은 나라가 당장 가계의 소득 보전과 기업활동의 유지에 필요한 재정지출을 하고 있지만, 만약 가을/겨울에 2차 대유행이 온다면 재정지출을 더 늘리게 될 것이다. 그리고 바이러스가 소멸한 이후에도 경제활동이 충분히 활력을 되찾지 못하면 또 다른 재정지출도 하게 될 것이다. 아무래도 바이러스가 사라지기 전까지는 상황이 더 악화되는 것을 막는 유지보수에 집중할 수밖에 없을 것이고, 그 이후에는 경제성장률을 적정 수준까지 높이기 위한 본격적인 경기부양 정책이 필요하기 때문이다.

재정정책이 폭락하던 주식시장을 안정시키고 바이러스 확산에 위축됐던 사람들의 심리를 개선시킨 것은 분명하지만, 재정정책은 치명적인 결함을 갖고 있다. 단기적으로 실물경제와 심리에 긍정적인 영향을 미칠 수 있지만, 재정을 쓰고, 쓰고, 또 쓰는 일이 발생하면 실물경제와 심리를 개선시키는 효과는 작아지고 돈값을 떨어뜨리는 인플레이션 위험은 커진다. 자국 통화가 국제결제통화가 아닌 신흥국의 경우에는 재정지출을 계속하다가 국가신용등급이 강등되고 외환위기에 빠질 위험도 커진다. 적절하게 쓰면 약이지만 과하게 쓰면 독인 것들이 많은데, 재정정책도 그중 하나다.

6장

코로나 위기 이후 정치경제 변화

글로벌 투자 전문가 **여의도클라스**

위기는 진화한다

금융위기는 항상 새롭다. 1930년대 대공황, 1998년 신흥국 외환위기, 2008년 서브프라임으로 촉발된 글로벌 금융위기 등 다양한 방식으로 반복되는 금융위기는 우리에게 매번 다른 가르침을 주었다.

1998년 외환위기를 통해 우리는 외환유동성 관리에 실패했음을 뼈저리게 자각했다. 위기 후 4,000억 달러의 외환보유고를 쌓았고 변동환율제로 변화했으며, 외환 단기부채에 대한 신중한 관리를 배웠다. 2008년은 시스템적으로 중요한 은행을 어떻게 관리해야 금융 시스템이 붕괴하지 않는지를 배웠다. 또한 부외부채를 통한 다양한 파생상품을 거래소로 투명하게 관리함으로써 금융 시스템의 리스크를 상당 부분 통제할 수 있게 됐다. 그래서 재닛 옐런 전 연준 의장은 “내 생애 금융위기는 더 이상 없다”라고 호언장담하기도 했다. 물론 다음 날 황급히 취소하긴 했지만.

"시장이 이미 알고 있는 위기는 위기가 아니라"라는 유명한 격언처럼, 2020년에 대해 부정적인 전망을 내놓았던 전문가들조차 중국발 금융위기, 글로벌 부채 과잉과 순환적 경기침체 가능성을 언급했지 바이러스로 촉발된 금융위기를 예상한 것은 아니었다. 2020년 코로나19 사태는 '위기는 진화한다'는 사실을 다시 한번 가르쳐주며 우리에게 뼈아픈 교훈을 남기고 있다.

진화하는 것은 '위기'만이 아니다. 주요 국가 정부의 대응도 함께 진화하고 있다. 초유의 위기 상황에서 인간의 창의성은 그에 걸맞은 대응책을 만들어냈다. "이번엔 다르다"라는 말은 '금융시장의 버블이 만들어낸 사이클은 언제든 반복될 수 있다'라는 대전제 아래에서 그 내용이 항상 달라지고 있다는 사실을 내포한다.

이 글은 2008년과 2020년, 더 나아가 1930년대 경험을 통해 기존의 경제위기와 코로나 위기를 비교하여 '같으면서 다른 것'이 무엇인지를 찾으려는 시도다. 결과적으로 코로나19 사태 이후 바뀌어가는, 또는 바뀔 수밖에 없는 세계에 대한 분석을 통해 금융투자에 대한 인사이트를 찾고자 한다.

2008년과 2020년 위기, 유사점과 차이점

어떤 점이 비슷한가

2008년 서브프라임발 글로벌 금융위기와 2020년 코로나발 위기가 유사한 점은 가계와 기업이 높은 레버리지 비율을 갖고 있는 상황에서 신용파생상품과 코로나19 전염병 확산이라는 테일 리스크tail risk(발생 가능성은 작지만 한번 일어나면 엄청난 충격을 주는 리스크)가 트리거trigger가 됐다는 점이다. 또한 2008년과 2020년 모두 신용경색 확산과 글로벌 경기침체라는 결과를 낳았고 주가지수의 급락과 신용 스프레드의 확대, 유동성 경색 등 금융시장의 반응도 유사하다.

2020년 주요국 정부에서 나온 대부분의 정책도 2008년 대책과 붕어빵이다. 1조 달러의 재정 부양책과 더불어, 금리 인하와 양적완화 정책 등은 2008년 금융위기의 주요 대책으로 나온 것이다. SPV(특수목적기구)를 활용하여 MBS(주택저당증권) 등 크레딧 채권을 매입한 것도 유사하다.

2020년 2조 3,000억 달러의 경기부양책은 2008년 당시에 투입된 1조 5,000억 달러 경기부양책보다 늘어나긴 했지만 전반적으로 엇비슷하다. 그리고 2012년 미국이 신용등급 하락 이후 재정정책의 한계를 보이면서 재정보다는 통화정책을 중심으로 대응해나간 것은 지켜볼 만하다.

기준금리 조절, 공개 시장 조작, 일시적인 국공채 매입·매각 등의 전통적인 통화정책이 아닌 강력한 비전통적 통화정책(양적완화)으로 해결을 모색한 것은 2008년과 같다. 지난 위기 당시에는 2009년 1차와 2011년 2차 양적완화에 이어 2013년 이후 세 번째는 기한이 없는 무제한 양적완화를 했던 반면, 2020년 코로나 위기에서는 처음부터 무제한 양적완화를 시작했다. 한편 위기의 한복판에서 대선이라는 큰 정치적 이벤트가 열린다는 점도 유사하다. 대공황 이후 치러진 1932년 말 대통령선거에서는 민주당의 루스벨트 후보가, 2008년 11월 대선에서는 민주당의 오바마 후보가 당선됐다. 하필이면 2020년 11월에도 미국 대선이 예정돼 있다.

어떤 점이 다른가

2008년은 가계대출과 부동산이 문제였던 반면, 2020년은 기업이 먼저 부실해졌다는 점이다. 따라서 2008년은 소비자금융의 대표상품인 RMBS(주거용모기지담보증권) 부실이 시작이었고 이를 묶었던 CDO(부채담보부증권)가 폭탄이 됐다. 거기에 신용파생상품으로 묶인 계약들이 테일 리스크를 만들었다. 반면 2020년은 초유의 이동제한과 봉쇄 조치로 경제활동 자체가 어려워지면서 기업의 생산과 가계의 소비를 모두 악화시켰다. 먼저 기업의 영업활동에 문제가 발생하면서 기업 자금 조달 시장을 빠르게 악화시켰고, 신용경색이 발생했다. 이에 따라 실업률이 상승하면서 가계대출과 소비자금융이 타격을 받게 될 것으로 보인다.

2008년과 가장 큰 차이점은 은행이 견조하다는 점이다. 대형 투자은행 리먼 브러더스의 파산으로 인한 거래 상대방 리스크counterparty risk가 커지면서 은행 시스템이 붕괴했던 2008년과 달리, 2020년 금융 시스템은 상대적으로 안정적이다. 대형 은행들이 견조한 상황을 유지하면서 정부의 대응이 빠르게 효과를 보기 시작했다.

2008년은 정부가 빠른 대책을 내놓지 못했고, 모럴해저드moral hazard에 대한 논란으로 정부와 의회 간의 유기적 소통이 힘들었다. 미국에서는 모럴해저드를 나태와 탐욕의 대가로 보면서 버블의 붕괴를 당연시하는 시각이 오랫동안 존재했다. 1930년대 대공황 당시 후버 대통령과 앤드루 멜런 재무장관의 시각이 그랬고, 이는 빠른 정책 대응을 하지 못하는 배경으로 작용했다.

한편 중국을 비롯한 신흥국의 상태가 양호했던 2008년과 달리, 2020년 중국과 신흥국의 상황은 그리 좋지 못한 편이다. 중국은 2008년의 대규모 경기부양의 부작용이 만만치 않았다는 점과 당시와 다른 경제 충격과 국제 정치 환경을 고려할 때, 이번에는 어느 정도의 부양책이 나올 지 예상하기 어렵다.

한국에 가해지는 2020년의 충격은 2008년보다는 클 것으로 보인다. 실제 한국을 강타한 가장 큰 충격은 지역 경제위기인 1998년 외환위기였다. 그 자체로는 글로벌 금융위기보단 작았지만, 한국에 가장 큰 쇼크를 불러일으켰다. 2008년 금융위기는 글로벌 차원의 매우 큰 이벤트였지만, 외환유동성을 제외한다면 한국 경제에 미치는 실제 영향은 그리 크지 않았다. 부실화된 CDO 보유 규모가 크지 않아서 직접적인 타격을 받지 않은 데다, 중국의 대규모 경기 부양 혜택과 일본 엔화의 초강세 혜택도 있었다. 그러나 2020년 코로나19 위기는 생산과 소비 측면 모두에서 2008년을 넘어서는 상당한 충격으로 작용할 것이다.

코로나 위기 이후
정치경제 변화

인플레이션과 금리: 인플레이션으로 금리가 추세 상승하는 시대가 올 것인가?

코로나19 사태 이후 전 세계 중앙은행들이 경제충격에 대응해 화폐를 엄청나게 찍어내면서 인플레이션과 금리 상승에 대한 우려가 커지고 있다. 폴 볼커 전 연준 의장이 단기 금리를 20%까지 올렸던 1980년 이래 약 40년간 인플레이션 통제에 성공하면서 미 국채금리는 지속적으로 하락해왔다. 과연 오랫동안 하락했던 인플레이션이 상승 반전하면서 미국채 금리가 추세적으로 상승할 것인가? 이 질문에 대한 답은 당분간 그 가능성은 커 보이지 않는다는 것이다.

〈그림 6-1〉 미국 100년 금리 추세

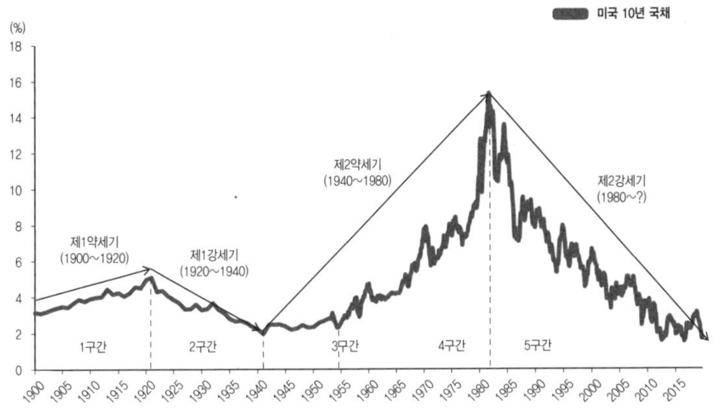

출처: Bloomberg

〈그림 6-2〉 1960년대 이후 미국 물가와 국채금리 추이

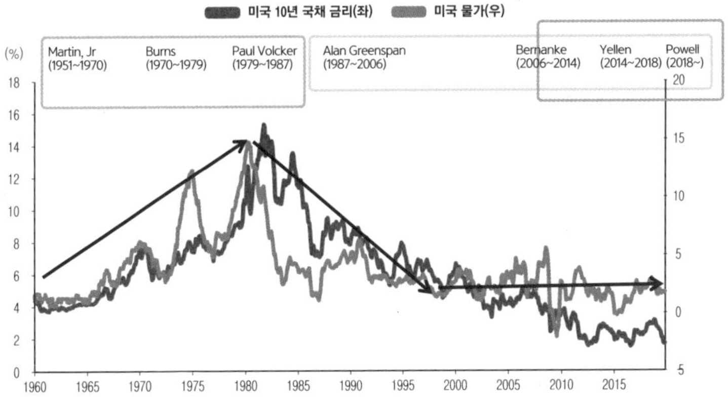

출처: Bloomberg

인플레이션을 우려하는 첫번째 이유는 무엇보다 각국 중앙은행에 의해 엄청나게 풀린 통화가 인플레이션을 자극할 수밖에 없을 것이란 생각 때문이다. 실제 코로나바이러스 사태 이전 3.8조 달러였던 연준의 총자산이 6조 달러를 넘어섰다. 기존 최고점인 4.5조 달러를 초과할 뿐 아니라 조만간 2배로 확대될 가능성이 커 보인다. 연준 총자산이 급증했다는 것은 중앙은행이 보유하고 있는 지급준비금과 현금의 합인 본원통화가 급증했다는 말이다. 이렇게 풀려간 본원통화는 3월에만 은행을 통해 5,000억 달러의 기업대출이 폭등하는 등 자금을 필요로 하는 실물 수요로 연결된다.

그러나 봉쇄 조치로 인한 경제활동의 록다운lock down(봉쇄)은 거래활동이 정지되면서 화폐유통 속도가 엄청나게 위축됐다는 것을 뜻한다. 봉쇄가 해제되고 경제활동이 재개되면 화폐유통 속도가 증가하면서 인플레이션이 바로 급등할까? 대규모로 현금을 확보해놓은 기업들이 경제가 일부 재개된다고 해서 투자 유인이 바로 생기긴 어렵다. 또한 비상 상황을 대비한 선차입금이기 때문에 상황이 호전된다면 그중 일부만 사용하고 이후의 차입을 미룰 가능성이 커 보인다.

만일 백신과 치료제 개발 등을 통해 글로벌 경제가 2021년과 2022년 잠재성장률을 뛰어넘는 놀라운 성장을 끌어낸다면 인플레이션 압력이 발생할 수 있다. 그러나 이것도 2020년 큰 폭의 침체에 대한 기저효과일 가능성이 커 보인다. 2008년 글로벌 금융위기 전후 미국의 실질 GDP 추세선을 보면, 금융위기로 경기침체를 경험한 뒤 U자형 회복을 이끌었지만 기존 추세의 궤도를 완전히 이탈했다는 것을 알 수 있다.

두 번째, 대규모 재정정책으로 급증한 정부부채 부담을 줄이기 위해서라도 인플레이션이 필요하다는 주장도 있다. 2조 2,000억 달러 규모의 코로나 위기에 대응한 '경기부양패키지법(CARES 법)'이 대표적인 재정정책이다. 연준이 발표한 2조 3,000억 달러 규모의 신용시장 전방위 개입 조치도 재정정책을 배경으로 하고 있다. 미 재무부는 소비자금융, 중소기업, 급여보호 프로그램, 지방정부, 회사채 시장, 정크본드 시장, 기업대출담보부증권CLO시장, 상업용 모기지 시장 지원을 위한 연준 특설 장치들에 보증을 서기 위해 4,500억 달러의 예산을 이번 CARES 법률을 통해 확보했다. 이런 재정 지원에 힘입어 연준은 온갖 특정 시장에 대한 대출을 4조 5,000억 달러까지 확대할 수 있다.

통화정책은 중앙은행이 결정하지만, 재정정책은 대부분 정부가 제안하고 의회가 승인한다. 정부와 의회는 한정적인 국가의 재원(세금수입과 국채 조달)을 어디에 얼마나 쓸 것인지를 정치적으로 결정한다. 일반적으로 세금 인상과 국채 조달을 통해 늘어난 정부의 부채는 인플레이션과 경제에 큰 부담이 될 수 있다. 그러나 이번 미국 경기부양책은 재정정책이면서도 실제로는 통화정책이기도 하다. 그 재원을 국민들의 저축이나 세금 수입이 아닌 중앙은행의 무제한 국채 매입을 통해 조달하기 때문이다. 만일 이번 정책들이 일반적인 재정정책이었다면, 미국 정부가 실제 상환해야 할 부담을 높이면서 경제에 악영향을 끼칠 수 있다. 그러나 그 채무를 중앙은행이 대부분 인수하는 구조라면 정부부채가 높아지더라도 인플레이션이 급등할 가능성은 크지 않아 보인다.

그 외에도 세계화와 글로벌 공급망을 활용한 저임금과 효율성을 중요시했던 글로벌 생산 시스템이 코로나19 위기 이후 자급자족이나 보호무역주의로 변화하면서 인플레이션을 자극할 가능성도 제기된다. 1990년대 이후 공장이 신흥국으로 이동하면서 더욱 저렴한 비용으로 물건을 제공하는 세계화의 진전과 함께, 아마존 효과처럼 온라인 거래 활성화로 업체 간 가격 인하 경쟁을 일으켜 물가 상승을 억제할 수 있었다. 또한 기술혁신으로 정보통신 등 새로운 일자리의 임금은 빠르게 상승하는 반면, 전통적인 일자리의 임금 상승은 정체되는 양극화 현상도 물가 상승을 적절히 억제할 수 있었다. 이러한 물가 상승 억제 요인은 코로나19 사태 이후 변화된 글로벌 생산시스템에 의해 약화되면서 물가 상승 요인으로 다소 작용할 것으로 보인다. 그러나 인플레이션을 급등시킬 만한 강력한 트리거로 보긴 어렵다.

따라서 향후 10년의 인플레이션은 수요와 공급 측면 모두에서 실물 가격이 급등했던 1970년대의 경우라기보다는 2010년대 낮은 인플레이션 수준에서 등락할 가능성이 커 보인다. 지난 10년과 마찬가지로 대규모로 풀려난 유동성이 실물보다는 금융시장 안에 여전히 몰려 있을 가능성이 크고 적절한 금리조정을 통해 인플레이션을 통제할 가능성이 커 보인다.

부채위기: 견조한 선진국 vs. 취약한 유럽과 신흥국가들

2008년 금융위기가 2010년 이후 유로존 취약한 국가들의 재정위기, 2013년 신흥국 통화위기로 연결된 것처럼, 2020년 코로나 위기 이후 정부부채가 급증한 국가들의 부채위기에 대한 우려가 커지고 있다.

우선 미국과 같은 기축통화를 보유한 선진국의 경우 부채비율이 다소 상승하더라도 높은 채무감당능력Debt affordability(세수로 이자를 지급할 수 있는 능력), 자금조달능력Debt Financeability(저금리로 대규모 자금을 동원할 수 있는 능력), 채무복원력Debt Reversibility(부채비율을 빠르게 낮출 수 있는 능력)을 보유하고 있어 채무상환 능력이 크게 약화될 가능성이 작다. 또한 통화정책을 통해 연준이 정부채권을 인수하는 구조라면, 미국 정부에 대한 신뢰가 유지되는 한 사실상의 한계는 없다고 여겨지기 때문이다. 제2차 세계대전 이후 정부 부채비율이 120%까지 급증했지만, 18%에 달하는 높은 인플레이션에도 금리를 2.5% 선에서 통제Yield Curve Control한 것과 높은 명목GDP 성장률로 GDP 대비 정부 부채비율이 가파르게 축소될 수 있었다.

반면, 유럽연합은 같은 선진국이지만 국가 간 연합으로 구성되어 있어 상황이 매우 다르다. 유럽중앙은행의 양적완화 정책은 미 연준과 유사하지만 여러 국가의 연합으로 구성되어 있어 중앙은행

〈그림 6-3〉 미국 GDP 대비 연방정부 부채비율 추이

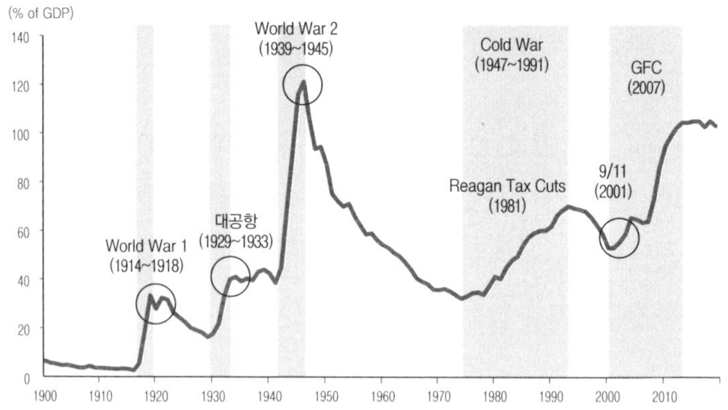

출처: Bloomberg, NBER

〈그림 6-4〉 Debt Dynamic: 채무감당능력(Affordability), 자금조달능력(Financeability), 채무복원력(Reversibility)

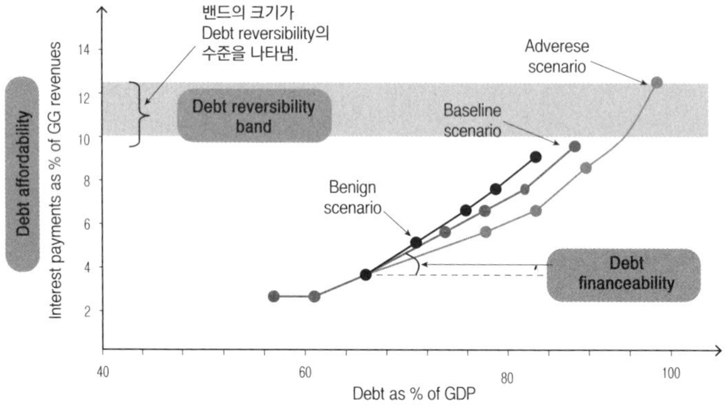

출처: Moodys

의 행동에 상당한 제약이 따른다. 게다가 개별 국가 차원에서는 발권력이 전혀 없기 때문에 상당한 정치적 갈등과 경제적 이슈로 부각될 수 있다.

이런 가운데 유럽연합 국가 간 갈등이 코로나 위기 속에서 재현될 조짐을 이미 보이면서, 재정이 취약한 국가들의 국채금리가 상승하고 있다. 특히 코로나19 사태의 타격을 가장 많이 받은 이탈리아의 민주당과 오성 운동 연정이 여러 가지 정책 추진을 두고 다시 갈등을 빚고 있다. 이탈리아를 비롯한 재정 취약국들과 프랑스는 이런 문제를 해결하기 위해 '코로나 본드'를 발행할 것을 요구해왔다. 공동의 보증으로 공동 채권을 발행할 수 있는 기금 설립을 추진했지만 독일을 비롯한 북유럽 국가들이 완강하게 반대하고 있는 상태다. 결국 유럽연합은 코로나19 사태의 확산으로 금융시장의 변동성이 커지자 유럽중앙은행의 '팬데믹 긴급 매입 프로그램PEPP'을 통해 재정 취약국인 이탈리아, 그리스 등의 국채를 직접 매입하기로 했다. 유럽중앙은행의 PEPP는 매달 200억 유로를 매입하는 기존의 자산매입 프로그램APP과 달리, 연말까지 최소 7,500억 유로의 회원국 국채를 매수하겠다는 것이다. 그리고 재정 긴축 조건 없이 유럽 안정화기구ESM 대출을 이용할 수 있게 됐다.

그럼에도 최근 이탈리아 여론 조사에서 유럽연합을 탈퇴하자는 의견이 49%로 급증하는 등 유럽연합과의 갈등은 점차 악화될 것으로 보인다. 특히 지지율이 가장 높은 정당인 동맹당의 마테오

살비니 대표는 최근 유럽연합이 코로나 사태에 늑장 대응을 하고 있다고 비판하면서 먼저 바이러스를 퇴치하고 난 후 유럽연합 탈퇴를 논의해보자고 주장했다. 일단 급한 불은 껐지만 코로나 위기는 이탈리아의 부채위기와 함께 유럽연합 탈퇴 이슈를 향후 유럽의 핵심적인 불안 요인으로 부상시켰다.

한편 초대형 경제위기는 재정이 취약한 신흥국에 상당한 부담을 지운다. 특히 전염병을 동반한 경제위기는 정치제도적인 기반이 약한 신흥국엔 종종 치명적이다. 지난 2017년 전 세계에서 일어난 대규모 소요사태 중 20%가 정권 붕괴로 이어졌다고 한다. 코로나 위기는 사회적 불평등이 심한 신흥국에서는 경제뿐 아니라 정치·사회적 소요로 이어질 가능성을 키우고 있다. 가족이 모두 한방에서 잠을 자는 인도, 브라질, 남아공의 빈민가에서는 '사회적 거리두기'가 불가능하기 때문이다.

2008년 금융위기 당시 신흥국의 상황은 견조했다. 미국에서 시작된 글로벌 신용경색이 금융시장을 혼란에 빠뜨렸지만, 2000년대 원자재 가격 강세와 구조개혁의 영향으로 경제적 펀더멘털과 재정건전성이 양호한 상황이었다. 이에 신흥국들이 글로벌 경기부양에 동참하면서 선진국에서 발생한 금융위기를 헤쳐나올 수 있었다. 그러나 몇 년 후인 2013년 양적완화의 수도꼭지를 잠그겠다는 버냉키 쇼크 우려로 신흥국의 버블이 붕괴되면서 신흥국 통화위기가 시작됐다. 2020년 현재 신흥국의 상태는 2008년에 비해 현저히 약화됐다. 주요 신흥국들의 부채는 2008년과 달리 가파르게 증

〈그림 6-5〉 주요 신흥국 GDP 대비 정부 부채비율 추이

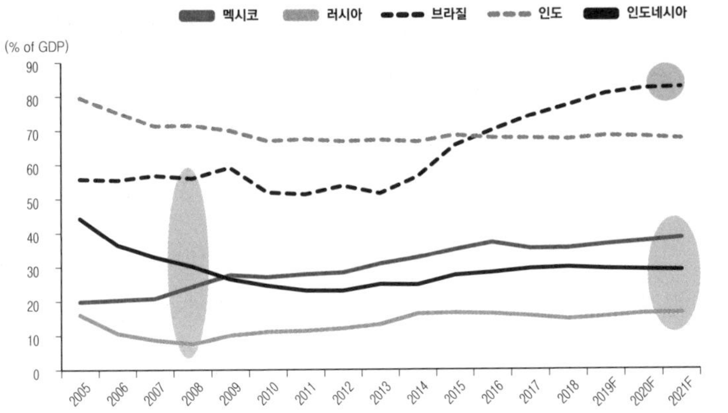

출처: Moody's

〈그림 6-6〉 PIGS 국가들의 정부 부채비율 추이

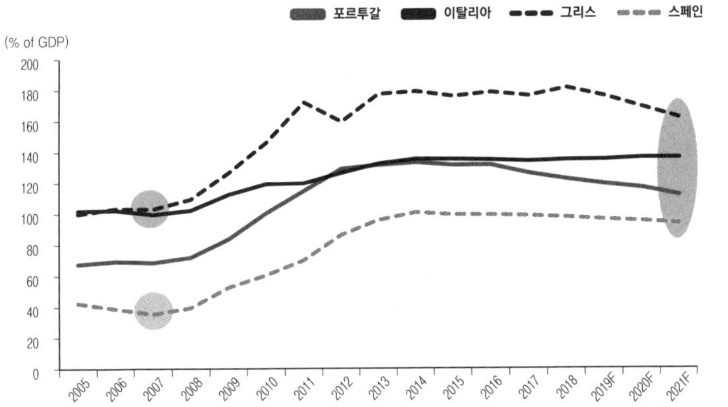

출처: Moody's

가했으며, 대규모 경기부양으로 재정건전성이 취약한 상태에 몰렸다. 이에 따라 신흥국 부채위기 우려가 빠르게 커질 가능성을 배제할 수 없는 상태다. 그러나 IMF 긴급대출에 의존해야 하는 프런티어 신흥국이 아닌 주요 신흥국들은 풍부한 외환보유고를 갖추고 있어 대형 위기로 발전될 가능성은 크지 않다.

이런 와중에도 차별화되는 신흥국은 부채비율이 낮거나, 코로나 사태 이후 변화하는 글로벌 경제 다변화의 혜택을 보게 될 국가들이다. 러시아의 경우 20% 수준의 정부부채와 브렌트유 42달러에 맞춘 재정 균형으로 하반기 유가가 상승한다면 먼저 안정화될 가능성이 크다. 하반기에 있을 푸틴의 3선 개헌 이후에는 정치적 안정성도 높아질 가능성이 커 보인다. 베트남과 멕시코는 코로나 사태 이후 중국에 집중된 글로벌 공급망의 다변화와 니어쇼어링Near-shoring(인접 국가로 이전) 혜택을 보게 될 것으로 예상된다. 가장 문제가 될 만한 국가는 부채비율이 높은 데다, 정치적 리더십이 약화되는 국가들이다. 이런 국가들은 경기침체와 함께 정치적 혼란이 예상돼 상황을 더욱 악화시킬 것으로 판단된다.

미국 정치: 트럼프 혹은 바이든, 누가 되든 거대 정부가 다시 등장한다

코로나19 사태 이후 많은 국가가 정부 대책에 크게 의존하면서 정부의 권력이 강해지고 있다. 역사적으로 볼 때 기근, 전쟁, 자연재해, 전염병 등의 재앙을 겪으면서 취약한 정부가 붕괴하기도 했고,

반대로 위기를 해결하기 위해 정부가 엄격한 제도와 강한 정치권력을 갖는 경우도 많았다.

1930년대 대공황은 루스벨트에게 황제적 대통령 지위를 부여했고 미국에서 연방정부의 위상을 영구히 바꾸어놓았다. 대공황 이전 미국은 전반적으로 거대 정부를 거부해왔다. 미국 정부는 유럽 국가의 정부보다 작았으며, 권한은 폭넓게 분산되어 있었다. 루스벨트 정부는 '국가산업재건법'을 통해 연방정부가 지정한 산업에서 최대 노동시간과 최저임금을 규제할 수 있도록 했으며, 더욱 급진적으로는 안전망을 제공하는 1935년 사회보장법, 경기촉진책인 공공사업진행청, 노동자의 권리를 강화하는 노조 결성권과 파업권을 제공했다. 1930년대 미국 연방정부의 지출은 GDP의 4%에 불과했지만, 2차대전이 끝난 평상시에도 10%를 상회할 정도로 증가했다. 루스벨트 이후 연방정부와 워싱턴은 미국 사회와 경제의 중심부를 차지할 수 있었다.

2008년 서브프라임 사태로 인한 금융위기는 최초의 흑인 대통령인 오바마를 선출시켰고 '오바마케어'라는 중요한 진전을 가져왔다. 그러나 갑작스러운 대형 금융위기 사후처리와 금융 시스템 회복, 재발 방지 등에 집중하는 등 이후 경제성장보다 금융기관의 안정성에 우선을 두었다. 또한 거대 정부에 대한 반발에 직면하면서 1980년대 이후 30년 동안 지배적이었던 신자유주의와 세계화라는 흐름을 되돌리긴 어려웠다.

2020년 코로나 위기 이후 각국에서 정부의 영향력은 더욱 커질 것으로 예상된다. 세계화를 강조하던 나라들이 자기 나라가 위급해지자 국경을 봉쇄하고 국가주의로 돌아서는 모습이 목격되고 있다. 미국처럼 선거를 앞두고 있는 나라들의 경우는 좀더 극단적인 모습을 보일 전망이다. 3월 초부터 유럽으로부터의 유입을 전면 통제하고 미국 내에서도 이동을 통제하는 초유의 봉쇄 정책을 실행해온 트럼프 정부는 2~3분기에 다시 정상 경제활동으로 빠르게 회복 시켜야 11월 대선에서 승리를 기대할 수 있다. 아직 실업수당을 받은 지 2개월밖에 안 되는 가운데, 물가 상승률이 낮기 때문에 고통지수(= 실업률 + 물가 상승률)는 높지 않았지만 이런 상황이 하반기에도 계속된다면 11월 선거를 장담하기 어렵다.

1932년, 2008년 글로벌 대형 위기 때마다 열린 미국 대선에서 거대 정부를 선호하는 민주당이 승리한 것도 이런 맥락이었다. 2019년 말과 2020년 초까지 강한 화두를 이루지 못했던 소득과 자산의 불평등, 오바마케어 등의 헬스케어 시스템은 코로나19 사태로 인해 미국 대선에 중요한 화두로 등장할 것으로 보인다. 지난 40년간 효율성을 중요시한 신자유주의와 세계화는 이제 코로나19 사태로 거대 정부와 국가주의, 보호무역주의로 다시 변화할 것이다.

한편 코로나 사태 이후 공급된 공격적인 재정정책의 재원은 실제 중앙은행의 무제한 국채 매입이며, 중앙은행의 무제한 국채 매입은 정부의 신인도가 견조할 때 가능하다. 따라서 궁극적인 미국의 리스크는 미국 정부의 신인도에 달려 있다고 해도 과언이 아니다. 대규모 경제위기 직후 그랬던 것처럼 향후 10년도 결국 뉴욕보다 정치의 중심 워싱턴에 의해서 움직이게 될 가능성이 커 보인다. 바이든의 민주당이든 트럼프의 공화당이든 2021년에 새로 시작하는 미국 정부는 경제에서 보다 적극적인 역할을 수용할 것이다.

국제 정치: 국제공조보다는 리쇼어링과 보호무역주의, 미・중 무역전쟁 등 국가 간 갈등 확대

2008년 금융위기는 미국에서 발생했지만 유럽을 비롯해서 중국, 신흥국 등 전 세계의 공조에 힘입어 극복할 수 있었다. 그러나 1930년대는 영국, 미국 할 것 없이 대부분 국가에서 보호무역주의가 확산되며 환율의 평가절하를 통해 근린궁핍 정책을 보여주면서 결국 제2차 세계대전이라는 비극으로 귀결될 수밖에 없었다. 2020년은 어떤 방향으로 갈 것인가? 코로나19 확산과 경제 위기를 대처하기 위한 국제공조도 계속되겠지만, 글로벌 공급망 다변화를 명분으로 한 리쇼어링(본국 회귀) 확대와 보호무역주의, 미·중 갈등을 중심으로 한 국가 간 갈등이 확대될 가능성이 좀더 커 보인다.

코로나 사태 발생 이후 프랑스 마크롱을 비롯한 주요 선진국 정부들은 '식품에서 제약에 이르기까지 공급망이 보다 자국화되어야 한다'고 주장했다. 정치인들은 유사시 발생했던 핵심 물품 부족을 이유로 국민을 보호하기 위해 글로벌 공급망에 대한 의존을 낮추려고 할 것이다. 이렇듯 많은 선진국의 정치적 분위기가 '세계화'에서

'고립주의와 민족주의'로 바뀌면서 수십 년간 세계 경제 성장을 리드했던 글로벌 교역이 타격을 받게 될 전망이다.

특히 미국의 트럼프 정부는 11월 대선을 앞두고 코로나19 사태의 책임을 중국에 돌릴 가능성이 크다. 이로 인해 2020년 미·중 갈등은 더욱 첨예해질 것이고, 2008년 같은 글로벌 공조의 가능성은 크지 않아 보인다. 미국 대선 이후 상대적으로 단순했던 1단계 미·중 무역협상과 달리, 커다란 입장 차이를 보여온 2단계 무역협상이 진행되면서 미·중 관계는 본격적으로 경색될 가능성이 크다. 코로나19로 정부의 구제금융을 받는 미국 기업들은 세금으로 지원을 받았으니 회사를 미국이나 동맹국으로 옮기라는 요구를 강하게 받게 될 수도 있다. 화웨이는 미국에서 영업하기 어려워질 것이며, 헤게모니를 둘러싼 미국과 중국의 갈등과 충돌은 정보통신 분야를 넘어 다차원적으로 확산될 가능성이 커 보인다.

일부에서는 민주당의 조 바이든 후보가 대선에서 승리한다면 미국과 중국의 관계가 회복될 가능성을 예상하기도 한다. 그러나 오바마, 힐러리와 함께 대중국 견제의 판Pivot to Asia을 짰던 노회한 외교 전문가 바이든은 동맹과의 연대를 통해 대중국 압박의 수위를 높일 가능성이 크다고 판단된다. 게다가 중국에 대한 적대감이 정부보다 더욱 강한 의회에서는 전방위적으로 중국을 압박하려는 요구가 높아질 것으로 보인다.

한편 최근 주요 선진국들에서 코로나19 사태로 피해를 본 개인과 기업을 대표해 중국 정부를 상대로 집단 소송이 제기되고 있다.

중국이 코로나 관련 중요한 정보를 숨기면서 문제를 확산시켰다는 것이다. 이런 문제제기로 코로나19 사태의 책임을 둘러싼 서구 민주주의와 중국의 권위주의 가치 간 충돌이 전면에 부상할 가능성도 배제할 수 없다. 사태가 진정된 후 미국, 독일, 이탈리아, 스페인, 영국 등 코로나19 사태로 피해가 컸던 국가들에서 이런 목소리가 힘을 갖게 될 것으로 보인다.

이런 상황이 지속된다면 코로나 사태를 빌미로 중국에 집중된 글로벌 공급망을 다변화하려는 움직임이 더욱 빨라지는 가운데, 미국과 중국이 신냉전과 같은 상태로 냉각되면서 양극 체제 중심으로 재편decoupling될 가능성도 있다. 미국은 핵심 밸류체인에서 중국을 배제하려고 할 것이고, 중국은 역내포괄적경제동반자협정RCEP과 같이 미국을 뺀 유럽, 일본, 신흥국들과 성장을 도모할 가능성이 커진다.

애플 CEO 팀 쿡과 모건스탠리의 스티븐 로치 등은 "중국의 선전 지역에 최적화되어 있는 애플 공장을 다른 지역으로 옮기는 것은 좋은 선택이 아니며 디커플링은 불가능하다"라고 주장한다. 그럼에도 코로나 위기 이후 글로벌 공급망의 다변화와 미·중 갈등은 잊혔던 1990년대 이전의 지정학적 리스크를 다시 부각시키면서 글로벌 디커플링의 가능성을 키우고 있다. 한 해 무역적자가 얼마가 되는가의 싸움이 아니라, 향후 수십 년에 걸쳐 상대적인 우위를 누릴 수 있느냐가 걸린 패권전쟁이기 때문이다.

구조조정: 위기 이후 지역별 구조조정의 차별화

대형 금융위기 이후 산업 구조조정이 뒤따르는 예가 많다. 우리나라의 경우 1998년 외환위기가 그랬고, 미국에서는 2008년 금융위기 이후 강력한 구조조정이 있었다. 다만 이는 지역별 그리고 차별적으로 진행됐다. 그런데 유럽은 2008년 금융위기와 2012년 유로존 위기를 경험했지만 별다른 산업 구조조정을 경험하지 않았다. 2020년 코로나 위기는 글로벌 구조조정을 가속화할 것인가?

미국의 경우 에너지·항공·여행·리테일 산업이 가장 큰 타격을 받았고, 많은 기업이 파산하고 있다. 2008년 금융위기 당시는 금융기관의 구조조정을 통해 기업과 가계대출 부문의 대차대조표를 정리하면서 디레버리징 작업을 진행해왔다. 금융기관과 기업도 부채비율을 빠른 속도로 낮추며 재무구조 개선에 힘써왔다. 대표적 취약 산업이던 자동차 산업이 GM을 파산시키고 챕터11(파산보호신청)을 통해 빠르게 정상화한 것처럼, 미국의 구조조정은 강력했다. 미국 하이일드 기업들의 부도율이 15%에 달할 정도로 대부분 섹터에서 자금 조달에 취약한 기업들이 파산했고, 투자등급 기업들의 점유율이 확대됐다. 이런 빠른 구조조정이 가능했던 것은 잘 발달한 자본시장과 파산법이 중요한 역할을 했기 때문이다. 파산한 이후 채무가 빠르게 정리되면서 가격이 하락한 부실채권을 거래하는 시장이 잘 발달한 나라는 미국밖에 없다. 그러나 과거 위기와 달리 이번에는 대형 기업들의 파산을 방지하기 위해 최대한으로 지원할 것으로 보인다. 미국에서도 시장의 효율성보다 고용안정에 초점이 맞춰져 있어 에너지·항공·여행·리테일 산업을 제외하고는 구조조정이 강하게 이루어질 가능성이 작아 보인다.

유럽은 2008년 금융위기와 유로존 재정위기 이후에도 강력한 구조조정을 단행하지 못했다. 이는 유럽 금융기관의 특성이기도 하다. 은행 중심의 금융 시스템을 갖고 있는 유럽은 기업들이 자금 조달 대부분을 은행대출에 의존한다. 자본시장에서는 대형 기업들만이 자금을 조달할 수 있고, 미국과 달리 은행채가 회사채 시장에서 압도적인 부분을 차지한다. 프랑스의 푸조와 르노자동차와 같이 투기등급으로 하향된 지 10여 년이 지난 기업들도 구조조정의 진행은 여전히 오리무중이다. 은행은 정부 및 기업들과 강하게 유착되어 있고, 고용에 중요한 역할을 하는 기업들은 자금 조달 지원을 받기에 신용경색에 의한 구조조정이 어려운 구조다. 이런 상황은 유럽에 좀비기업을 양산하고 전반적인 유럽 기업들의 경쟁력을 약화시켰다. 이번에도 유사할 것이라 예상한다.

중국은 2016년 이후 공급과잉으로 증가한 중국 기업들의 부채를 조정하려고 했으나 효과적인 구조조정이 이뤄지지 못했다. 코로나19 사태로 경기가 둔화되면서 기업들의 수익성이 하락하고 부채상환 능력이 약화되고 있다. 특히 제조업의 경상이익 증가율이 급락하고, 서비스업의 수익성도 하락하는 등 전반적인 기업들의 수익성 하락이 심화되고 있다. 하지만 대규모 실업을 막아야 하는 중국은 구조조정보다는 정부의 지원을 통해 기업 연착륙을 모색하고 있다.

우리나라는 어떨까? 2008년 이후에도 구조조정을 하지 못했던 산업 구조조정이 이번에는 이뤄질 수 있을까? 1998년과 달리 한국 산업의 강한 구조조정 가능성은 크지 않다. 항공, 관광 등을 제외한다면 대형 기업들은 그리 절박하지 않기 때문이다. 자영업과 중소기업들의 상황은 악화됐지만 상장되어 채권을 발행하는 대기업들은 이미 충격에 대비하고 있어, 산업 구조조정을 통한 경쟁력 개선을 기대하긴 어려울 전망이다.

성장동력: 코로나 위기 이후 구조적 저성장 우려 커져

2008년 위기를 극복할 수 있었던 동력은 신흥국의 대규모 경기부양과 글로벌 공조였다. 미국 등 선진국 금융 시스템에서 발생한 부실로 선진국 경제가 커다란 타격을 받았지만 중국을 비롯해 주요 신흥국들이 양호했기 때문에 대규모 경기부양을 통해 소비자의 역할을 동시에 해줄 수 있었다. 그러나 유럽 취약국과 신흥국들도 오래가지 않아 무리한 부양 정책에 따른 버블이 붕괴하면서 유로존 재정위기와 신흥국 통화위기에 휩싸였고, 금융에서 위험자산 투자 거부와 분리 추세로 지난 10년 동안 글로벌 저성장으로 갈 수밖에 없었다.

대공황 당시 미국에서는 1933년 루스벨트가 대규모 경기부양책을 동원한 이후 1935~1936년에 경기가 회복하기 시작했다. 하지만 루스벨트가 만든 공공부문의 일자리로 민간부문의 투자를 위축Crowding-out시키면서 금세 동력을 상실하고 W자형의 두 번째 불황으로 빠졌다. 1937년 5월, 1929년의 고용률에 한참 못 미치는 지점에서 고점을 찍고 8월부터 경기가 다시 하락했다.

두 번째 공황은 첫 번째 공황보다 훨씬 규모가 컸고, 실업자가 1,000만 명에 달했다. 루스벨트의 가격 담합과 규제를 통해 경제를 미시적으로 관리하려는 정책들이 단기적으로는 경기를 부양할 수 있었으나 장기적으로 2차 공황을 불러온 것이다. 또한 장기적인 계획과 투자를 어렵게 하는 정책 불확실성도 문제였다. 이런 미국을 마침내 공황에서 구제한 것은 뉴딜 정책이 아니라 제2차 세계대전이었다. 미국 밖에서 벌어진 전쟁은 사람들에게 일자리를 주었으며, 남성들이 전쟁터로 나가면서 생긴 인력 부족은 여성들을 노동시장으로 끌어들였다. 미국 정부가 전쟁 물자를 생산하기 위해 독점자본과 다시 손을 잡으면서 투자와 생산의 불확실성을 낮추는 확실한 소비자의 역할을 해준 것이다.

2020년 코로나 위기 이후에는 세계 각국에서 생산된 제품을 빠른 속도로 운송해 소비자에게 전달하는 글로벌 생산 시스템의 변화가 불가피해 보인다. 생산설비를 세계 각지에 배치하고, 물류 시스템을 통해 재고를 제로에 가깝게 유지하면서 실시간으로 생산물을 소비자에게 배송하는 현 시스템이 상당히 달라질 것이다. 기업은 위기관리를 위해 생산설비를 해외에서 소비 지역으로 상당 부분 옮기고 재고를 비축해두는 방향으로 전략을 수정할 것이다. 또한 많은 선진국 정부는 제조업을 자국 내로 돌아오게 하는 리쇼어링 정책을 가속화하기 위해 다양한 인센티브를 제공하거나 압박을 가하고 있다. 20세기 후반 세계화의 원동력이었던 '기술진보'는 오히려 글로벌 공급망을 단축하고 리쇼어링을 장려하는 데 사용될 수 있다.

코로나 위기가 지나고 몇 년 후 경제 성장률이 반등할 수 있겠지만, 이전과 같은 성장 궤도를 회복하긴 어려울 것으로 보인다. 코로나 위기로 각국 정부에 의해 천문학적인 돈이 풀렸다. 이 돈은 기업과 가계가 붕괴되는 것을 어느 정도 막을 수는 있겠지만, 2008년에 경험했던 것처럼 성장동력으로 사용되기에는 한계가 있다. 코로나 위기 이후 주요국들의 정치·사회적 우선순위는 효율성을 중시하는 단기적인 경제 성장보다 헬스케어 등 사회적인 안전보장에 방점을 두면서 높은 비용을 치르게 될 것이기 때문이다. 지난 금융위기 이후 경제 성장보다 금융 시스템의 안정이 중요해지면서 저성장이 오래 지속되었던 것과 동일한 맥락이다.

또한 코로나 위기를 극복한다고 해도, 변종 바이러스와 유사한 전염병의 재발 우려 등 위기 이후 우리 일상은 커다란 변화를 겪게 될 가능성이 크다. 국가의 '내부 봉쇄internal lockdown'가 종료된다 해도 '국가 간 봉쇄external lockdown'가 상당 기간 계속될 것으로 보이기 때문이다. 다른 곳에서 재감염이 확산될 우려가 계속되면서 주요 국가들에서 국가 차원의 이동에 강한 통제가 이어질 가능성이 크다. 이는 대규모 해외여행과 출장이 어려워지는 글로벌 이동과 교역의 위축으로 이어질 것이다. 이것은 세계화에 의존했던 지난 40년과 달리 국경을 넘어 상품과 서비스, 사람과 자본의 이동을 제한하는 흐름에 편승하면서 세계 경제의 장기적인 구조적 저성장을 낳게 될 가능성이 크다.

투자 전략: 코로나 위기 이후 어디가 유망할까?

코로나19 사태 이후 금융투자는 어떻게 될까? 어떤 투자가 코로나 사태 이후 매력적일까? 다음 10년 우선적으로 투자할 만한 금융상품은 여전히 미국 달러 자산이다. 우선 코로나 위기가 진행 중일 때는 울퉁불퉁한 회복 국면이 예상되기 때문에 좀더 안전한 투자가 필요하다. 최근의 반등세가 2020년 말을 전후로 미국인들의 실업수당청구 기간이 마무리되고 기업 부도율이 상승했을 때, 더블딥(W자형)의 형태를 띠게 될 가능성을 염두에 두어야 한다. 미국 채권과 금이 대표적일 수 있지만, 미국 채권은 이미 금리가 1% 미만으로 캐리 수익이 너무 낮은 상태라 미국의 투자등급 회사채의 매력이 높아지고 있다고 판단된다.

특히 미국 투자등급 회사채와 최근 투기등급으로 하락한 채권 Fallen Angel은 국채 대비 금리가 높은 데다가 미국 정부가 5년 미만 단기 회사채를 매입하기로 했기 때문에 상당히 안정적인 투자가 될 수 있다. 단기 회사채를 매입한다는 의미는 차환을 정부가 직접 지원하겠다는 의미로, 신용경색으로 주요 기업들이 부도나는 것은 좌시하지 않겠다는 의미로 볼 수 있다. 단기 회사채의 직접 매입 시에는 매입 프로그램에 해당하는 기업들의 회사채가 유망할 것 같다.

미국 주식도 여전히 유망해 보인다. 주식시장은 2010년대에 이어 2020년대에도 글로벌 주식시장을 리드할 것으로 보인다. 2008년 금융위기 이후 신흥국들이 짧은 시간 내에 몇몇 부문에 집중적으로 쏟아낸 부양책의 효과가 전 세계 경기회복을 이끌면서 신흥국들이 전 세계를 끌고 갈 것만 같았다. 그러나 결국 2010년대에 신흥국은 이미 제도와 체제 면에서 탄탄한 기반을 가지고 있는 미국의 회복 능력을 따라잡기 어려웠다.

1990년대의 10년, 2008년 금융위기 이후 10년 등 미국이 글로벌 성장을 주도했던 기간에 미국 주식시장은 엄청난 수익률을 보여주었다. 과연 2020년에도 유사한 성과를 보일 수 있을까? 다음 10년도 미국 기업은 가장 견조한 정부의 지원을 받으면서 가장 먼저 안정을 찾을 것으로 예상한다. 강력한 소프트 파워를 지닌 미국은 코로나19 사태로 세계 경기가 급락했음에도 향후 새로운 산업을 리드하면서 글로벌 성장을 주도할 것으로 보인다. 따라서 미국 주식은 향후 10년에도 조정을 받을 때마다 분할 매수하는 것이 좋을 것 같다.

비관적인 뉴스가 계속되고 있는 유럽에서는 전 세계를 대상으로 비즈니스를 하는 글로벌 우량 기업들의 주식이 매력적일 수 있다. 코로나 위기 이후 회복 국면이 순탄하진 않겠지만 전 세계

시장 점유율이 높은 글로벌 기업들의 회복세는 상당히 빠를 수 있다. 게다가 배당 성향이 높은 유럽 주식들은 배당주로서도 매력적이다.

신흥국들은 국가별로 차별화가 필요하다. 과거와 같은 외환유동성 문제로 연쇄적인 디폴트가 발발하는 상황은 아닐 것이지만, 대규모 재정정책을 통해 정부 부채비율이 급등하는 국가들은 부담이 커질 수밖에 없다. 따라서 대규모 재정정책에도 불구하고 안정적인 재정건전성을 유지할 수 있는 신흥국에 대한 투자가 매력적으로 보인다. 또한 중국에 집중된 글로벌 생산기지는 코로나19 사태 이후 다변화될 가능성이 커 보인다.

이런 지역별 다변화로 혜택을 보게 될 국가들도 매력적일 것으로 판단된다. 글로벌 생산 시스템의 변화와 장기 저성장 가능성은 신흥국에 지난 30년과 다른 과제를 제시하고 있다. 새로운 환경에 빠르게 적응하는 국가들은 구조적인 저성장 환경에서도 투자 매력을 높일 수 있다.

7장

숲이 아닌 나무를 보자

이베스트투자증권 리서치센터장 **윤지호**

숲을 만들어갈
나무들을 주목하자

코로나19 팬데믹의 불길이 모든 것을 태울 듯이 몰려오고 있다. 연준을 비롯, 각국의 정부가 돈을 퍼부어 불을 끄려 하지만 불길은 잡히지 않았다. 어떤 사람은 이 불씨가 우리가 모르는 우주에서 행성이 떨어져 생긴 것이라고 이야기하고, 또 어떤 이는 이 불길이 너무 강해 꺼지지 않고 모든 숲을 불살라버릴 거라고 말한다. 갑자기 폭우가 쏟아진다면 불이 꺼질 수도 있고, 불씨가 꺼지지 않고 바람과 함께 더 멀리 날아가 불길이 번질 수도 있다. 멀리 보자. 머지않은 미래에 불은 꺼질 것이고, 다시 숲은 시간의 힘으로 복원될 것이다.

타오르는 숲을 바라보며 언제 꺼질지 떠들어봤자 소음일 뿐이다. 숲이 제 모습을 찾는 시기를 우리는 알 수 없다. 살수차로 물을 퍼부어도 한 번에 불길이 잡히지 않을 수 있고, 살아남은 불씨가 다시 화재를 불러올 수도 있다. 겨울에 다시 불길이 번진다면, 그 피

이베스트투자증권 리서치센터입니다.

'사과나무 시리즈'를 발간하게 됐습니다.

"내일 지구의 종말이 와도 나는 한 그루의 사과나무를 심겠다."
철학자 스피노자가 한 말로 알려져 있지만 혹자는 마틴 루서 킹이 한 말이라고도 합니다. 누가 한 말이냐는 중요하지 않습니다. 글로벌 증시가 마치 지구가 망하는 것처럼 폭락하는 상황에서 떠오른 문장이었기 때문입니다.

시장 급락의 원인을 사후적으로 설명하기보다, 이미 우리 앞에 주어진 상황에서 할 일을 찾아봤습니다. 안정적 재무구조와 경쟁우위를 확보한 기업, 지속 가능한 성장을 보여준 기업을 찾아내어, 변동성이 마무리되는 구간에서는 기업가치가 복원될 기업들을 소개해드리고자 합니다.

저 역시 정답은 모릅니다. 하지만 긴 호흡으로 볼 때, 주주가 되고 싶은 기업은 늘어나고 있습니다. 가을이 되면 풍성하게 수확할 수 있는 사과나무를 심고 기다립시다. 애널리스트 한 명 한 명이 찾아내고, 함께 더 고민하겠습니다.

우리는 가격이 아닌 시간과의 싸움을 준비하고 있습니다.

3월 24일 리서치 센터장 **윤지호**

해는 우리의 예상을 넘어설 것이다. 어떤 상황이든 큰 차이는 없다. 우리가 할 수 있는 일은 숲이 불타는 동안 물가를 찾아 살아남거나, 불길에서 떨어져 있는 나무를 찾아 가꿔갈 뿐이다. 불길이 잦아들면, 그 나무는 이미 타버린 나뭇재를 거름삼고 더 풍부한 햇빛을 받으며 무럭무럭 자라날 것이다. 숲이 아닌 나무를 보자. 그 나무가 어떤 숲을 만들지 멀리 바라보자.

필자가 속한 이베스트 리서치센터에서는 2020년 3월, 1500포인트가 무너지는 급락의 한가운데에서 「사과나무」 시리즈를 발간했다. 발간 당시 쓴 글과 시리즈에서 언급한 글이다. 주가는 급하게 올라왔고, 이제 가격 매력은 낮아졌다. 시장 참가자들은 N자일지, W자일지를 고민한다. 금융위기는 벗어나고 있지만, 실물경제에 가해질 충격은 아직 가늠하기 힘들기 때문이다.

하지만 컵에 물이 반밖에 없다고 하든, 반이나 남아 있다고 하든 컵에 담긴 물은 절반이다. 단지 컵의 반을 바라보는 이들의 시선이 다를 뿐이다. 현 상황도 마찬가지다. 경제는 아직 버틸 만하다. 현금을 급하게 회수하기 위한 무차별적 자산 매각도 마무리됐다. 안전자산인 금 가격이 상승한다. Liquidity-Off 장세는 진정됐고, 이제 Risk-On까지는 아니어도 Risk-Off 장세 정도로 받아들일 수 있다. 일부 투자자는 공포에 질려 투매로 이어지는 유동성의 악순환을 기다리지만, 그렇게 될 가능성은 희박하다.

'고아원 가기 전 마지막 짜장면 만찬', '데드캣바운스dead cat bounce(급락 후 일시 반등)' 같은 말들이 미디어와 여의도에서 자주 언급된다. 3월의 저점보다 코스피가 더 추락할 수밖에 없다는 비관론이 여전히 다수 의견이다. 필자의 생각은 다르다. 시장의 현자들과 미디어의 우려가 큰 상황에서도, 주가는 무너지지 않았다. 주가가 단기에 빠르게 상승한 만큼 안정화 구간이 필요하다. 물론 코로나가 잡히지 않고, 여름까지 모두 집 안에서 나오지 않는다면, 종말이 올 수도 있다.

필자 역시 기본 경제의 시나리오는 V가 아니라 W 또는 U자의 점진적 회복이다. 하지만 증시로 한정 짓는다면 별 의미가 없다. 코로나19 팬데믹으로 삶의 변화가 가속화됐고, 이에 적응한 기업들은 여전히 성장하고 있기 때문이다. 숲이 아닌 나무를 봐야 한다. 숲이 언제 과거와 같이 울창해질지를 고민할 시간에, 지금 이미 쑥쑥 자라고 있는 나무들을 주목해야 한다. 필자는 여전히 가격이 아닌 시간과의 싸움을 준비하고 있다.

불: 바이러스는 늘 우리와 함께해왔다

먼저 코로나19 팬데믹의 실체부터 다뤄보자. 코로나19는 세균이 아닌 바이러스다. 인류가 비로소 바이러스의 실체를 알게 된 사건은 19세기가 시작되면서부터다. 바로 스페인독감이다. 1918년에 시작해 1920년까지 창궐한 스페인독감은 현대사에 기록된 최악의 팬데믹으로, 불과 2년 만에 세계적으로 약 5억 명이 감염됐고 세계 인구의 3~5%가 사망했다. 제1차 세계대전의 사망자가 대략 2,050만~2,200만 명인데, 스페인독감으로 인한 사망자는 무려 5,000만~1억 명에 달했다. 인구비례 기준으로는 14세기 유럽을 강타한 페스트가 역사상 최악의 전염병이라 할 수 있겠지만, 절대적인 사망자 수 기준으로는 스페인독감이 전무후무하다.

바이러스는 생명체의 속성을 지닌 기생체다. 세균은 소멸시킬 수 있지만, 바이러스는 완전한 박멸 자체가 불가능하다. 1933년 윌슨 스미스가 인간 유래 인플루엔자A 바이러스를 발견했고, 3년 뒤 토머스 프랜시스 주니어가 인플루엔자B를 발견했다. 이 바이러스의 발견으로 수정란을 통한 백신 개발이 가능해져 제2차 세계대전 종료 후에는 1차 대전 막바지 때와 같은 세계적 인플루엔자 유행을 피할 수 있었다.

그런데 왜 인플루엔자를 1930년대에 이르러서야 발견할 수 있었을까? '질병의 원인은 세균'이라는 선입견 때문이었다.

감염이라는 공통 요소를 지니고 있지만, 세균과 바이러스는 일단 덩치 차이가 너무 크다. 세균은 보통 몇 마이크로미터(100만 분의 1미터) 크기지만, 바이러스는 훨씬 작은 20~300나노미터(10억 분의 1미터)에 불과하다. 덩치의 차이는 구성물의 차이이다. 세균은 세포벽, 세포막, 유전정보가 들어 있는 핵, 단백질 등으로 구성된 하나의 세포다. 바이러스는 유전정보가 들어 있는 핵이 단백질에 둘러

〈그림 7-1〉 바이러스와 세균 비교

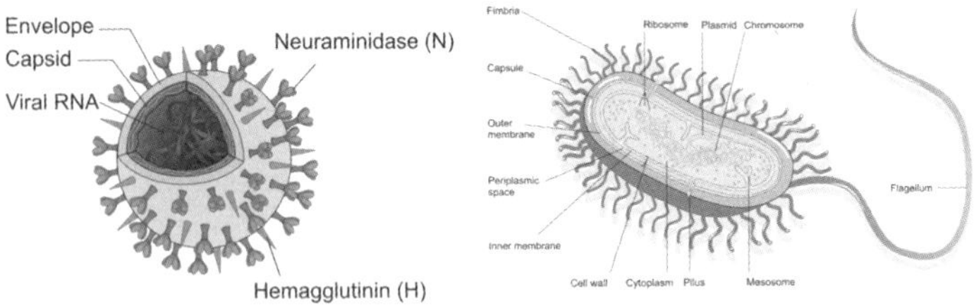

바이러스　　　　세균

출처: Dashamlav, 이베스트투자증권 리서치센터

싸여 있는 단순한 형태로, 세포가 아니다. 바이러스는 세포가 아니기에 세포를 숙주로 삼아 기생해 생존할 수밖에 없다. 세균은 보통 피부 상처나 호흡을 통해 체내로 들어가지만, 바이러스는 혈액, 타액, 피부 등을 통해 생체로 들어갈 수 있다. 바이러스는 세균보다 소독약이나 열에 강하고, 전염 확산 속도도 세균보다 빠르다. 또 유전 물질만 가지고 있기 때문에 돌연변이 확률이 높아 치료제 개발이 어렵다. 매년 겨울 이전에 독감 예방주사를 맞고, 코로나19와 같은 새로운 바이러스가 출현하면 다시 적응해가는 과정이 반복될 뿐이다.

바이러스 연구를 촉발했던 스페인독감의 진원지는 스페인이 아니다. 스페인 신문에서 처음 보도됐기에 스페인독감으로 불릴 뿐이다. 지금 상황과 겹치는 부분이 있다. 중국은 코로나19의 출발점이 우한이 아니라고 주장하고 있다. 하지만 이런 논의는 사실 중요하지 않다. 팬데믹은 지역이 아닌 세계적인 감염 확산을 의미하기 때문이다.

우리나라 역사에서도 스페인독감에 관한 기록이 나온다. 일제강점기 경무총감부 기관지인 「경무휘보」에 따르면, 1918년 스페인독감으로 756만 명이 감염되고 약 14만 명이 목숨을 잃었다고 한다. 당시 인구가 약 1,600만 명이었으니 절반이 스페인독감에 걸린 것이다. 가을에 추수할 사람이 없을 정도라는 기사가 남아 있다. 1919년 1월 조선총독부의 독감 방역이 실패하면서 일제의 무단정치에 쌓였던 분노가 표출되어 1919년 3·1운동으로 이어졌다는 연구도 있다.

사실 스페인독감의 정확한 발병 원인은 아직도 밝혀지지 않았다. 미국 캔자스주에서 시작했다는 설이 가장 많다. 1918년 4월 유럽에 배치된 미군을 통해 유럽에 번져나갔다는 가설이다. 당시 미국에서는 스페인독감에 대한 두려움을 미국으로 넘어오던 이민자들에게 떠넘기곤 했다. 이민자들을 독감 확산의 매개체로 지목했다고 한다. 전염병이나 대재난의 공포가 닥칠 때 사회적 분노가 특정 소수를 향하는 일은 역사에서 쉽게 발견할 수 있다. 1923년 관동대지진 당시 조선인 수천 명이 학살당한 것도 같은 맥락의 비극이다. 현재 국내에서 코로나19 확산을 막기 위해 종교 집회를 중지하고, 사회적 거리 두기를 실천하자는 움직임도 스페인독감 창궐 시기에 시작된 것이다.

스페인독감의 기원이 미국이라는 점은 자못 흥미롭다. 경제사적으로 보면, 1919년 스페인독감 팬데믹이 세계를 강타한 후 영국은 몰락하고, 미국이 신흥 경제대국으로 떠오르는 세계 경제 재편이 시작됐기 때문이다. 제1차 세계대전 이후 번영을 상징하는 '광란의 1920년대Roaring Twenties'가 바로 이때였다. 전쟁이 끝난 후 금주법이 실행됐는데 갱단 보스인 알 카포네가 밀주로 엄청난 돈을 벌었고, 그의 이야기는 영화의 단골 소재가 되기도 했다. 스페인독감이 창궐했지만, 1919년 내내 미국의 다우 산업지수는 100선을 넘어서는 강세장이었다.

1919년 제1차 세계대전을 끝으로 세계의 패권은 영국에서 미국으로 넘어간다. 패권은 군사력에 앞서 경제력이 결정짓는다. 영국은 전쟁비용을 미국에서 조달했고, 그 결과 제1차 세계대전 이전만 해도 채무국이었던 미국이 전쟁을 치른 뒤에는 세계 최대의 채권국으로 변해 있었다. 패권을 잃어가던 영국과 프랑스는 당장 막대한 채무를 해결하려고 패전국 독일에 과한 배상금을 요구했다. 1919년 6월 체결된 베르사유 조약은 독일에 지나치게 가혹했고(1923년 10월 독일의 국내 물가는 1년 전보다 75억 배나 올랐다), 그 결과 히틀러의 파시즘을 불러왔다.

인류는 다시 제2차 세계대전을 겪고, 글로벌 질서는 완전히 재편된다. 베르사유 조약에서 교훈을 얻은 승전국들은 패전국에 배상

〈그림 7-2〉 1917~1925년 다우존스지수: 팬데믹 구간에도 주가는 상승했다

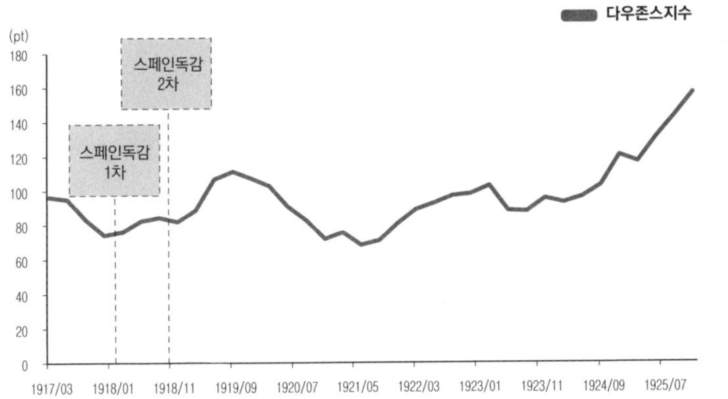

출처: Bloomberg, 이베스트투자증권 리서치센터

금을 강요하기보다 재건에 힘을 쏟는다.

흥미롭게도, 역사를 바꾼 베르사유 조약이 체결될 수 있었던 배경에 스페인독감이 숨어 있다고 한다. 독일에 대한 과도한 배상금 요구 등을 반대하던 미국의 윌슨 대통령이 스페인독감에 걸리면서, 파리 종전 협상에서 제 목소리를 내지 못했다는 것이다. 『대독감The Great Influenza』의 저자 존 배리의 주장이다. 만일 윌슨 대통령이 스페인독감에 걸리지 않았다면 과도한 배상금 요구가 관철되지 않았을 테고, 나치의 등장과 제2차 세계대전의 비극을 피할 수 있지 않았을까.

경제사적으로 이 시기를 좀더 들여다보자. 전간기戰間期는 제1차 세계대전 종전(1918년 11월 11일)부터 제2차 세계대전 개전(1939년 9월

1일)까지를 의미하며, 글로벌 경제가 재편되던 시기다. 전후 처리 과정에서 세계 경제는 각자도생의 길을 가게 돼 블록화 보호무역으로 나아갔고, 결국 대공황에 이르게 된다. 1919년 미국은 제1차 세계대전 중에 중지됐던 금본위제로 복귀했지만, 전쟁과 스페인독감으로 출현한 인플레이션은 금본위제와 양립할 수 없는 조합이었다. 다우존스는 1919년 100을 넘어선 후 최대 5배나 뛰어올라 1929년 9월 386까지 올라선다. 보호무역으로 국제무역은 축소됐지만, 주가와 부동산값이 폭등한 시기가 바로 이때다.

스페인독감을 주목하는 것은 과거가 아닌 현재형이기 때문이다. 신종플루나 스페인독감은 A형 바이러스에 속하는 H1N1 변종형이다. 매년 유행하는 유행성 독감은 H1N1 변종이 많다. 해마다 가을이면 맞는 예방접종 백신에는 대개 H1N1 변종형의 백신 1종이 들어가 있다. 스페인독감은 소멸하지 않고, 우리와 매년 만나고 있다. 1919년과 다른 점은 우리를 구해줄 백신이 존재한다는 것이다. 1932년 미국의 세균학자 리처드 쇼프가 돼지를 대상으로 한 실험에서 감기와 독감이 바이러스 때문에 발생한다는 사실을 발견했다. 이후 백신이 개발돼 매년 예방접종이 시행되고 있다.

바이러스는 소멸하지 않고, 적응한다. 천연두와 결핵은 과학의 힘을 빌려 몰아낼 수 있었지만, 바이러스 자체는 변형되어 인간을 숙주로 삼고 살아간다. 신종 바이러스가 속속 등장하는 배경이다. 스페인독감은 선박과 철도라는 교통수단에 힘입어 전 세계로 퍼져나갔다. 항구나 기차역이 그들의 도시였고, 인간은 집이었다. 인간과 인간 사이의 거리가 가까워지면 가까워질수록 바이러스는 우리 곁에 더 가까이 다가올 수밖에 없다. 우리에게 익숙해진 개념인 세계화라는 단어는 스페인독감 당시보다 전염병이 더욱 멀리, 그리고 빠르게 퍼질 수 있음을 내포한다. 더욱이 대부분의 국가가 경제적으로 연결되면서 한 국가의 위기가 이제는 모든 국가의 위기로 발전할 수 있다. 코로나19는 스페인독감의 연속선일 뿐이다.

감염 속도나 정보 전달, 그 외 어떤 것이든지 미래에는 과거보다 더 빨라질 것이다. 페스트와 천연두가 인류를 공포로 몰아세웠던 시대보다, 스페인독감이 전파됐던 시대보다 우리는 미래에 살고 있고 코로나19는 그만큼 더 빠르고 광범위하게 확산하고 있다. 다행스러운 것은 과거와 달리 정보가 실시간 공개된다는 점이다. 전염병에 속수무책으로 당해 인류의 3분의 1이 감소하는 지구적 종말은 현실에 와닿지 않는다.

'바이오해저드' 게임 시리즈에는 바이러스의 특징을 역으로 이용해 증상을 억제하는 치료제를 만든다는 스토리가 포함돼 있다. 실제 타미플루의 주성분인 '오셀타미비어'가 이런 방식을 적용한 것이다.

감염과 경제는 상호 영향을 주고받는다. 코로나19 역시 우리 일상의 풍경부터 바꿔놓았다. 그리고 과거의 바이러스들이 그랬듯이 경제와 정치 구조 자체에 영향을 줄 것이다. 당장은 2020년 겨울 코로나19의 2차 대유행을 걱정하는 이가 많다. 바이러스 특성으로 볼 때, 여전히 백신 개발에는 상당한 시간이 필요하다. 하지만 이번에도 다르지 않을 것이다. 인류는 치료제를 개발할 것이고, 바이러스는 숙주를 죽이기보다 공생을 통해 계절적 독감처럼 우리와 함께할 것이다. 아마도 2021년 여름이 되면 우리는 발리에서 '모히토 한잔'을 외치고 있지 않을까?

숲: 큰 틀에서의 실마리 찾기, 30년 사이클

'코로나 이후의 세계'가 주된 화두다. 모두 같은 세계를 바라보지만, 필자의 관점은 다르다. 코로나19 팬데믹이 세상을 바꾼 것이 아니라 이미 시작된 변화가 코로나19 팬데믹으로 가속화된 것뿐이다. 변동성은 공포이고, 변화다. 2008년 금융위기에 출현한 변동성이 30년 사이클 내의 붕괴 사이클을 알린 것이었다면, 2020년 2차 변동성은 30년 사이클 내 혁신 사이클의 가속화를 알려주는 신호다.

필자의 지난 전략 스탠스(장기 전망)는 평균 30년 주기로 찾아왔던 경제질서 변화라는 큰 틀에 기반한 것이었다. 과거 경제질서의 한계가 드러나자 새로운 경제질서가 이를 대체해가고, 그 과정에서 불확실성이라는 암초가 곳곳에서 출몰한 것이다. 이번에도 다르지 않다. 1980년대 이후 시장 근본주의적 접근(금융의 세계화, 신용팽창, 규제완화)의 한계는 2008년 미국의 금융위기 충격으로 드러났다. 그 위기가 완전히 해소되기 전 2011년 이후 유로존 재정위기, 또 이번의 코로나19 팬데믹 같은 충격이 급습했지만 길게 보면 경제가 다시 최악의 상황으로 내몰리기보다 새로운 경제질서를 점점 더 확고히 만드는 계기로 작용했다.

자본주의는 추세적으로 성장을 지속하지만 주기를 지니며 변화하고 적응해왔다. 각각의 경기주기는 시간에 따라 분류되며 상호 연결된다. 경기주기 가운데에서 가장 널리 알려진 것이 10년 주기 주글라 사이클Juglar Cycle이다. 30년 주기의 베리 사이클Berry Cycle은 10년 주기의 주글라 사이클 3개가 '위기-혁신-붕괴' 단계로 진행되는 경기 사이클이다. 30년 사이클의 틀로 보면, 2008년 금융위기 이후 10년은 1980년 이후 30년간의 기존 질서가 새로운 질서로 바뀌는 위기 사이클이었고, 이전 30년간과는 다른 가치가 자리 잡는 과정이었다. 30년 주기로 보면, 1980년에서 2008년 금융위기까지 이어진 직전 30년과는 다르지만 1946년에서 1979년까지 이어진 30년과는 유사하다.

〈표 7-1〉 각 경기주기 간의 관계

Researcher	주기(연)	평균 주기	관계
Kitchin	3~5	3.33	
Juglar	7~11	10	3 x Kitchin
Kuznets	20~25		
Berry	25~35	30	3 x Juglar9 x Kitchin
Kondratyev	46~60		
Strauss and Howe	85~90	90	3 x Bery9 x Juglar

출처: Tony Plummer, "Forecasting Financial Markets", Kogan Page

〈표 7-2〉 30년 주기, 1946~1980년 사이클

Berry Cycle (30년)	Juglar's Waves (10년)	특징
1946~1980	1946~58	- 제2차 세계대전 이후 정치, 경제질서 해체 - 케인스학파의 경제정책 주도
	1958~70	- 'Great Society', 베트남 전쟁, 달 탐사 시작 - 쿠바 전면 봉쇄와 소련의 미사일 기지 건설
	1970~80	- 원자재 가격 상승으로 인플레이션 심화 - 캄보디아 사태와 냉전, 브레턴우즈 체제 종말

출처: Tony Plummer, "Forecasting Financial Markets", Kogan Pag

30년 주기의 틀에서 생각하면, 1945년 제2차 세계대전 종전 이후 새로운 경제질서가 확립되고 난 뒤 1958년에서 1970년까지 이어진 혁신 사이클과 유사할 것으로 판단한다. 시장을 보는 큰 틀, 바로 30년 사이클에 동의하는 이는 많지 않을 것이다. 학계는 '경기 순환이 일정한 주기성periodicity을 가지는가'라는 질문에 대해 일정한 주기성을 찾기 힘든 것으로 결론을 내려왔다. 하지만 금융시장의 과거 추이를 보면, 경기 및 이익 사이클은 주기적periodic이지 않으며

동일하지도 않지만, 반복recurrent되는 특징을 보여왔다.

경제 사조와 정책 기조도 마찬가지다. 시장 기능의 신뢰와 불신이 반복되어왔다. 자유방임의 한계를 드러낸 대공황 이후 정부의 역할을 강조하는 케인스학파가 등장했고, 1970년대의 인플레이션 위기 극복 과정에서 통화주의로 대표되는 자유주의 경제학이 득세하게 된다. 이제, 순서로 보면 '보이지 않는 손invisible hands'의 시대는

〈그림 7-3〉 30년 사이클의 혁신 주기: 1958~1970년까지의 유사성 주목

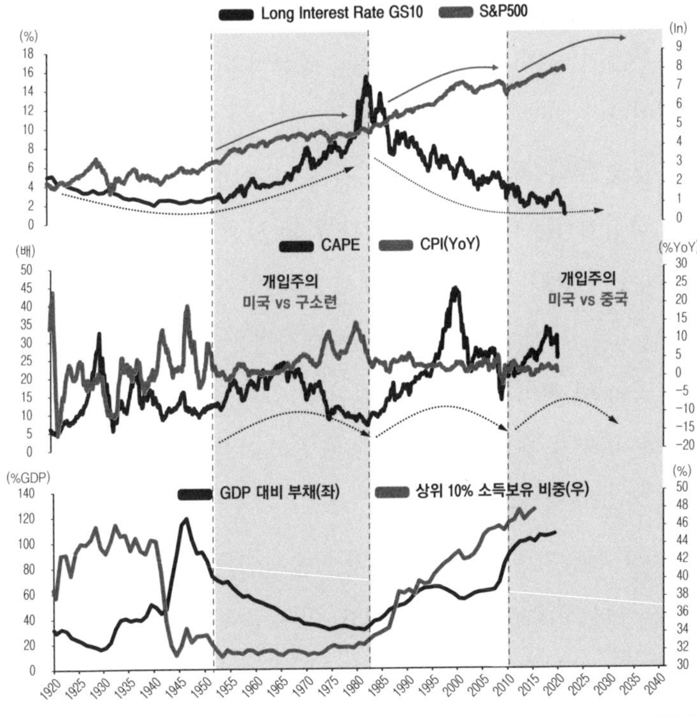

출처: BEA, 이베스트투자증권 리서치센터

끝나가고 '보이는 손visible hands'의 시대로 들어선 것이다.

지난 레세페르laissez faire(자유방임주의) 시대의 주인공이 '금융'이었다면, 이제 그 역할은 '실물'이 대체해갈 것이다. 낮은 금리로 레버리지를 일으켜 금융 투기 국면을 조성하고, 자산 소득에 기반한 소비 확장 및 부채 경제가 지난 30년간의 성장엔진이었다. 하지만 금융시장이 합리적이고 자정 능력을 가진 메커니즘이라는 믿음은 지난 금융위기를 거치며 흔들리고 있다. 글로벌 경제가 부활하기 위해서는 기업의 창조적 혁신이 필요하고, 이미 그런 변화는 진행형이다. 아마존·넷플릭스·테슬라 등 새로운 성장 산업이 출현했고, 이에 발맞춰 투자가 늘어나는 실물 부문의 성장이 다음 질서의 주된 동력인 것이다.

미·중 무역갈등의 배경도 여기에 있다. 경제 시스템이 재구축되는 과정에서는 헤게모니를 잡기 위한 경쟁이 시작되고, 이는 체제경쟁으로 강화된다. 1958년에서 1970년까지 미국과 소련은 달 탐사를 누가 먼저 하는가를 놓고 체제경쟁을 했고, 그 과정에서 엄청난 기술 발전이 일어났다. 소련이 1957년 스푸트니크 발사에 성공하자, 미국은 충격을 받았다. 먼저 우주와 전쟁 관련주들이 급등했고, 기술이 뒤따라 발전했다.

이후 시작된 미국과 구소련의 기술경쟁은 민간으로 연결됐다. 기술은 생산성 향상으로 연결됐고, 이후 출현한 혁신 기업들이 지속적으로 성장했다. 샘 월튼의 월마트나 레이 크록의 맥도날드가 출발한 시점도 바로 이때였다. 혁신 사이클의 주인공은 새로운 기업이었다. 1960년대는 1920년대 이래 월스트리트에서 인수합병이 가장 빈번하게 이루어진 시기였으며, 성장하는 기업이 투자자들의 선택을 받았다. 1960년대를 월스트리트는 'go-go years'라 부른다.

물론 1960년대는 암살과 핵위협의 시대이기도 하다. 미국과 구소련의 경쟁은 베트남전과 쿠바 사태 등 체제경쟁이 무력 충돌 직전까지 나아갔지만, 파국으로 치닫지는 않았다. 필자는 소련과의 2극 체제(1958~1970년 신기술에 대한 투자)와 2020년 미·중 갈등의 유사성을 주시하고 있다.

2020년 1월 15일 미국과 중국, 양국은 지난 2년여간의 무역갈등을 해결할 실마리를 찾았다. 중국이 2년간 총 2,000억 달러의 미국 상품을 구매하기로 한 것이다. 2018년 7월 미국이 중국산 제품에 대한 첫 관세 폭탄으로 무역전쟁의 포문을 연 지 18개월 만에 나타난 성과였다. 강대강으로 치닫던 미·중 양국이 서서히 화해 모드로 변하는 듯 보였다.

그러나 암초를 만났다. 코로나19 팬데믹의 여파는 1930년대 대공황 이상의 공포와 충격을 주고 있다. 미국에서는 일자리 2,000만 개가 단 4주 만에 사라지면서 사실상 지난 10년간의 경제 성과가 한 방에 날아가 버렸다. 팬데믹 초기 충격이 사라지기도 전에 미국을 비롯한 서방 주요국들은 코로나19의 충격적인 결과를 중국으로 돌리고 있다. 미국 일부 의원이 코로나19 관련 피해를 입은 미국인들에게 중국 정부를 고소할 수 있는 권리를 부여한 법안을 발의하는가 하면, 주요 미 언론에선 트럼프 재선구도에 '중국 때리기'가 효과적일 것이라는 여론도 조성하고 있다.

봉합될 것 같았던 미국과 중국의 갈등이 다시 대치 국면으로 전환되고 있다. 앞으로 미국과 중국 간 힘의 균형은 어떻게 맞춰질까? 미·중의 갈등 양상은 코로나 이후 세상을 어떻게 바꿔나갈까? 아무도 알 수 없다. 그러나 우리가 알고 있는 것이 있다. 새로운 힘의 균형이 만들어지는 과정이라는 점이다. 30년 전 소련의 해체로 완성된 미국의 1극 체제가 도전자 중국의 빠른 부상과 함께 새로운 힘의 체제(어쩌면 중국과의 2극 체제)로 전환되는 사이클로 들어서 있다.

"미국과 중국의 경제 냉전이 10~20년 지속될 것이다."

케빈 워시 전 연준 이사가 2018년 10월 4일 CNBC와의 인터뷰에서 한 말이다. 미국은 트럼프가 아니라 다른 누가 대통령이 돼도 중국과의 새로운 관계 설정이 불가피하며, 미국과 중국의 역학관계는 누가 몇 대의 보잉을 구매하고 얼마나 많은 대두를 수입하는지의 차원을 넘어선 국가 간의 핵심적 이익과 관련돼 있다고 봤다. 미국은 중국과 새로운 관계를 설정하기 위한 벼랑 끝에 서 있으며, 이는 앞으로 10~20년 계속될 냉전의 시작이다.

미국과 중국의 핵심 이익은 결국 생존이다. 중국은 공산당이 생존하여 최고주의 세계관을 입증해야 하고, 빈부격차와 분리주의를 배격하기 위한 성장 지속이 필요하다. 미국 역시 돈의 확산(자본주의, 민주주의)과 경기확장(패권유지)을 지속해야 한다.

지난 100년간 패권국은 미국이었다. 언제나 누구와의 경쟁이라도 승자는 미국이었다. 소련과 일본이 대표적인 사례로, 미국의 독주에 도전한 국가들의 결과처럼 중국도 미국의 패권을 넘어서지 못할 수 있다. 미국의 힘은 언제나 일정한 수준 이상의 경제 성장을 보여준 저력이 있기 때문이다. 이것이 핵심이다. 미국은 중국의 도전에 대비하고 있다.

그러나 중국은 일본이나 소련과 다르다. 소련과의 냉전 시대 당시 미국은 소련과 경제적 유기성이 없었다. 그러나 중국과는 이미 금융과 실물경기가 많이 엮여 있다. 이것이 소련과 다른 점이다. 중국은 일본과도 다르다. 일본과 독일은 군사적 거세를 당한 상태이기 때문에 일방적인 미국의 통상 압력에 굴할 수밖에 없었다. 미국 주도의 FX 전략을 일본은 충실히 이행했다. 그러나 중국은 핵을 갖고 있다.

미국은 일종의 파괴되지 않을 시스템을 만들어야 한다. 소련과 냉전 체제('핵'은 미·소 간 직접적 대결을 피하게 만든 핵심 요인이다)를 만들었듯, 중국과도 불편하지만(서양의 보편적 가치를 지키지 않는 강대국이라는 점에서) 인정하는 그런 체제를 만들어야 한다. 1970년대 소련을 견제하기 위해 닉슨과 키신저가 중국을 개방시킨 것처럼, 중국을 견제하는 데 인도가 미국 전략의 핵심 변수라는 의견도 제기되고 있다. 어떤 방향이든 중국의 부상을 견제하기 위한 미국의 전략은 경제, 군사, 외교의 양적팽창과 변화를 수반할 수밖에 없다.

중국 역시 미국의 패권에 도전했던 소련과 일본의 전례를 잘 알고 있다. 중국은 그렇게 되지 않기 위해 노력할 것이다.

일방적 자국 통화 강세와 산업공동화 현상, 비생산적 자산에의 쏠림(부동산 가격 급등) 같은 실패는 중국으로 하여금 급격한 자국 통화 강세의 부작용을 일깨워줬을 것이다. 더불어 소련의 사례를 통해 교역 없는 소련 경제의 낙후성과 우방국 경제부진에서 비롯된 체제 유지 실패, 단일 산업 의존도가 갖는 치명적 결함을 잘 알고 있다. 쏠림 없는 내수 성장과 통화 안정을 바랄 것이고, 특히 지속적인 경제 성장을 위한 생산성 향상은 미국의 견제에도 불구하고 어쩔 수 없이 확대 전략(제조업 2025의 새로운 변형?)을 가져가려 할 것이다

미국과 중국이 대립하는 지점이 바로 확대경쟁의 분야가 될 것이다. 경제 부문에 한정해서 보면 과거 무역전쟁에서 보여준 미국의 의중에서 알 수 있다. 미국이 중국을 대상으로 무역분쟁을 일으키며 관세를 부과하는 품목만 봐도 어느 산업을 견제하는지 알 수 있다. 또한 미국 무역대표부USTR가 발표한 중국의 지재권 침해 관련 조사 보고서에는 '중국제조 2025'라는 단어가 116번이나 등장한다. 무역분쟁을 이용하여 관세를 부과함으로써 중국을 견제하는 데에는 '중국제조 2025'의 주요 산업이 자리 잡고 있다는 사실을 알 수 있다.

미국은 1위 패권 국가 자리를 사수하기 위해 자국이 우위를 가진 산업의 경쟁력을 더욱 강화할 것이며 견제 대상인 중국의 미래 주도산업의 생산력 향상과 자본 성장을 억제하려고 할 것이다. 재선 이후 트럼프가 무역분쟁, 감세정책 등을 통해 본질적으로 획득하려는 것은 생산성 향상과 자본 장악을 통한 '경제대국'의 G1 자리를 지키는 것이다.

중국도 미국에 대항하고 있다. 공급 측 개혁 첫 과제로 신산업 육성을 내세우며 혁신형 국가 건설 가속화를 꾸준히 제시하고 있다. 신산업과 제조강국 건설을 강조하며, 신산업 가운데 빅데이터, 인공지능, 반도체, 5G이동통신, 신에너지자동차, 항공기엔진, 신소재 등의 업종을 거론하고 있다. 혁신 주도 성장을 위한 기업감세와 규제완화, 업그레이드된 대중창업 환경 조성 등의 지원 정책을 발표하며 신산업 육성에 집중하고 있다.

미국과 중국의 갈등은 분명 변동성이자 불확실성이다. 그러나 그 갈등의 결과는 팽창이고 기회다. 글로벌 경제패권은 첨단 ICT를 접목한 4차 산업의 우위를 누가 점하느냐에 따라 결정될 것이다. 현재 4차 산업혁명 주도권은 미국이 잡고 있지만, 중국·유럽·일본·한국 등이 중장기 정책을 통해 이를 쫓고 있다.

당장 코로나19 이후 세계 경제 회복을 위한 다툼에서 미국과 중국은 또다시 갈등 국면으로 치달을 가능성이 크다. 그러나 역사적으로 체제전쟁과 경제질서 전환기가 함께 진행되어왔다는 점을 기억하자. 30년간 유지된 경제 시스템이 재구축되는 과정에서는 진통이 뒤따르지만, 새로운 경제 사조와 통화 시스템은 이후 새로운 기회를 제공한다.

글로벌 경제가 부활하기 위해서는 기업의 창조적 혁신이 중요하다. 앞서 말했듯 새로운 성장 산업이 출현하고, 이를 통해 기업이 돈을 벌고, 이에 발맞춰 투자가 늘어나는 실물 부문의 성장이 다음 질서의 주된 동력이다. '보이는 손'의 시대는 과거 30년의 사이클과는 다를 것이다. '새로운 힘의 균형'을 위한 미국과 중국의 갈등은 소련과의 2극 체제(1950~1980년)에서 보여줬던 신기술에 대한 투자와 우방국에 대한 경제적 지원의 모습으로 오버랩된다. 2020년 미국과 중국의 무역갈등도 길게 보면 기술경쟁이다. 경쟁은 기술 혁신을 가속화하고, 혁신은 생산성을 향상시킨다.

미국은 패권을 유지하려고 하고 중국은 공산당의 생존이 걸린 문제이기에, 생각보다 긴 싸움이 시작됐다. 자의 반 타의 반 경쟁적으로 도입한 레버리지 사이클에 진입한 글로벌 경기에는 나쁘지 않을 것이다. 신경제냉전New economic Cold War의 시대는 무역·투자·기술 전쟁이 치러지는 양적팽창의 시대이기 때문이다.

물: 이미 일어난 미래, 무형재의 시대

이제부터 '살아남을 나무'를 찾아보자. 나무가 물가에 있어야 유리할 것이다. 앞서 30년 주기의 단계로 보면 이번 사이클의 화두는 혁신이고, 미국과 중국이 벌이는 무역전쟁의 본질도 기술 패권전쟁임을 강조했다. 이의 결과를 기업으로 표현한다면, 결국 BAT와 FAANG의 대결이다.

경제는 진화하고, 경제 이론은 이를 뒤따라 해설할 뿐이다. 기존 경제학에서는 한 국가의 잠재성장률을 노동인구 증가율과 생산

〈그림 7-4〉 미국과 중국의 패권전쟁, BAT와 FAANG

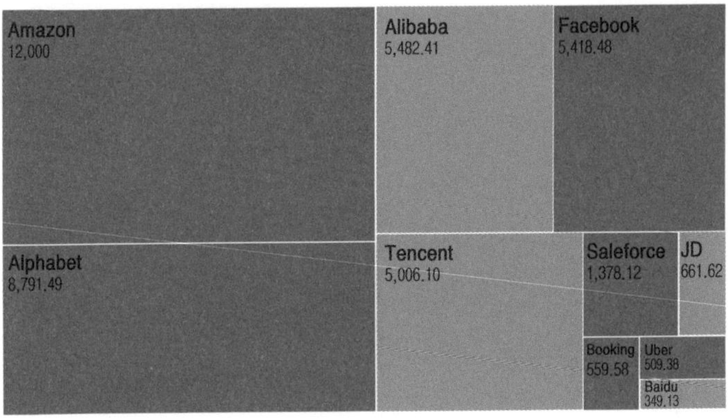

출처: Google, 이베스트투자증권 리서치센터

성 증가율의 합계로 표현한다. 한 국가의 성장률은 노동인구가 늘어나 절대적 노동시간이 늘거나 더 낮은 노동 투입으로도 더 많은 생산이 가능해질 때 개선될 수 있다. 저출산과 고령화가 두려운 이유가 여기에 있다. 노동인구 증가율의 감소는 노동 투입 시간의 감소와 같기 때문이다.

그리스인은 시간을 '크로노스kronos'와 '카이로스kairos'라는 두 단어로 나눠 사용했다. '크로노스'는 물리적인 시간이고, '카이로스'는 심리적이고 상대적인 시간이다. 시계로 가늠하는 시간과 개인이 주관적으로 느끼는 시간의 차이를 고려하면, 둘의 차이를 전제한 그리스인의 지혜는 놀라울 뿐이다.

인간은 동일한 물리적 시간에서도 상황에 따라 빠름과 더딤을 느낀다. '상대성 이론'이 무엇이냐는 질문에 "연인과 함께 있을 때는 1시간이 1분처럼, 뜨거운 난로 옆의 1분은 1시간처럼 느껴지는 것"이라고 답변한 아인슈타인의 유머가 떠오른다. 인간은 크로노스의 시간 속에 살아가지만 카이로스의 시간에 지배받고 있다.

카를 마르크스는 물리적 노동시간만 가치의 근원으로 보는 오판을 했다. 19세기의 경제학자들은 모두 그러했다. 1800년을 전후로 하는 산업혁명 이후, 이른바 대분기 시대에 1인당 국민소득의 비약적 증가를 목격했음에도 땀 흘리는 노동만이 진정한 가치를 창조한다는 믿음에서 크게 벗어나지 못한 것이다. 노동시간을 늘릴 수 없다면 생산성을 올리면 된다. 이탈리아의 사회주의자 안토니오 그람시가 주목한 지점이 여기다. 그는 계급 간의 모순에도 자본주의가 더 확산되고 강화된 이유를 미국에서 찾았다.

헨리 포드는 이윤이 증가하면 임금을 2배로 올려줬다. 하지만 그가 도입한 대량 생산 체제는 자동차 1대를 조립하는 데 걸리는 시간을 14시간에서 2시간으로 단축시켰다. 그람시는 저서 『옥중수고』에서 이를 '아메리카니즘'이라고 지칭했다. 이후 이는 '포드주의'로 발전한다.

제2차 세계대전 이후 세계 경제는 이런 생산성 향상에 기반했다. 여기엔 또 다른 배경이 있다. 그 배경 중 하나가 프레더릭 윈슬로 테일러의 과학적 관리 기법이다. 테일러의 첫 저서는 『시간 관리 Time Study』였다. 그는 그만큼 시간을 중시했다. 그는 표준화된 시간 관리를 도입했다. 포드의 컨베이어 벨트는 자본과 시간 관리가 결합한 성공 사례다. 이런 생산성 향상이 노동자의 임금 상승으로 연결됐다. 이후 단축된 시간은 교육·문화·레저 증대로 선순환되며, 생산과 소비 간 양의 되먹임feedback 구조가 구축됐다. 1960년대의 황금시대golden age는 생산성 향상에 따른 임금 상승이 기반이었다.

하지만 지난 사이클의 혁신은 더 이상 작동되지 않는다. 고용이 개선돼도 임금은 오르지 않는다. 4차 산업혁명이라는 슬로건 역시 생산성 개선을 자극하지 못하고 있다. 그중에서 한국은 더 외통수에 몰려 있다. 한국의 노동생산성 향상은 이미 0%대로 감소했다. 2020년 이후에는 마이너스 영역으로 들어설 것으로 전망된다. 이처럼 고령화와 산업구조 변화로 노동생산성이 감소할 수밖에 없다면 생산성 개선 방법은 자본의 투입과 총요소생산성TFP의 증가밖에 없다. 하지만 자본을 투입한다고 해서 그만큼 자본생산성이 개선되는 건 아니다. 한국의 주력 산업은 공급과잉과 격화된 경쟁에 노출돼 있다. 기업이 설비투자를 늘린다고 하더라도 생산성 증가로 연결되기 쉽지 않다.

남은 것은 총요소생산성의 개선이지만 그것도 쉽지 않다. 총요소생산성은 흔히 기술 진보에 의한 혁신으로 해석한다. 4차 산업혁명이 혁신의 원동력으로 제시되고 있다. 하지만 분명한 것은 4차 산업혁명이 과거 인터넷 및 컴퓨터가 가져온 혁신에는 못 미치리라는 점이다.

왜 생산성이 개선되지 않을까? 여러 가지 이유가 있겠지만 경제 내 무형재intangible goods 비율 증가도 그중 하나다. 무형재 생산은 노동과 자본의 투입보다 무형의 투입물이 중시되는 상품이다. 애플리케이션이나 게임이 대표적이다. 무형재는 직접 눈에 보이지 않아도 작은 아이디어 하나가 엄청난 가치를 창출한다. 물론 게임을 개발하는 데에도 노동시간이 투입되어야 하고 자본도 필요하다. 하지만 노동과 자본이라는 전통적 생산요소는 부차적인 것일 뿐, 아이디어 자체가 가치와 생산의 중심이다.

크로노스가 제조업 중심 경제의 시간이라면 카이로스는 무형재 경제의 시간이다. 시간이 생산성을 보장하지 못한다면 부가가치의 창출이 필요하다. 부가가치 창출은 창조적 아이디어를 만들어낼 수 있느냐 아니냐에 달려 있다. 프랑스 철학자 질 들뢰즈는 인간을 기계에 빗대 '되기becoming'라는 개념으로 설명했다. 예를 들어 많은 직장인은 가정이라는 네트워크에 접속했을 때는 '자상한 아빠-기계'가 되고 직장이라는 환경에서는 '악독한 상사-기계'가 된다. 우리는 때에 따라 노동자가 될 수도 있고 자본가가 될 수도 있다.

그런데 대부분 사람은 여기서 하나의 의문을 품게 된다. '직장인인 내가 노동자는 될 수 있겠지만 어떻게 자본가가 될 수 있을까?' 이는 대부분이 '자본'의 의미를 토지나 화폐에 한정 지어 생각하기 때문에 나타나는 결론이다.

마르크스의 『자본론』은 1850년대의 영국 자본주의를 분석했고 당시 자본가 계급이 노동자 계급을 착취하는 구조에 초점을 맞췄다. 자본을 노동의 피를 빨아먹는 흡혈귀에 비유하고 자본주의하에서의 기술 진보는 자본가에게 유익할 뿐 노동자에게는 '유해'하다고까지 주장한다. 기술혁신이 잉여노동의 양을 줄일 수밖에 없다는 오해다. 하지만 세상은 180도 달라졌다. 우리는 디지털 생태계가 일반화된 자본주의 사회에서 살고 있다. 화폐자본이나 토지자본이 아니더라도 자본을 축적할 수 있다. 지식자본의 시대가 펼쳐지고 있다. 플랫폼 경제의 발전 때문이다.

디지털 생태계가 일반화된 사회에선 자본의 의미가 달라진다. 인간의 지적 자산과 네트워크 가치가 새로운 형태의 자본이다. 플랫폼 주도 경제는 상품의 성격 변화에서 출발한다. 마르크스나 주류 경제학에서 다루는 상품은 경합성rivalry과 배제성excludability을 지닌 유형재를 전제한다. 하지만 플랫폼 경제의 주된 상품은 경합성이 없고 배제성만 있는 무형재다.

유형재인 핸드백은 제품마다 가격의 차이가 있고 각 핸드백의 소유주는 한 명이다. 반면 넷플릭스에서 구입한 드라마(무형재)는 같은 요금을 지불하고 누구나 볼 수 있다. 유형재와 무형재의 더 큰 차이는 소모성이다. 유형재는 사용하면 할수록 줄어든다. 데이비드 리카도의 '차액지대론'에서 출발한 '수확체감의 법칙'에서 벗어나지 못한다. 하지만 무형재는 사용해도 줄지 않는다. 오히려 한 사람의 소비가 다른 사람의 소비를 자극해 양과 가치를 동시에 증가시킨다. 네트워크 효과의 힘이다.

닷컴 호황은 디지털 생태계의 출발점이었고 그것을 기반으로 이제 플랫폼 혁명이 진행되고 있다. 선형적 가치사슬에서 벗어나 플랫폼의 복합적인 가치 매트릭스가 부를 창출한다. 과잉자본의 시대임에도 애플이나 구글 같은 플랫폼 비즈니스는 대규모 자본 장치를 내재화하지 않는다. 이윤율이 감소하지 않고 유보 현금도 넘쳐나는 이유다. 무형재 상품 경제의 확산은 새로운 자본의 탄생으로 연결되고 있다.

사거리마다 자리 잡고 있던 은행 점포들은 점차 사라지고, 옷가게와 네트워크 경제의 가능성은 더 커지고 있다. 재택근무라는 사회적 실험은 배달과 네트워크 근무라는 새 세상을 여는 계기가 됐다. 기계와 인간의 만남으로 자본이 축적되던 시대에서 인간과 인간의 만남의 시대로 넘어온 것이다. 이 시대에는 만남 자체가 '자본'이 된다.

한국의 위기는 여기에 있다. 자본생산성이 예전 같지 않다. 정부 정책에 발맞춰 성장해온 산업자본은 새 세상에 적응하지 못했다. 일자리는 자본이 만드는 것이고, 자본이 부가가치를 창출할 때 지속할 수 있다. 하지만 이미 자본을 투입해도 그만큼 자본생산성이 개선되기 힘들다. 한국은 노동과 자본에 의존한 수확체감의 세계에서 작은 아이디어 하나가 엄청난 가치를 창출하는 수확체증의 경제로 진화하지 못했다.

미국은 이런 변화를 선도하며, 주가도 사상 최고치를 넘어 전진하고 있다. 아마존과 구글이 수확체증 경제를 현실에 구현하고 있고, 정부는 감세와 규제완화로 이런 기업들의 자본생산성 개선에

〈그림 7-5〉 아마존, 애플, 삼성전자, 코스피, 코스닥 시가총액 추이

출처: Bloomberg, 이베스트투자증권 리서치센터

힘을 실어주고 있다. 반면, 우리가 처한 현실은 매우 암울하다. 여전히 정책의 주안점이 노동과 자본이라는 전통적 생산요소에 머물러 있다.

그 결과 2020년 4월 16일 기준 애플 시가총액은 1.24조 달러로 한국 KOPSI 전체 시가총액인 1.02조 달러를 넘어섰다. 애플이 무너지든지, 아니면 코스피가 그 차이를 줄이려 쫓아가든지 해야 한다. 한국이 혁신 생태계에 자리 잡은 기업에 투자를 집중해야 하는 이유다.

농경사회에서 산업사회로의 이행기에 그랬던 것처럼, 산업사회에서 정보사회로의 이행기에 적응해야 한다. 2000년 초반 IT 혁명기에 새로운 기술은 이미 다 나왔다. 기술을 개발한 이가, 아니 기술을 활용한 이가 돈을 버는 세상이다. 스트리밍 기술을 개발한

〈그림 7-6〉 KOSPI 대비 섹터별 시가총액 비중

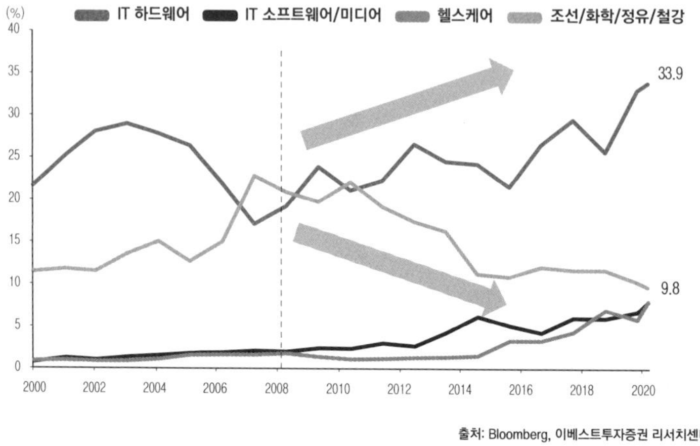

출처: Bloomberg, 이베스트투자증권 리서치센터

이보다 그 서비스를 적용한 넷플릭스가 혁신의 주인공이 됐다. 노동시간의 감소는 기계와 새로운 형태의 혁신이 대체해갈 것이다. 새로운 형태의 일자리에 필요한 인재는 부족하고, 과거의 일에 머물러 있는 일자리 감소는 가속화될 것이다. 정부든 기업이든 시차를 두고 세상의 변화를 따라갈 것이다. 늦었다고 생각할 때가 가장 이른 때다.

한국 증시의 시가총액도 이를 반영해왔다. 2000년 글로벌 투자 사이클의 중심이었던 산업재와 소재는 저물고, 금융위기 이후 새로운 혁신 사이클의 중심인 IT와 플랫폼 기업은 약진하고 있다. 재택근무와 온라인 쇼핑은 이제 생존을 위한 선택이 되고 있다. 각국은 이를 위한 통신과 IT 인프라를 위한 재정투자를 가속할 것이다. 재정은 도로와 철도가 아닌 IT에 쏠릴 수밖에 없다. 여기에 투자 기회가 있다. 게임 체인저는 이미 출현했고 더 거세게 게임의 구도를 바꿔갈 것이다. 우리의 선택은 자명하다. 피터 드러커가 "이미 일어난 미래"라고 말했듯이, 미래는 이미 우리 앞에 와 있다.

나무: 좋은 주식을 샀다면, 들고 갈 줄도 알아야 한다

이제 논의의 종착역이다. 어떻게 해야 하는가에 대한 필자의 답변이다.

먼저 스타일이 무엇인지에서 출발하자. 스타일의 범주는 둘이 아닌 셋, 아니 그 이상으로 나뉠 수 있다. 가치 스타일만 하더라도 저PER·저PBR·배당수익률·역발상 등으로 나눌 수 있고, 성장형도 이익모멘텀·지속성장 등으로 세분화된다.

성장과 가치 스타일의 상대 성과로 시기적 우위를 설명하지만, 스타일 자체의 분류가 자의적이란 비판에서 자유롭지 않다. 실제

〈그림 7-7〉 좋은 기업(성장)이 좋은 가격(가치)에 와 있어야 좋은 주식이다

출처: 이베스트투자증권 리서치센터

각각의 스타일 인덱스에서 성장과 가치 스타일이 혼용되어 있는 종목도 상당하다. 좀더 명확하게 분류하기 위해 순수한 성장과 가치로 단순화해보자. 성장은 과거, 가치는 미래가 초점이다. 투자 그루의 스타일을 예로 들면 성장은 필립 피셔, 가치는 벤저민 그레이엄이 필수 교과서일 것이다.

성장주 투자자는 비즈니스 모델, 신기술 등의 성장 드라이브를 반영한 급등주 또는 인기주를 찾는 질적 접근을 선호한다. 하지만 가치주 투자자는 시장에 휘둘리기보다 숫자와 밸류에이션에 집중하는 정량적 접근에 집중한다. 하지만 주가가 상승하면 이익 전망치를 비껴가는 성장 함정에 빠질 수밖에 없다. 반면 파이가 작아지는 산업에서의 주가 하락은 가치 함정의 악순환에 빠지게 된다. 두 접근법의 일장일단을 인지한 이가 워런 버핏 버크셔 해서웨이 회장이다. 1969년 그는 스스로를 '85%의 그레이엄과 15%의 피셔'라고 묘사했다. 필자가 보기에 버핏 회장은 성장하는 산업에서 상대적 가치주를 찾고 있을 뿐이다.

투자 전략의 프레임으로 접근하는 방법도 있다. 금리가 하락하는 불황 구간에는 대부분의 기업이 낮은 성장률을 보이므로, 성장하는 기업이 프리미엄을 받으며 인기주 열풍에 휩싸인다. 반면 금리가 상승하면 성장주는 할인율에 대한 부담이 커지고, 이에 따라 성장 기업의 희소성이 사라지며 투자의 온기가 산업 전반으로 확산된다. 가치 함정에서 벗어난 턴어라운드 기업이 시장 전면에 부상하는 가치주 우위 국면이 금리 상승기에 출현하는 이유다. 현

상황은 구조적 저금리 상황이다. 가치 대비 성장주의 우위는 당연하다.

예금자의 시각에서 바라보면 이해하기 쉬울 것이다. 예금 금리가 내려가면 돈을 더 아껴야 한다. 이자수입이 줄어들기 때문이다. 은행은 대출해줄 곳이 마땅치 않고 예금자도 낮은 금리를 수용한다. 반면 경기가 살아나면 돈을 빌리는 사람들이 늘어나고 금리는 올라간다. 예금자는 이전보다 더 적은 예금으로도 동일한 이자수입을 얻는다. 소비와 투자의 선순환이 일어나면 금리가 상승하는 경기확장기다. 이때 가치주는 성장주를 압도할 수 있다.

하지만 금리가 오르면 대출자는 고민이다. 돈을 빌려와 금리 이상의 돈을 번다면 문제는 없다. 은행이 안전한 예금을 위험한 대출로 전환해주고 그 대가를 받는 게 금리다. 은행이 돈을 돌려받는 게 문제가 없다면 금리에 위험 프리미엄을 더한 만큼 더 올라가도 별 문제 없다. 돈을 빌려 위험을 부담해도 보상이 가능한 구간이기 때문이다. 하지만 금리 상승 이상의 보상이 따르지 않고 제때 이자를 갚지 않아도 금리는 올라간다. 신용경색은 그때 출현한다.

금리가 상승한다고 해서 가치주 우위 국면이 뒤따르는 게 아니라 수요가 뒷받침되는 인플레이션기의 금리 상승이 전제될 때 가치주 우위 국면이 출현할 수 있다. 인플레이션 기대가 반영되는 구간에서 이익이 늘어날 때 기업은 사업을 확장하고 인수·합병M&A하고 더 고용하고 투자한다. 이에 따라 경기가 호황을 이루는데, 이는 기업가의 '화폐환상'에서 시작된다는 것이다.

〈그림 7-8〉 미국의 혁신은 한국의 반도체와 연결되어 있다

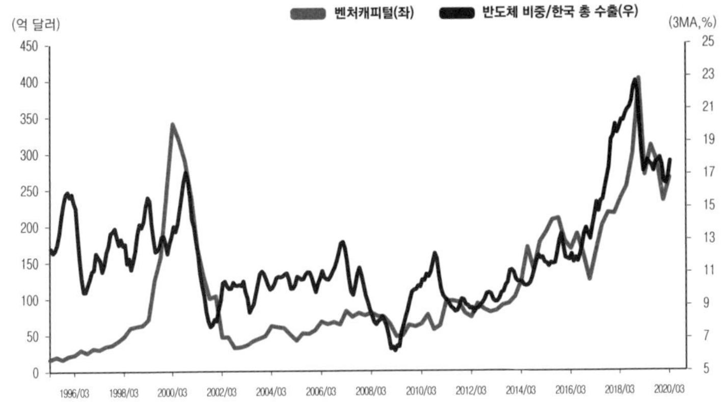

출처: NVCA, PWC, Bloomberg, 이베스트투자증권 리서치센터

앞서 강조했지만 미래로 가는 길은 이제 유형자산이 아닌 무형자산이 주도한다. 네트워크의 확장은 물가 안정을 부산물로 가져온다. 이제 경제 생태계는 땅도 설비도 아닌 네트워크이고 수확체감이 아닌 수확체증이 지배한다. 자본의 성격이 변화하는 만큼 투자도 이전과 달라져야 한다. 금리 인상기의 모습도 이전과 달라질 것이다. 무형자산의 확장성은 거대한 고수익 기업의 출현을 가능하게 했고, 이제 점점 더 주변 산업으로 확장될 것으로 전망된다.

결국 우리의 선택은 분명하다. 성장하는 산업 내의 상대적인 가치주를 사야 한다. 투자는 미래의 대상화를 통해 미래를 사전에 소유하는 것이다. 이런 시각에서 볼 때, 이번 코로나19 팬데믹은 투자자에게는 정말 멋진 주식투자의 기회를 주었다. 그동안 주가의 고

공행진으로 접근하기 힘들었던 성장주들이 동반 급락했기 때문이다. 물론 주가 복원력도 강하다 보니, 이미 급락 이전 수준으로 회복한 기업도 상당수다.

여전히 과거의 잣대로 성장주와 가치주로 분류하는 분들도 있지만, 그 분류 자체가 억지스러울 뿐만 아니라 유용하지도 않다. 성장하는 기업이면서, 상대적으로 매력적인 밸류에이션에 머무르고 있는 좋은 주식을 찾으면 된다. 성장은 매출과 이익으로 측정되고, 파이가 커지는 시장에서 경쟁 우위를 확보한 기업만이 이를 지속할 수 있다. 신규 진입자나 대체재의 위협을 이겨낼 수 있는 현금흐름과 기술력을 갖춰야 한다는 건 너무나 당연하다. 코로나19로 기업들의 유동성 위험과 재무건전성이 높은 기업들의 가치는 더 높아지고 있고, 이는 당좌비율Quick Ratio로 측정할 수 있다. 당좌비율은 단기금융부채를 잘 통제할 수 있는가의 가늠자로 100%가 넘으면 유동성이 양호한 것으로 판단한다.

결국 이후에도 글로벌 경제가 재편되는 과정에서 한국의 IT는 중간재로서 역할을 수행할 것이다. 2009년 이후 미국의 벤처캐피털 자금 유입 추이와 한국 수출 내에서 반도체 비중 추이만 봐도 둘의 상관성을 확인할 수 있다. 코로나 위기 국면에서의 높은 재무적 안정성과 경쟁력으로 가치를 재평가받을 수 있고, 위기 이후 마진 확대가 기대된다는 점에서 한국의 IT는 여전히 매력적이다.

코로나19 팬데믹 때문에 바뀐 소비 패턴도 변화의 촉진제다.

'언택트'라는 신조어가 우리 앞에 다가왔고, 그동안 온라인 구매가 활발하지 않았던 장년층마저 자의 반 타의 반으로 온라인 채널에 접속하고 있다. 이전부터 진행되어온 플랫폼 경제로의 진화가 가속화되는 과정에서 물류자동화의 수요는 늘어날 것이고, 결제 시장의 변화는 핀테크 비즈니스를 키울 것이며, 정부는 재정정책으로 통신인프라를 갖춰갈 것이다. 성장의 기회다. 결국 좋은 기업은 파이가 성장하는 산업에서 출현할 것이고, 그 산업 내에서 기업을 찾아야 한다, 당연히 매출이 먼저 성장하고, 마진은 뒤따르는 비즈니스가 해당한다. 더 직설적으로 말하면, IT하드웨어(부품, 소재)냐 소프트웨어(플랫폼)냐의 구분일 뿐 우리의 주된 관심은 IT 밸류체인이다.

나무의 선별만큼이나 중요한 것이 남아 있다. 좋은 주식을 찾은 다음, 우리가 실제 해야 할 일이다. 필자는 외부 강연 때마다 "언제 주식을 사야 하나요?"라는 질문을 받는다. 늘 같은 답을 드린다. "위기가 오면, 그때 주식투자를 시작하십시오."

장기 투자만이 정답인 것이 아니라 투자 시작 시점이 더 중요하다는 의미다. 누군가가 주식을 급하게 줄일 때 주식투자를 시작해야 이후 버틸 수 있고, 버틸 수 있어야 장기적으로 성공적 투자자로 생존할 수 있다. 주식 호황기에 주식을 시작하면, 결국 한 방의 하락 과정에서 모든 걸 잃게 된다. 좋은 주식을 싸게 사야 한다. 3월이 그러했다.

1998년의 강렬했던 기억 때문이다. IMF를 경험한 이들은 금 모으기 운동으로, 경험하지 못한 이들은 영화 「국가부도의 날」로 기억하지만, 필자는 한 인물로 기억한다. 1997년 4월 16일 'Dead Cat Bounce(데드캣바운스)'라는 자료를 쓴 스티브 마빈이다. 그의 예측대로 반등장은 오래가지 못했고, 한국 증시는 붕괴했고, 외환위기는 우리 삶을 바꾸었다.

쌍용투자증권에서 발간한 그의 마지막 자료는 1998년 5월 25일 'Death throes(죽음의 고통)'라는 제목이었다. 최악의 국면은 벗어나지 않았고, 머지않아 한국의 주가가 300선 이하로 떨어질 거라는 예측이었다. 그때의 시장 분위기가 떠오른다. '주가 200포인트, 금리 20%, 원/달러 환율 2,000원'이라는 비관적 상황이 컨센서스였다. 1998년 7월, 스티브 마빈은 그동안의 자료를 묶어 『한국에 제2의 위기가 다가오고 있다』란 책을 발간하며, 다시 한번 한국 증시의 몰락을 예측했다. 하지만 그해 가을 종합주가지수는 수직 상승해 1000포인트에 도달했다.

그의 예측이 빗나갔다는 것은 중요하지 않다. 그 책에 실린 그의 인터뷰는 이후 여러 번의 급락 시기마다 생각이 났고, 이후 필자는 이 문장을 잊지 않으려 노력했다.

한국의 투자가들은
너무 빨리 사고 너무 빨리 판다.
좋은 주식을 샀다면
갖고 있을 줄도 알아야 한다.

1998년 7월 스티브 마빈

미스터 마켓Mr.Market은 조울증 환자다. 행동재무학 측면에서 인간은 그리 합리적이지 않다. 인간이 모인 미스터 마켓이 어떤 날은 웃고, 또 어떤 날은 극도로 우울해하는 것은 어찌 보면 당연한 일이다. 시장 자체에 몰두하다 보면, 투자자 역시 조울증 환자가 될 수밖에 없다. 매일매일 뉴스 하나하나에 일희일비하다 보면, 정작 자신이 투자한 기업이 어떤지는 뒷전으로 밀릴 수밖에 없다. 켄 피셔의 말대로 나쁜 뉴스가 잘 팔리는 세상이고, 언론은 모든 사건을 유례없는 거대한 사건으로 묘사하지만, 세상은 발전한다.

사업주 입장에서 채권과 주식은 '빌리는 것'과 '투자받는 것'의 차이이다. 동일한 돈이지만 다른 각도에서 파악해야 한다. 돈의 회수 여부에 집중하는 것은 채권자들의 시각이다. 주식 투자자는 기업의 성장 가치를 봐야 한다. 내가 주인이기 때문이다. 필자를 포함한 전문가들의 주식 전망은 빈번하게 틀린다. 위기 국면에서는 특히 더 그러하다. 섣부른 지지선 제시로 신뢰가 더 떨어지는 구간이다. 투자자의 지형은 시시각각으로 변해가고, 시장 참가자들은 하루하루 변화무쌍한 매크로 이슈를 후행적으로 해석하는 이를 찾게 될 때다. 이럴 때마다 거대 담론 또는 채권 베이스의 의견이 힘을 얻는다. 비관론자가 논쟁에서 이기고, 명성도 얻는 구간이다. 하지만 이후 돈은 낙관론자가 번다. '펀더멘털이 좋아질 것이 예상되므로 주가는 오를 것이다'도 맞는 말이지만, '주가가 오르므로 조만간 펀더멘털도 나아질 것이다'라는 논리도 틀린 말은 아니다. 월가의 역사에서 얻는 교훈이다.

채권자가 아닌 투자자라면, 백미러가 아니라 앞을 보고 운전하자. 사람들은 원인을 알면 그 원인을 통제할 수 있고, 그렇다면 그 결과도 통제할 수 있다고 믿는다. 하지만 그 원인을 미리 알기는 어렵다. 인간은 합리적인 존재가 아니라 사후적으로 논리를 만들어 합리화하는 존재일 뿐이다. 철학자 루이 알튀세르는 이런 말을 남겼다.

"예상은 언제나 우리 '앞에서' 뭔가를 '붙잡는' 것이다. 그것은 시간상 앞에 있는 것 그리고 우리 눈앞에 던져진 것, 즉 대상을 붙잡는 것이다. 하지만 사건은 우리 위에서 떨어지는 것이므로 우리는 그것을 미리 앞에서 파악할 수 없다."

길게 봐야 한다. 주가는 내릴 때보다 오를 때가 더 많다. 자본주의가 소멸하지 않는 한 어떤 환경에서든 기업들은 적응해 이익을 내고 성장하는 방법을 찾아낸다. 매일매일의 경제 뉴스와 전문가의 해설이라는 소음에서 벗어나야 한다. 미디어의 선정주의는 호재든 악재든 너무 부풀리는 경향이 있다. 좋은 주식을 매수한다고 한들, 이런 소음에 자주 노출된다면 계속 들고 갈 수가 없다.

변동성이 심할수록 좋은 기업(성장)에 투자해야 한다. 저평가되어 있다면 더더욱 좋다. 뉴스와 이벤트로 주가가 요동을 쳐도 결국 성장 가치를 반영하기 때문이다. 증시가 다시 급락한다면 좋은 기업을 좋은 가격에 살 기회이고, 3월 급락기에 이미 좋은 주식을 샀다면 갖고 가자. 시간을 자신의 편으로 만드는 투자자만이 시장에서 생존할 것이다. 높은 나무에 올라가야, 숲을 조망할 수 있다.

8장

코로나19가 가져온 새로운 세상

법무법인 율촌 전문위원 **최준영**

미지의 존재가 세계를 뒤흔들다

1989년 베를린 장벽이 무너졌다. 고등학생이던 그 시절, 베를린 장벽이 무너지고 동독 사람들이 서독으로 자유롭게 넘어오는 모습을 보면서도 그것이 한 시대의 종말일 것이라고는 생각하지 않았다. 일시적인 혼란이고 다시 익숙한 일상으로 돌아갈 것으로 생각했다. 그러나 익숙했던 냉전의 시대는 한순간에 무너졌고, 세상은 변화하기 시작했다. 굳건할 것으로 믿었던 체제와 시스템이 붕괴하는 데는 불과 며칠이면 충분했다.

그 이후 30년간 세계는 하나가 됐다. 수많은 사람과 물자가 매일 국경을 넘어, 바다를 건너 바쁘게 움직였다. 지구 반대편에서 잡아 온 홍어와 갈치가 밥상에 오르고, 방글라데시에서 만든 옷을 입고, 중국과 베트남에서 만든 전자제품을 쓰는 것이 당연한 시절이 됐다. 전 세계 구석구석 관광객들이 몰려다니는 풍경도 일상이 됐다. '세계화'는 너무나 당연하기 때문에 이제 굳이 사용할 필요가 없는 단어가 됐다.

영원할 것 같던 이 세계는 눈에 보이지 않는 존재인 코로나19에 의해 다시 한번 변화의 길로 내몰리고 있다. 전 세계적으로 수백만 명 규모의 확진자와 수십만 명 단위의 사망자를 기록하고 있는 코로나19가 가져온 충격은 과거 세계대전에 비교되기도 한다. 미국만 보더라도 뉴욕의 센트럴 파크에 야전병원이 만들어지고, 넘쳐나는 시신을 냉동 트럭에 보관하는 상황은 전시와 다름없다. 기존 지배 계층과 시스템의 한계를 드러내고 붕괴시키는 대규모 감염병은 20세기 후반 들어 사라졌다고 생각됐지만, 2020년 우리 눈앞에 다시금 등장했다. 역사를 돌이켜보면 전쟁과 대규모 전염병은 큰 충격을 통해 사회를 변화시켰으며, 일단 변화된 사회는 그 이전으로 돌아가지 못했다. 역사가들은 2020년을 '코로나19'라는 하나의 단어로 정리할 것이다.

정식 명칭이 코로나바이러스감염증-19COVID-19인 이 질병은 바이러스가 우리 몸에 침투하면서 호흡곤란 및 폐렴을 유발하여 심할 경우 사망에 이르게 한다. 뚜렷한 치료법도, 예방법도 없다는 점이 확산되는 두려움의 더 큰 원인이다. 1~4% 내외 수준으로 추정되는 코로나19의 사망률은 과거 우리가 경험했던 중동호흡기증후군MERS의 20% 수준에 비하면 낮지만 훨씬 높은 전파력으로 전 세계를 공포로 몰아넣고 있다.

2019년 12월 12일 중국 후베이성 우한시에서 최초로 보고된 이후 150여 일이 경과한 2020년 5월 14일, 코로나19는 전 세계적으로 약 429만 명의 확진자를 발생시켰으며 사망자는 29만 명을 넘어섰다.

전 세계를 대상으로 치러진 갑작스러운 시험

코로나19의 전 세계적인 확산으로 국가, 국제기구 및 기업 등은 예고 없는 객관식 시험을 치르는 처지가 됐다. 확진자와 사망자 수로 측정되는 이 무시무시한 시험은 대한민국이라는 새로운 영웅을 등장시킨 한편 몰락하는 존재들을 만들어냈다.

코로나19 확산 과정에서 가장 무기력함을 드러낸 존재는 WHO(세계보건기구)와 같은 국제기구, 그리고 EU(유럽연합)와 같은 국가 간 연합체였다. WHO는 코로나19가 처음 보고된 이후 72일 만에, 확진자 수가 110개국 12만 명을 넘고 사망자가 4,300명에 이른 3월 12일이 되어서야 '팬데믹'을 선언했다. 그러나 뒤늦은 팬데믹 선언은 벌어지고 있는 상황에 대한 뒤늦은 인정일 뿐, WHO는 국가 간 협력을 통한 효과적이며 의미 있는 대응을 주도하지 못했다. 또한 EU는 국가 간의 협력이 절실한 순간에 아무것도 하지 못하는 존재라는 것을 만천하에 드러냈다. 이탈리아를 비롯한 회원국에서 코로나19가 대량으로 확산되는 와중에 이뤄진 국경 봉쇄, 각종 필수 물품을 둘러싼 국가 간 압류 및 수출통제 등에서 EU는 무기력한 모습을 보여주었다. 유럽 공동의 번영을 위한 협력이라는 이상은 위기 상황 앞에서 무기력했다.

이에 비해 '국가'의 존재는 위기를 통해 뚜렷한 존재감을 드러냈다. 도시와 국경을 봉쇄하고, 국민의 이동을 통제하며, 마스크를 비롯한 각종 필수 물품들을 조달하기 위해 투쟁을 벌이면서 국가들은 그동안의 세계화 과정에서 초국적 기업과 NGO 등에 빼앗겼던 존재감을 유감없이 발휘했다. 국가별로 큰 차이를 나타냈지만, 사회가 커다란 문제에 부딪혔을 때 마지막으로 기댈 수 있는 존재는 역시 국가라는 점을 모두에게 똑똑히 보여주었다.

휘청대는 미국과 유럽

유럽과 미국은 2020년 1월 23일 인구 1,100만의 우한시 봉쇄가 처음 시행됐을 때만 해도 중국의 특정 지역에서 발병하는 질병으로 간주하고 강 건너 불 보듯 했다. 공산주의 국가들의 무자비한 조치로 이야기되던 도시 봉쇄, 심지어 전 국민의 이동제한과 같은 영화 속에서도 등장하기 어려운 조치들은 미국, 이탈리아, 프랑스 등 미국과 유럽에서는 이제 일상이 되어가고 있다.

미국은 5월 14일 기준으로 확진자 138만 명, 사망자 8만 명을 기록했다. 유럽에서 가장 먼저 대규모 확진자가 나타나기 시작한 이탈리아는 확진자 22만 명에 누적 사망자가 약 3만 명에 이르렀다. 이런 상황은 스페인, 독일, 영국, 프랑스 등 대부분 유럽 국가에서 비슷하게 나타나고 있다. 인구가 비교적 적은 북유럽 및 스위스에서도 인구비례로 볼 때 매우 높은 수준의 확진자가 발생했다.

코로나19의 확산으로 인한 확진자 수 급증은 의료 시스템이 감당할 수 있는 수준을 초과하면서 의료 시스템 자체를 붕괴 직전까지 몰고 갔다. 이탈리아는 확진자 수 증가세가 최고점에 달하던 시점에 65세 이상 고령자에 대한 적극적 처치를 포기했으며, 의료진은 한정된 자원으로 누구를 살릴지를 판단해야 하는 트리아지triage를 시행해야 하는 처지에 내몰렸다.

미국과 유럽 국가들은 적극적 차단과 격리를 취해야 할 순간을 놓친 탓에 추가적인 확산을 막기 위한 봉쇄 및 이동제한 조치에 들어갔지만 막대한 희생을 감내할 수밖에 없었다. 스웨덴은 공식적으로는 부인하고 있지만 전체 국민의 상당수가 감염된 이후에 형성되는 집단면역herd immunity을 염두에 두고 일상생활을 유지하도록 했다. 집단면역은 합리적인 말처럼 들리지만, 고령자를 포함한 다수의 인명피해가 불가피하다는 판단을 내포하고 있는 냉정하고 무서운 단어이기도 하다. 일각에서는 북유럽 특유의 합리적 판단이라고 높이 평가했지만 그 결과는 확진자 2만 7,900여 명에 사망자 3,460명, 사망률 12.4%로 참담했다(5월 14일 기준).

전 국민 의료보험, 무상의료를 포함한 복지 체계를 자랑하던 유럽 국가들은 대규모 감염 사태가 발생하자 이에 필요한 의료 인력, 장비 및 시설을 갖추지 못하고 있음을 드러내면서 무력함을 노출하고 있다. 중국과 아시아에서의 확산 상황을 두 달 가까이 지켜보면서도 적절한 사전 조치들을 취하지 못했으며, 뒤늦게 내린 조치들도 확실하게 집행되지 못하면서 모두가 선진국이라고 인정하던 국가들의 행정력과 위기 대응 능력에 의문을 낳게 했다.

세계 최강 국가이며, 세계 최고 수준의 의료기술을 자랑하던 미국 역시 마찬가지였다. 세계의 중심 미국에서도 가장 중심 역할을 하던 뉴욕주는 쏟아지는 환자들을 감당하지 못했으며, 의료진은 마스크와 같은 기본적인 보호장비도 없이 급박한 상황에 내몰렸다. 연방정부 차원의 일사불란함을 찾아볼 수 없었으며, 각 주정부와 의료기관들은 각자도생으로 한정된 의료장비를 차지하기 위해 물고 물리는 사투를 벌였다.

단호하게 대응한 아시아

이에 비해 아시아에서는 각국이 초기부터 단호하게 전면에 나서 총력대응에 임해 성과를 거두고 있다는 점에서 미국 및 유럽과 대조되고 있다. 중국은 초기 코로나19 발병 은폐로 대량 확산과 인명피해가 발생한 이후 우한 및 후베이성 전체 봉쇄라는 무자비한 조치를 취했다. 이후 중국 전역을 대상으로 밀집이용시설 폐쇄, 교통수단 운행 중단, 이동제한 및 격리 등의 강력한 조치를 취함으로써 늦었지만 코로나19의 확산을 최대한 억제했다. 조치 초기에는 과도한 폭력적 조치라는 비판이 제기됐으나, 현재 시점에서 보면 당시 취할 수 있는 가장 확실한 조치를 강력하게 시행했다고 볼 수 있다.

대만, 홍콩, 싱가포르는 코로나19 발생 이후 초기부터 중국으로부터의 입국 차단이라는 강력한 조치를 취함으로써 사태를 조기에 억제했다는 평가를 받고 있다. 이들 국가는 과거 2000년대 초반 중증급성호흡기증후군SARS로 큰 인명피해를 봤던 경험을 토대로 관광을 포함한 경제 전반의 타격을 각오하고 적극적으로 대처했다.

특히 싱가포르는 초기 확산에 따른 불안감이 증폭되던 시점에 총리가 9분간의 담화를 통해 정확한 정보를 전달하고 한계를 솔직하게 인정하면서, 구체적인 계획과 명확한 행동수칙을 제시하고 국민의 협조를 요청하는 적극적 커뮤니케이션을 통해 공포가 패닉으로 확산되는 것을 차단했다. 이들 국가는 평소 잘 준비된 대응 체계를 기반으로 초기에 정치권이 과감한 판단을 내려 확산을 방지한 모범적인 사례가 됐다.

그렇지만 초기의 안정세는 오래가지 못했다. 사회의 가장 취약한 부분을 스마트폭탄처럼 정확히 노리는 코로나19는 외국인 노동자 기숙사를 거점으로 싱가포르를 다시 위협하고 있다. 다시 몰려오는 파도를 과연 잘 막을 수 있을 것인가에 아시아의 미래가 달려 있는 상황이다.

다시는 우리를 무시하지 마라: 대한민국

코로나19로 인해 대한민국은 다시 한번 세계적으로 드라마틱한 변화를 겪은 국가가 됐다. 2019년 2월 중국을 제외한 국가 가운데 가장 대규모의 코로나19 확진자가 발생했고, 세계 각국은 대한민국을 향해 문을 걸어 잠그기 바빴다. K-pop과 한류를 통해 형성된 이미지는 한순간에 부서지고, 감염병 관리 하나 제대로 하지 못하는 국가로 전락했다. 매일 수백 명의 확진자가 나타나던 그 시기 질병관리본부에서 발표한 숫자를 입력해 그래프를 그려보면 급격한 상승을 상징하는 J자 곡선이 나타났다. 모니터에 그려진 그래프는 무섭고 두려웠다. 절벽 끝으로 내몰리는 것 같은 상황에서 대한민국은 국가와 국민, 그리고 사회의 모든 힘을 다해 브레이크를 밟았고, 추락을 막아냈다. 우리가 했으니 다른 누구도 할 수 있는 일처럼 보였다. 그러나 코로나19 확진자 수가 그려내는 J 커브를 평평하게 만드는 것은 누구도 하기 어려운 일이라는 사실을 온 세계는 엄청난 희생을 치르며 알게 됐다.

평평해진 커브는 대한민국이라는 나라가 가지고 있는 능력의 상징이 됐다. 1950년 한국전쟁 이후 70년간 유지되어온 동원국가 체제가 위기 상황을 맞이하여 수행한 총력전의 결과물은 세계를 놀라게 하기에 충분했다. 다른 국가들은 상상도 하지 못할 수준의 촘촘한 행정력, 무엇이든 만들어낼 수 있는 탄탄한 제조업 기반, 필요시 동원 가능한 훌륭한 의료 인력, 도시마다 빼곡하게 들어서 있는 병원들로 대표되는 양호한 인프라, 알아서 자신의 역할을 수행하는 기업들의 존재, 그리고 언제나 투덜거리지만 누가 시키지 않아도 할 일은 하는 국민들이 만들어낸 결과물이 모두가 부러워하는 납작해진 그래프의 곡선인 것이다.

우리나라의 코로나19 대응의 특징은 대규모 확산에도 불구하고 극단적 조치 없이 이를 통제하고 있다는 것이다. 일정 수준을 넘어선 대규모 감염병이 발생할 경우 다른 지역으로 확산되면 더 큰 문제가 터지기 때문에 이를 막기 위해서는 해당 지역을 물리적으로 봉쇄하는 조치가 취해져야 한다는 것이 상식이었다. 하지만 우리는 이런 극단적 상황에 내몰리지 않으면서, 봉쇄 조치 없이도 문제를 수습하는 데 성공했다.

최악의 상황으로 치닫기 전에 수습할 수 있었던 것은 일정 수준의 운, 효율적인 행정 시스템, 우수하고 헌신적인 의료 인력의 존재, 그리고 무엇보다 재난 상황에서도 침착함을 잃지 않은 국민들이 있었기 때문이다.

신천지 신도들의 경우 확산의 주범으로 간주되면서 큰 사회적 비난에 직면했지만, 방역 관점에서 보면 범위와 경계가 분명한 집단이 특정되면서 통제와 방역을 위한 역량이 효과적으로 집중될 수 있었다는 점에서 보면 행운이었다.

또한 방역 당국은 확진자가 발생하면 접촉 가능성이 큰 일련의 군집에 전수검사를 실시하여 확진자를 찾아내어 격리하고, 동선을 확인하여 격리하는 방식을 지속적으로 활용함으로써 확산을 통제하는 데 성과를 거두었다. 이런 방식은 확진자 수가 소수일 때는 효과적이지만 지역 차원의 감염으로 확산될 경우 적용 불가능한 것으로 알려져 왔다. 하지만 우리는 포기하지 않고 이를 끈질기게 적용함으로써 확산을 통제할 수 있었다. 이런 방식의 적용을 위해서는 대량의 검체를 신속하게 채취·분석하여 감염 여부를 판단할 수 있는 능력이 필수적인데, 우리는 다행히도 코로나19 등장 초기부터 이와 관련한 검사 방법 및 시스템을 개발해놓은 상태여서 효과적으로 대응할 수 있었다.

특정 지역에 대규모 확진자가 발생할 경우 사망자가 급증하는 이유는 폭증하는 환자로 인하여 의료체계가 붕괴하여 감염병 감염자 이외에도 기존 기저질환이 있는 환자들까지 제대로 된 관리를 받지 못해 사망에 이르기 때문이다. 대구에서도 유사한 사태가 발생할 뻔했으나 의료체계 붕괴를 막기 위해 병원과 의료 인력이 현장에서 필사적인 노력을 기울였고, 공중보건의 및 군의관 등 동원 가능한 외부 지원 인력이 총동원되면서 최악의 사태는 막을 수 있었다.

확진자 동선 확인의 경우에도 잘 갖춰진 행정력, 신용카드 사용의 보편화, GPS가 부착된 스마트폰의 보급 등으로 다른 국가에 비해 훨씬 빠르고 정확하게 이뤄질 수 있었다. 5시간 넘게 걸리던 확진자 동선 확인이 최근에는 정부 기관 간 시스템 연계를 토대로 한 '역학조사 지원시스템'의 개발로 10분이면 가능해지는 수준으로 진전됐다.

강제력을 동원하지 않아도 그에 준하는 수준의 봉쇄에 임하는 국민들의 참여 수준, 폭증하는 수요에 맞춰 마스크를 비롯한 각종 장비를 공급할 수 있는 제조 및 유통 능력, 필요시 동원할 수 있는 수준 높은 의료진의 존재, 경증환자들을 수용할 수 있는 연수원 등의 공간을 빠르게 대량으로 확보하는 능력은 당연해 보이지만 세계 어느 나라도 보여주지 못한 능력들이다. 코로나19는 우리의 능력을 새삼 체감하게 해주는 기회가 되었다.

코로나19로 인한 경제적 변화

대규모 감염증의 발병은 직접적인 인명피해와 더불어 전 세계 경제에 큰 충격을 주고 있다. 눈에 보이지 않는 코로나19의 확산은 그 자체로 인한 사망자보다 이로 인한 경제 시스템의 붕괴를 통해 더 큰 피해를 만들어내고 있다. 코로나19에 대응하기 위한 가장 효율적인 전술인 사회적 거리 두기와 봉쇄는 경제적으로 큰 타격을 주고 사회를 붕괴시킨다. 이미 항공 및 관광업을 비롯한 몇몇 산업 분야는 회복할 수 없는 타격을 입고 있다.

주요 발병 지역에서의 공장 가동 중단은 물론, 확산을 방지하기 위한 각국 정부의 봉쇄와 이동제한 명령으로 산업활동이 급속히 얼어붙고 있다. 특정 국가의 산업활동 위축은 해당 국가뿐만 아니라 글로벌 공급망을 위축시킨다. 전 세계가 현시점에서 1차로 맞서야 할 상대는 코로나19이지만, 곧이어 2차로 상대할 적은 코로나19가 가져오는 생산활동의 위축과 경기후퇴다.

총동원의 시대

2008년 글로벌 금융위기의 트라우마가 강한 미국과 유럽 각국은 동원할 수 있는 거의 모든 수단을 동원하고 있다. 중앙은행이 나서서 국채는 물론 회사채, 심지어 주식까지 매입하며 유동성을 주입하고 있다. 정부는 예산으로 전 국민에게 현금을 지급하고 있다. 평소 같으면 상상하기도 힘든 '수조 달러'라는 표현이 이제 익숙한 단위가 되어가고 있다. 선진국 가운데 재정건전성과 부채비율에 과민할 정도로 민감한 독일조차 수단과 방법을 가리지 않고 재정·금융 정책을 집행할 것임을 수차례 밝혔을 정도다.

코로나19가 가져올 변화 중 가장 빠르고 직접적인 것은 전 세계적인 금리 인하와 양적완화 등 통화정책의 재등장 및 대규모 재정투입 기조의 강화다. 2008년 글로벌 금융위기 이후 10년 넘게 지속된 완화적 통화정책은 마이너스 채권의 등장과 확산, 자산 가격의 급등, 회사채를 비롯한 기업채무의 폭발적 증가 등의 부작용을 가져왔다. 이에 따라 각국 금융 당국은 경제 여건이 회복되면 단계적 금리 인상을 통해 이런 국면을 '정상화'하겠다는 의지를 수차례 밝혀왔다. 그렇지만 저금리에 익숙해진 금융시장은 이런 흐름에 거부감을 드러냈으며, 금융 당국으로선 완화적 통화정책을 지속할 수밖에 없었다.

이런 상황에서 등장한 코로나19로 인해 전 세계적인 경제적 충격이 가시화되자 각국 정부는 다시금 통화정책의 완화 기조로 돌아서게 됐다. 미국이 3월 3일 기준금리를 0.5%p 인하하는 전격적인 조치를 취했으며, 시장은 향후 한두 차례의 기준금리 인하가 더 있을 것으로 예상하고 있다. 호주 중앙은행 역시 기준금리를 역대 최저 수준인 0.5%까지 인하했으며, 말레이시아도 이런 흐름에 합류했다.

2020년 들어 OECD 37개 회원국 가운데 30%에 해당하는 11개국이 금리 인하를 단행했다. 미국의 트럼프 대통령은 이런 인하 수준에 만족하지 못하고 양적완화를 포함한 추가적인 대책의 도입을 촉구하고 있어 제로 금리를 넘어선 마이너스 금리의 확산이 보편화될 것이라는 전망이 나오고 있다.

미국을 비롯한 유럽 각국은 엄청난 규모의 금융 및 재정정책을 연이어 발표하고 있다. 미국은 무제한 양적완화와 수조 달러 규모의 재정투입을 통한 경기부양책은 물론, 그동안 금기시됐던 개인에 대한 현금 지원까지 동원 가능한 모든 방법을 사용하고 있다. EU 역시 고용유지를 위한 임금보조 확대, 소상공인에 대한 보조금 지급은 물론 그동안 금과옥조로 여겨오던 '재정적자 GDP 3% 이하, 국가채무 GDP 60% 이하'라는 EU재정준칙의 적용을 일시 중단하면서까지 대규모 적자재정을 편성하여 투입하고 있다. 코로나 대응을 위한 주요 국가의 재정지출 계획은 미국 6.3%를 비롯해 독일 4.4%, 프랑스 1.8%에 이르며, 추가적인 대책도 얼마든지 고려하고 있음을 강조하고 있다. 전시경제에 돌입한 것이다.

코로나19로 인한 충격과 혼란이 언제까지 지속될 것인지에 대해서는 의견이 엇갈린다. 최악의 시나리오를 가정하더라도 미국과 영국에서의 확진자와 사망자 수가 감소하는 4월 중순 및 하순부터는 정점을 넘어설 것이라는 예측이 많지만 2021년 연말이 되어서야 수습될 것이라는 비관적인 전망도 등장하고 있다.

시나리오별 경기 전망: V자 반등 vs. L자 침체

IMF(국제통화기금)는 2020년 4월 14일 내놓은 세계 경제 전망 보고서에서 전 세계 경제는 2020년 -3.0% 성장할 것으로 내다봤다. IMF가 세계 경제성장률을 공식 집계한 1980년 이후 가장 낮은 수치로 2008년 글로벌 금융위기 직후인 2009년 -0.1%, 2차 오일쇼크를 겪은 1980년의 -2.1%를 뛰어넘는다.

IMF는 이런 전망마저도 하반기에는 코로나19가 진정되는 것을 전제한 것으로, 만약 사태가 연말까지 이어진다면 전 세계 성장률은 -6.0%까지 떨어질 수 있다고 전망했다. 우리나라가 외환위기를 겪은 1998년의 성장률이 -5.5%였음을 고려해보면 이런 수치가 가져올 충격과 공포는 유례없는 것이다. 과연 앞으로의 경기는 어떻게 전개될까?

시나리오 1: V자 반등

코로나19로 인한 급박한 상황을 일단 넘긴 각국 정부는 빈사상태에 빠진 경제를 되살리기 위해 모든 노력을 기울일 것이다. 이미 집행되고 있는 각종 금융정책에 더해 정부의 예산으로 의료·보건 분야, 경기부양 효과가 큰 SOC(사회간접자본)에 막대한 투자를 집행할 가능성이 크다. 중국의 경우 확정되지는 않았지만 8,000조 원에 이르는 경기부양책을 준비하고 있는 것으로 알려졌다. 미국 역시 수조 달러의 재정을 집행하기로 합의했으며, 여기에 더해 규모는 얼마든지 늘어날 수 있다는 입장이다. 코로나19로 보건의료체계에 심각한 타격을 입은 선진국들은 이와 관련한 대규모 투자를 늘려갈 가능성이 크다.

봉쇄와 이동제한 등으로 억눌려왔던 개인들 역시 그동안 자제했던 소비성향을 폭발적으로 표출할 수 있다. '보복적 소비'라고 불리는 이런 경향은 이미 중국에서 관찰되고 있으며, 일상 소비재는 물론 주택, 자동차, 가구 등 내구재까지 그 대상에 포함되고 있다. 수요의 증가는 당연히 경기회복에 긍정적으로 작용할 수 있으며, 이는 급속한 침체 이후 회복으로 이어진다.

재난 기본수당 지급과 대규모 재정집행은 국가의 부채비율을 급상승시킨다. 이런 부채비율의 상승을 해소하는 가장 이상적인 방법은 적절한 수준의 인플레이션을 유발하는 것이다. 통화가치의 하락 속도가 부채 증가 속도보다 더 빠를 경우 부채 규모는 증가하더라도 정부의 부담은 감소하게 되며, 국내총생산GDP의 성장에 따라 부채비율은 점차 안정세를 보이게 된다.

2008년 글로벌 금융위기 당시에는 제로 금리를 통한 유동성 공급이 이루어졌지만 정부의 재정집행이 따라가지 못하면서 수요를 촉발하는 데 실패함으로써 인플레이션 형성에 실패한 바 있다. 그러나 금번 코로나19의 경우 거의 모든 정부는 대규모 재정집행,

국민에 대한 현금 지원을 약속하고 있으므로 과거와는 다를 것으로 전망되고 있다.

이런 상황이 진전될 경우 우리나라는 다른 국가에 비해 훨씬 유리한 국면을 점하게 된다. 충분한 제조업 기반이 존재하고 있으며, 코로나19로 인한 영향을 덜 받았기 때문에 경기호전의 이득을 충분히 누릴 수 있게 된다. 반면 인플레이션으로 인한 자산가치의 급등은 자산보유에 따른 양극화를 심화시킬 가능성도 있다. 이런 V자 반등에서 가장 핵심적인 요소는 확실한 치료제 또는 백신의 개발로 코로나19가 과거 사스나 메르스와 같이 어느 시점에서 소멸된다는 전제조건이다.

시나리오 2: L자 침체

V자의 기본 조건인 치료제와 백신 개발이 진행되지 못한다면 세계 경제는 L자형으로 대표되는 장기 침체로 접어들 수밖에 없다. 코로나19의 재발과 확산이 반복되면서 과거와 같은 인력 및 물자의 유통은 기대하기 어려워지며, 2000년대 이후 형성되어온 글로벌 공급망은 붕괴를 맞이하게 된다. 글로벌 공급망의 붕괴 및 세계화 추세의 종말에 따라 지난 20년 동안 이익을 누려온 개도국들은 경기침체와 자국 통화 약세에 따른 수입물가 상승으로 어려움을 겪게 된다.

선진국의 사정도 나을 건 없다. 코로나19로 인한 보건·의료 부문의 투자 확대가 이어지지만 이는 재정적 부담으로 연결될 뿐만 아니라 커다란 사회적 충격이 반복됨에 따라 소비처로서의 기능을 회복하지 못하며, 과거 1980년대 초반과 같은 대규모 실업 상태가 장기간 지속될 가능성을 배제할 수 없다.

대규모의 재정투입에도 불구하고 고용 및 경기 활성화가 이루어지지 못할 경우 대폭적인 정부부채 증가만 남게 된다. 경기침체에 따른 디플레이션 기조의 강화는 부채로 인한 어려움을 가중시키고, 이는 이후 정부의 투자를 통한 경기회복의 가능성을 더욱 낮추게 된다. 1990년대 초반 이후 일본에서 나타났던 장기 경기침체가 전 세계적으로 확산·지속되는 새로운 의미의 '뉴노멀'이 등장하게 되는 것이다.

처음에는 일시적 충격 이후 치료제 및 백신 개발과 더불어 V자형 회복이 가능할 것으로 전망됐으나 점차 이런 가능성은 작아지고 있는 것으로 판단된다. 확실한 치료제의 등장 여부는 불확실하며 백신 개발은 최소 1년 이상의 시간이 소요될 것으로 전망되고 있다. 무한정 격리와 봉쇄를 유지할 수 없기 때문에 결국 어느 시점이 되면 사람들은 위험을 무릅쓰고 일터로 복귀할 것이다. 이때 어떤 상황이 전개될지는 누구도 예상할 수 없는 것이 현실이다.

코로나19가 가져올 세상의 변화

코로나19로 인한 경제적 혼란은 시간이 지남에 따라 결국은 수습될 것이다. 하지만 그 수습 과정은 순탄하지 않을 것이며, 이후의 세계는 우리가 익숙하게 살아왔던 세상과 많이 다르리라는 전망이 힘을 얻고 있다. 무엇이 어떻게 바뀌는 것일까?

글로벌 공급망의 변화: 중국의 운명은?

1979년 개혁개방 선언 이후 중국은 기존의 자급자족적 경제체제의 한계를 인정하고 미국과 서방이 주도하는 경제체제로의 진입을 시작했다. 이런 추세는 1990년대 초반 냉전의 종식으로 가속화됐고, 2001년 중국의 세계무역기구WTO 가입으로 그 결실을 보게 됐다. 2000년대 들어 전 세계적으로 선진국은 디자인, 설계, 연구개발, 마케팅, 판매 등 서비스 관련 직무를 담당하고 개발도상국은 중간재 부품 조달, 제품 조립 등 제조 관련 직무를 담당하는 역할분담이 진행됐다. 인터넷 등 정보통신기술의 발전을 통해 국경을 뛰어넘는 의사소통 비용이 획기적으로 절감되면서 지리적 공간에 구애받지 않는 역할분담이 가능해진 것이다.

중국은 이런 과정을 통해 '세계의 공장'이라는 별명을 얻게 됐으며, 우리나라는 중국의 성장을 통해 가장 큰 이익을 보는 국가가 됐다. 1997년 IMF 사태 이후 어려움을 겪고 있던 우리나라가 단기간 내의 회복은 물론 2000년대 이후 질적으로 다른 수준의 경제적 규모를 갖추게 된 데에는 중국의 역할이 절대적이었다. 국가와 대륙을 넘나들며 생산에 필요한 요소들이 조합되어 과거엔 상상할 수 없었던 저렴한 가격으로 수요에 맞춘 공급이 가능해진 시기가 이때부터였으며, 그 상징은 미국의 애플사가 출시한 아이폰에서 극적으로 드러났다. 캘리포니아주에 소재한 미국 본사에서 디자인을 담당하고, 메모리와 디스플레이 등 주요 부품들은 한국과 일본이 공급하며, 중국의 대규모 조립공장에서 최종 조립하여 이를 전 세계에 판매하는 사업 모델은 글로벌 공급망이 무엇인지를 전 세계인에게 알려준 상징적인 사례라 할 수 있다.

이런 글로벌 공급망은 2010년 이후 다시 한번 변화를 겪기 시작했다. 조립과 부품 생산에 머무르던 중국이 본격적으로 완제품 공급에 나서면서 선진국 주요 기업들을 위협하는 존재가 됐다. 고부가가치 산업으로의 전환을 목표로 하는 중국 정부는 외국 기업들에 시장 진입의 대가로 기술 이전을 공공연하게 요구했으며, 이렇게 제공된 기술과 노하우는 중국 기업들을 통해 단시간에 습득되어 중국의 기술로 발전되어갔다. 선진국의 영역으로 간주됐던 기획·설계·디자인 등의 영역에서도 중국은 급속히 성장했고, 중국 내를 벗어나 해외 기업들에 대한 인수·합병 등을 본격적으로 추진했다.

2015년 발표한 '중국제조 2025'는 이런 상황과 자신감의 반영을 통해 나타나는 중국의 산업정책이라 할 수 있다. '중국제조 2025'의 주요 내용은 핵심 부품과 자재의 국산화율을 2020년까지 40%로 끌어올리고 2025년에는 70%까지 달성하면서 차세대 정보기술, 로봇, 항공우주, 해양공학, 고속철도, 고효율·신에너지 차량, 친환경 전력, 농업 기기, 신소재, 바이오 등 중국의 미래를 이끌 10대 핵심 산업을 세계 최고 수준으로 끌어올리겠다는 것이다.

중국의 급속한 성장과 질적 도약은 미국에 큰 위협으로 다가왔으며 이에 대한 견제가 필요하다는 의견이 확대되기 시작했다. 보수적인 싱크탱크를 중심으로 중국 견제를 위한 전략이 논의되었는데, 이런 논의의 핵심에는 글로벌 공급망에서 중국의 지위를 낮추거나 궁극적으로는 중국을 배제해야 한다는 논리가 있었다. 이미 세계의 공장이라는 지위를 굳건히 하고 있는 중국을 배제한다는 것은 현실적으로 불가능해 보였지만, 2016년 트럼프 대통령의 취임은 불가능하다고 생각하는 많은 것을 현실로 만들었다. 미국은 우리나라와 캐나다를 비롯한 주요 국가들과의 기존 무역협정을 변경한 이후, 중국에 대규모 관세 부과를 통한 통상분쟁을 전개했다. 많은 이들에게 이런 미·중 무역분쟁은 중국에 대한 대규모 무역적자 감소를 요구하는 것으로 비쳤지만, 보다 근본적으로는 전 세계 주요 기업을 향해 중국에 대한 대규모 장기 투자는 위험하다는 신호를 보내는 것이기도 했다.

미·중 무역분쟁이 예상을 뛰어넘어 장기화되자 많은 기업이 중국을 떠나 동남아 등 다른 곳으로의 이전을 본격적으로 검토하기 시작했다. 여기에 중국 내 임금의 급속한 상승, 각종 사회보장 비용의 인상 등이 겹치면서 기업들의 탈중국 흐름이 본격화됐다. 그렇지만 현재까지 중국을 대체할 만한 생산기반을 갖춘 국가는 존재하지 않기 때문에 이런 흐름은 당분간 물밑에서 단계적으로 진행되며 구체적인 변화로 나타나기까지는 시간이 걸리리라는 것이 많은 이들의 의견이었다.

그렇지만 2020년 상반기 전 세계를 휩쓸고 있는 신종 코로나바이러스는 중국에 대한 과도한 의존이 얼마나 위험한지를 다시 한번 전 세계에 알려주고 있다. 글로벌 공급망의 가장 기본적인 요건이 '안정적인 공급'임을 고려할 때, 중국이라는 나라가 정치적·사회적으로 많은 불안정성을 내포하고 있음이 드러난 것이다.

2020년 하반기부터 글로벌 공급망의 근본적인 변화는 가속화될 것으로 보인다. 중국에 대한 과도한 의존 축소를 위한 공급망의 다변화 수준을 넘어서 인위적인 조정이 이루어질 것이라는 예상이 증가하고 있다. 미국은 코로나19 사태에 대응하기 위해 마스크를 비롯한 각종 기본적인 물품 대부분을 중국을 포함한 해외수입에 전적으로 의존하고 있으며, 항생제를 포함한 기본적인 의약품 역시 대부분이 비슷한 상황에 놓여 있음을 새삼 깨닫게 되었고, 어떠한 비용을 치러서라도 이러한 구조를 변화시킬 것을 다짐하게 되었다.

경제적 효율을 최우선으로 하여 전 세계적으로 가장 저렴하게 물건을 공급할 수 있는 곳을 연결하는 공급망 대신 일정 수준의 비효율과 비용 상승을 감내하고라도 자국 내에서 일정 비율 이상의 생산 및 공급을 의무화하는 조치가 구체화된다면, 이는 1990년대 이후 본격화된 세계화의 종말을 의미하는 것이다. 너무나 당연하게 생각해왔던 글로벌 공급망이 붕괴하고 국가별 또는 지역별 공급망 체제로 전환된다면, 전 세계 경제는 큰 변화에 직면하게 될 것이다. 특히 세계화와 중국의 부상을 통해 경제적 도약을 이뤘던 우리나라는 그 충격의 수준이 다른 국가에 비해 매우 클 수밖에 없다.

국가의 귀환

코로나19가 가져올 많은 변화 가운데 하나는 'Just in Time(적시)'으로 대표되는 효율성과 비용 절감에서 안정성과 확실함으로의 전환일 것이다. 과거 국경 내에서 머무르던 제품의 생산과 소비는 세계화 과정에서 물건을 가장 효율적으로 생산·유통할 수 있는 곳으로 집중되는 변화를 겪었다. 이런 과정을 거치면서 미국과 유럽 대륙에서 사용되는 마스크 대부분은 중국에서 생산되고, 미국에서 사용되는 제네릭 의약품의 40%는 인도에서 만들어지게 됐다. 만약의 사태에 대비하는 '비축'은 구식 개념이 됐으며, 기업과 정부 모두 비용을 절감하기 위해 잉여를 최소화하고 인력과 시설을 최소한으로 갖추되 최대한으로 가동하는 시스템을 구축했다. 평시에 효율적이었던 이런 시스템은 코로나19로 인한 비상 상황에서 무기력하게 무너졌다.

코로나19 이후의 국가는 비효율을 감내하고라도 비상시를 대비한 충분한 재고 보유와 비축을 미덕으로 삼을 것이다. 냉전 시기 형성됐던 비축의 관행을 버리지 않고 유지했던 핀란드가 인접한 다른 국가들에 비해 잘 대응하고 있는 것이 좋은 사례다. 이와 더불어 필수 제조업 기능의 유지에 대한 강박이 강해질 것이다. 마스크 자체 생산 능력이 있는 국가와 없는 국가의 상황이 극과 극으로 갈림을 목격한 국가들로서는 필수 물품에 대한 생산 능력을 확보하기 위해 노력할 것이다. 비교우위를 통한 무조건적인 효율성의 추구는 더 이상 바람직하지 않은 시대가 됐다.

국가의 행정력에 대한 고민과 변화도 이루어질 것이다. 과거 독재정권 시절 국민감시 차원에서 만들어졌던 전 국민 주민등록번호, 촘촘한 주민센터 등은 팬데믹 상황에서 다른 국가들은 상상할 수 없는 밀착감시와 검사, 격리 등의 조치를 가능하게 해줌으로써 희생을 최소화할 수 있었다. 역학조사 과정에서 활용된 확진자의 신용카드 사용 내역과 CCTV, 그리고 위치정보를 통한 추적 시스템은 올바르게 사용되는 국가권력이 얼마나 효과적인지를 보여주었다. 국가의 귀환으로 대표되는 이러한 권한의 강화는 산업적 측면에서는 개인정보의 활용 및 프라이버시 정책의 변화를 가져올 수 있을 것이다.

코로나19가 바꿔놓을 대한민국의 미래

코로나19는 아직 진행되고 있으며, 사태가 어디까지 나아갈지 알 수 없는 상황이다. 세계 각국은 몰려오는 위협으로부터 자국을 보호하기 위해 경쟁적으로 벽을 쌓아 올리고 있다. 이스라엘과 러시아를 비롯한 많은 국가는 모든 해외 국가로부터의 유입을 차단하는 자발적 고립을 선택했다. 자유로운 이동을 근간으로 했던 EU는 연이은 국경 봉쇄와 더불어 지원과 협력을 요청하는 목소리에 거부 의사를 밝히면서 안으로부터의 붕괴 위협에 직면했다.

1989년 베를린 장벽의 붕괴와 함께 본격적으로 시작된 장벽의 철거와 자유로운 이동이라는 가치는 30년 만에 코로나19 앞에서 무너지고 있다. 코로나19로 인한 혼란은 시간이 흐름에 따라 수습되겠지만, 그 이후의 세계는 지금과는 다른 모습을 보일 것이다. 대한민국은 지난 30년간 국제사회의 변화에 적극 동참하면서 성장을 거듭해 선진국으로 올라섰다. 우리 코앞에 닥친 코로나19 문제 해결과 더불어 코로나19가 가져오는 변화에 대한 준비를 고민해야 할 시점이 됐다.

국내적으로 보면 관행으로 여겨져 왔던 많은 것이 변화하며 이로 인한 업종의 부침이 가속화 또는 심화될 것으로 보인다. 주 52시간제 도입과 함께 시작된 회식문화의 변화와 축소는 코로나19

로 가속화되고 있으며, 이런 흐름은 앞으로도 지속될 것으로 보인다. 급속한 인건비 상승으로 도입되기 시작한 키오스크 등 비대면 수단은 더 빠르게 확산될 것이며, 금융기관의 비대면 계좌개설 등도 보편화될 것이다. 이런 변화는 기존 매장의 축소 및 폐쇄 등으로 연결될 수밖에 없으며 임대시장의 위축, 도시공간 구조의 변화로 연결될 수 있다. 대기업을 중심으로 이루어지고 있는 재택근무도 코로나19 사태의 종식 이후 평가를 통해 단계적으로 확산될 수 있으며, 이는 인력 수요의 감축과 사무용 공간에 대한 수요 축소로 나타날 수 있다.

중국을 포함하여 동남아 등으로 사업장 이전을 추진하던 기업들로서는 향후 유사한 사태 발생에 대비하기 위해 국내에 일정 부분의 시설 및 인력을 남겨놓되 자동화에 대한 투자를 강화하는 쪽으로 투자를 조정할 가능성도 배제할 수 없다. 인건비를 절감함으로써 극복할 수 있는 근본적인 리스크에 대한 대응 전략을 기업별로 수립할 수밖에 없으며, 이는 글로벌 공급망의 변화와 더불어 기업에 힘들고 어려운 선택을 강요하는 형태로 진행될 가능성이 크다.

모든 것이 변해가는 상황에서 제일 중요한 것은 정책 당국의 기민한 대처와 판단 능력이라고 할 수 있다. 과거의 관행과 패턴에 얽매인다면 변화하는 환경에 적응할 수 없다. 검증되고 안정된 방식 대신 과감하고 도전적으로 상황에 맞서는 자세를 보여야 기업을 비롯한 경제주체의 신뢰를 얻고 상황을 주도할 수 있다. 그러나 최근 한국은행의 금리동결, 10조 원 수준의 추경편성 등에서 볼 수 있듯이 아직까지 우리는 과거의 관행에 대한 맹종과 과도한 보신주의에서 벗어나지 못하고 있다. 국제적인 상황에 대한 정확한 인식과 이를 토대로 한 방향 설정이 필요한데도, 이를 주도해야 할 정치권은 과거에 더 많은 관심과 정성을 쏟고 있다.

코로나19로 인한 경제적 충격에 대비하기 위한 정부의 재정정책은 다른 국가에 비해 규모도 작고 추진 속도도 느리다. 우선 규모를 보면 추경 11.7조 원, 긴급재난지원금 9.1조 원을 포함하더라도 GDP 1% 수준에 그친다. 규모의 적정성 여부를 떠나 더 큰 문제는 비상 상황에서도 '재정건전성'을 이야기하는 정책 결정권자들의 상황 인식에 있다. 지출을 늘리고 소비를 진작하기 위해 노력해야 하는 상황에서 공공부문 임금 삭감을 요구하고, 분초를 다투어야 할 재난지원금에 대해 선별지급이라는 원칙을 고수하면서 혼란을 초래하였으며, 창의력을 발휘해 시장을 안정시켜야 하는 상황에서 규정을 이야기했다. 스위스는 소상공인 대출 과정에 인공지능을 투입하여 서류 1장만 작성하면 30분 만에 대출을 받을 수 있게 함으로써 단 1주일 만에 18조 원의 대출을 집행했다. 하지만 우리는 줄 서기와 하염없는 기다림만을 강요하는 것이 현실이었다.

전쟁사를 들여다보면 대응할 전력을 가지고 있음에도 패배하는 경우가 비일비재하다. 가지고 있는 전력을 일시에 투입하여 상대를 제압하지 못하고 찔끔찔끔 '축차투입'을 하다가 불필요한 희생만 늘리기 때문이다. 우리의 방역정책은 압도적인 행정력을 동원하여 검사Test, 추적Trace, 치료Treat로 이루어진 3T 전술을 구사함으로써 성공을 거두고 있지만, 정작 더 중요한 경제정책에서는 가지고 있는 전력마저 제대로 투입하지 못하고 우물쭈물하는 우를 범하고 있다.

불확실성의 시대

코로나19는 발생 이후 100일 만에 전 세계를 충격과 공포로 몰아 넣었다. 전 세계가 밀접하게 연관된 만큼 그 확산 속도는 상상할 수 없을 정도로 빨랐지만 국제사회와 정부들은 이에 대응할 만큼의 역량을 보여주지 못했다. 코로나19의 등장은 1989년 베를린 장벽의 붕괴로 시작된 세계화 추세의 종말을 예고하는 것일지도 모른다.

돌이켜 생각해보면 세계 경제는 통합과 분열을 주기적으로 반복해왔다. 이번 코로나19가 근본적인 변화를 가져오는 신호탄이 될 것인지, 아니면 미 연방준비제도 전 의장 벤 버냉키의 발언대로 자연재해와 같은 일시적 충격일지는 아무도 모른다. 그러나 한 가지 확실한 것은 코로나19가 사람들의 인식과 마음에 큰 충격을 주었으며 이제 세계는 과거와 다른 모습이 되리라는 점이다.

미국을 비롯한 선진국들은 코로나19의 대응 과정에서 능력을 발휘하지 못함에 따라 국제 정치 및 통상에서 발언권이 약화될 것이며, 이는 과거와 같은 선진국 역할을 수행하기보다는 자국 이기주의에 따른 각종 장벽의 신설과 국제협력의 붕괴로 연결될 것이다. 이런 상황은 대외무역 의존도가 높은 우리로서는 치명적일 수밖에 없다. 1990년대 이후 30년간 지속된 세계화와 글로벌 경제의 지속적인 성장은 막을 내리고, 전 세계는 한 번도 경험하지 못한 새로운 국면으로 진입하게 될 수 있다.

전쟁의 승리는 모두의 희생과 노력으로 가능하다. 그리고 승리 이후에는 정당한 보상이 뒤따라야 한다. 제2차 세계대전 이후 미국은 제대한 군인들에게 저렴하고 쾌적한 집, 그리고 대학 진학의 권리를 보장해주었다. 영국은 노동자 계층의 희생에 대해 NHS National Health Service로 대표되는 무상의료와 사회복지제도로 보답했다. 전쟁은 그 이전에 상상하지 못했던 정책들을 가능하게 했고, 사회를 바꿔놓았다. 코로나19는 전쟁과 같은 희생과 비용을 요구하고 있다. 평시의 논리와 사고는 빠르게 버리고 새로운 체계와 시스템을 구축해야 한다.

우리의 경우 재정건전성에 대한 강박에서 벗어나는 인식의 전환과 신속한 재정집행을 가능하게 하는 제도적 장치를 확보해야 한다. 1997년 외환위기 당시 IMF는 과잉 투자와 방만한 예산집행을 문제로 지적했고, 이때부터 예산 당국은 그 이전에 비해 강화된 권한을 가지게 됐다. 여기에 '건전한 재정건전성이 IMF 조기졸업을 가능하게 했다'라는 논리가 경제부처 구성원들과 여론 주도층의 인식에 자리 잡으면서 적극적 재정집행을 가로막고 있다. 여기에 효율적 예산집행을 이유로 만들어진 '예비타당성조사' 제도가 더해지면서 신속한 대규모 투자를 가로막는 요소가 되고 있다.

기존 관행을 뛰어넘는 예산의 편성과 집행이 필요하며, 그러려면 기존 조직과 체계의 변화가 선행되어야 한다. 오랫동안 같은 일을 해온 사람과 조직에 정반대의 일을 맡겨서 원하는 결과를 얻기는 어렵기 때문이다. 단기적으로는 예비타당성조사의 한시적 중단이 필요하다. 추경을 편성하더라도 이것을 집행하는 데 1년 이상의 시간이 걸린다면 그 효과는 없는 것과 마찬가지이기 때문이다. 과연 예비타당성조사가 반드시 필요한 제도인지에 대한 논의는 단계적으로 진행하더라도, 현시점에서 평시와 같은 집행 과정을 요구해서는 곤란하다.

코로나19는 우리에게 이전으로의 복귀가 아니라 새로운 세상으로의 진입을 준비해야 함을 요구한다. 익숙하고 편안했던 과거는 이제 돌아오지 않는다. 지난 성과에 취하지 말고 낯설고 험한 길을 걸어갈 준비를 해야 할 때다.

전 세계 금융 역사 이래 최대의 유동성

코로나 투자 전쟁

초판 1쇄 발행 2020년 5월 25일
초판 4쇄 발행 2020년 6월 15일

지은이 정채진, 박석중, 이광수, 김한진, 김일구, 여의도클라스, 윤지호, 최준영
펴낸이 김선준 이승호

책임편집 공순례
표지 디자인 쓰봉
본문 디자인 김영남

펴낸곳 페이지2북스 **출판등록** 2019년 4월 25일 제2019-000129호
주소 서울시 강서구 양천로 551-17 한화비즈메트로1차 1306호
전화 070) 7730-5880 **팩스** 02) 332-5856
이메일 page2books@naver.com
종이·출력·인쇄·후가공·제본 (주)현문

ISBN 979-11-968310-5-9 (03320)

• 이 도서의 국립중앙도서관 출판예정도서목록(CIP)은 서지정보유통지원시스템 홈페이지(http://seoji.nl.go.kr)와 국가자료종합목록 구축시스템(http://kolis-net.nl.go.kr)에서 이용하실 수 있습니다.
(CIP제어번호: CIP2020019479)